GLOBALIZATION AND FAMILIES

全球化
与家庭

加速的系统性社会变革

[美]巴希拉·谢里夫·特拉斯科
(Bahira Sherif Trask) ◎著

周 红 ◎译

中国社会科学出版社

图字：01-2020-4782号

图书在版编目（CIP）数据

全球化与家庭：加速的系统性社会变革／（美）巴希拉·谢里夫·特拉斯科著；周红译．—北京：中国社会科学出版社，2021.5
书名原文：Globalization and Families：Accelerated Systemic Social Change
ISBN 978-7-5203-8311-0

Ⅰ.①全… Ⅱ.①巴…②周… Ⅲ.①家庭社会学—研究 Ⅳ.①C913.11

中国版本图书馆 CIP 数据核字（2021）第 087414 号

First published in English under the title
Globalization and Families：Accelerated Systemic Social Change by Bahira Trask，edition：1
Copyright © Springer-Verlag New York，2010
This edition has been translated and published under licence from Springer Science + Business Media，LLC，part of Springer Nature.

出 版 人	赵剑英
责任编辑	马　明
责任校对	任晓晓
责任印制	王　超

出　　版	中国社会科学出版社
社　　址	北京鼓楼西大街甲 158 号
邮　　编	100720
网　　址	http://www.csspw.cn
发 行 部	010-84083685
门 市 部	010-84029450
经　　销	新华书店及其他书店

印刷装订	三河弘翰印务有限公司
版　　次	2021 年 5 月第 1 版
印　　次	2021 年 5 月第 1 次印刷

开　　本	710×1000　1/16
印　　张	18.75
字　　数	258 千字
定　　价	78.00 元

凡购买中国社会科学出版社图书，如有质量问题请与本社营销中心联系调换
电话：010-84083683
版权所有　侵权必究

中文版序言

《全球化与家庭：加速的系统性社会变革》这本书出版已经十年了。当时，我预测世界将以越来越快的速度发生变化。我不知道我将会有多么正确。恰好在那个时候，社交媒体开始流行起来，随之带来了一场革命，改变了人们向世界传递信息的方式，也改变了人们与他人互动的方式。这些交流促进了新型的虚拟社区和各种信息的传播，包括社会原因以及其他现象的信息，如错误信息。然而，这一现象在世界各地并没有同等发展。在美国，这种变化在各地区、各年龄段和所有社会阶层中都很普遍，大多数人（但不是所有人）都可以使用促进这些互动的通信技术。然而，在低收入国家以及农村和贫困社区，许多人无法轻易接入互联网或电脑。这导致了巨大的信息差距，导致了在当今经济中获得就业所需技能的途径的缺乏。

在家庭层面，通信技术革命实际上加强了联系。个体能够通过视频聊天、电子邮件和文本信息保持跨越大洋和边界的通信。这促成了个人和更大社会层面上前所未有的信息共享速度。尽管埃米尔·迪尔凯姆（Emile Durkheims）在100多年前就作出了预测，我们并没有以更大的失范状态结束，而是发生了相反的状况，人类已经找到一种增加连通性的方法。校园情侣可以在社交媒体上追踪彼此，更多的人可以远程工作，祖父母可以远远地看着孙辈成长。尽管通信技术存在一些危险，但它增强了家庭纽带和全球联系。

我们正在目睹书中描述的其他一些现象：全球人口正以前所未有的速度老龄化，而我们目前在照顾老人方面没有足够的社会解决方案。除"人口结构年轻"的撒哈拉以南非洲地区外,这是一个全球化的现象。一些北欧国家反应迅速,出台了鼓励个人生育多孩的政策,并以货币化的激励措施来奖励孩子的照顾者。但在世界上大多数国家,年龄差距使几代人相互竞争,引发了关于未来劳动力参与、税收和养老的问题。

与此同时,我们现在拥有人类历史上最为庞大的青少年群体。超过10亿的青少年正接近成年的边缘,但他们面临的是近代人类历史上最不稳定的劳动力市场之一。缺乏稳定的工作对家庭的形成有着直接的影响:年轻人待在父母家的时间更长,他们等待建立长期的伴侣关系或结婚,并推迟生育子女。基于此,我们可以清楚地看到经济机会、家庭生活和社会再生产之间的联系。

性别角色和家庭生活之间的联系也继续变得更为复杂。随着世界各地越来越多的女性进入有偿劳动大军,随着越来越多的男性失去养家糊口的主要角色,性别角色和两性关系正在发生巨大变化。这一点在美国、加拿大、澳大利亚和欧洲尤为明显,在这些国家,诸如同居、离婚率上升和非婚生育等新的生活方式有所增长。此外,跨文化研究表明,随着越来越多的女性参加有偿劳动,家庭中的经济纽带正在发生变化,婚姻的观念也随之改变。例如,由于女性能够自食其力,她们不太可能维持破坏性和虐待性的关系,或者可能选择根本不结婚。这些变化导致全球离婚率上升以及女性户主家庭增多。随着妇女角色的变化,即使在东南亚、中国和中东这样的地方,不同的家庭结构也变得越来越普遍。长期以来,这些地方有关家庭中传统角色的文化信仰在保护社会的某些方面发挥着重要作用。不幸的是,这些变化有时伴随着家庭暴力的增加。有些男性无法适应他们在家庭中不断变化的角色,为了维系作为家庭的"传统"角色,他们诉诸暴力来维护自己的权利。遗憾的是,关于这些变化的统计数据并不可靠,因为许多妇女害怕报告生活中对她们施暴的男性以及(或者)社区和社会中保障举措的缺失。

全球化不仅影响了沟通、家庭关系和家庭动力学,甚至像爱情这样的概念也在相对较短的时间内发生了变化。当代西方以"愉悦"和自我满足为目的的爱的概念，已经取代了更多维的相互依赖和承诺的爱的概念。这种更为有限的爱的概念在更集体化的环境中变得特别有问题，这种环境，如在许多非西方社会，对大家庭的责任的强调仍然是核心。我们的论述强调浪漫的爱情和伴侣间理想化的平等关系，社会哲学家安东尼·吉登斯（Anthony Giddens）称之为"纯粹的关系"。吉登斯将这种关系描述为"一种为了自身利益而建立的社会关系"，因为每个人都可以从与另一个人的持续交往中有所收获；只有在双方都认为每个人都能在其中得到足够满足的情况下，这种关系才会继续。这种类型的关系包含了个人发展的强烈因素。然而现实中，即使在西方社会，也有大量文献表明，尽管有平等主义的基础，但许多（如果不是大多数）关系并不一定会导致长期的平等关系。因此，亲密关系和伙伴关系的概念正在世界各地传播，而事实上，这对大多数人来说并不是真正可行的——包括那些在文化系统中参与亲密关系的人，这些文化系统提倡理想化的爱和亲密的概念，认为这是唯一令人满意的。

　　我想在序言中指出，我们并不是在见证世界的"西方化"，这一点有时在主流话语中有所体现。相反，通过全球化，来自不同地方的信息、规范和价值观正在传播，然后适应当地的语境。这有时被称为全球化。因此，我们正在目睹独特的新文化现象、新价值观和信仰、它们实际上依赖当地的信仰。我们并没有朝着同质化的方向发展，而是正朝着更大的混杂性迈进。这是我们向其他国家学习的时刻，现在有了促进这一进程的机制。

　　审视全球化和家庭生活之间复杂的相互关系发现，尽管我们周围发生了种种变化，但情感和联系仍然是人类经验的根源。爱和人际关系为生活提供了基础，这是将人们联系在一起的黏合剂。虽然讨论和交流的技术手段可能会改变，但人类找寻亲密关系的他者——这些关系仍然发生在家庭之中，不管它们是如何被定义的。人类历史上的时代被界定为不确定性和极其迅速的技术变革，但人们从彼此身上看到的东西的基础是一样的。我们需要并且想要亲密的关系，我们从让自己感觉亲密的人那里寻求社会、情感和身体上的安全。虽然全球化可能会改变我们所知道的生活，但人类从根本上是不会改变的。我们将继续寻找相互联系和建立亲密关系的方法。人类的生存依赖于此。

附　言

我要感谢周红博士对这项重要工作的翻译以及她对项目的关注。正是通过全球化和全球化进程，我第一次见到了周红博士，并且她为我和我的同事安排了一次中国之行。她给我们介绍的项目和带领我们参观过的所有很棒的早期教育机构，均给我们留下了深刻的印象。通信技术使我们的专业关系得以持续。这是全球化的积极一面。随着我们进入21世纪，我希望这种跨文化合作将继续蓬勃发展，帮助我们建设一个更美好的世界。在这里，我想要用中文对她说声"谢谢"！

巴希拉·谢里夫·特拉斯科博士
特拉华大学教授和系主任
2020年8月

英文版序言

本书是笔者意识到全球化与家庭以某种形式紧密关联但已有方法对此探讨并不充分后自然发展而写成的。有关全球化的大部分研究集中于经济特征以及这一过程对市场和民族国家的意义。除了一些可能引起辩论但却很有意义，且通常被边缘化的围绕全球化、贫困以及不平等的争论外，实际上，全球化的另外一些层面是被忽视的。然而，与全球化相关的是价值重大且复杂的社会层面。经济条件与民族国家行为直接影响家庭生活。反过来，"抵达"家庭的决策最终影响经济议程以及民族国家计划和政策的成败。全球化和家庭的关系，无论如何比经济或政治视角所揭示出来的要更加深远和复杂。全球化是重构世界社会秩序的决定性力量，家庭正是这一变化的核心所在。在每个社会中，传统观念认为的家庭、工作、身份、个体与群体间的关系，都已因全球化的力量而发生了改变。本书的重点即探讨上述变化的重要性，以及导致变化但尚不确知的社会动态。

为了探究当代社会变革的特征，需要从强调家庭、经济、民族国家以及跨国组织之间复杂的内在动力关系的视角来审视全球化。全球化伴随的是史无前例和快速的社会每个层面的变革。随着资本、商品、个人及思想流动的加速，这些过程改变了有关家庭形式、角色与关系、性别规范和身份形成的根本性概念。对全球化进程的聚焦，能够揭示经济的重建、民族国家角色的变化、自发展中国家大量流入发达国家的移民问题，以及越来越多的妇女进入正规和非正规的劳动力市场，这些均与全世界家庭发生的有意义的变化密切相关。

全球化还与在家庭私密领域实现并协商的特定意识形态的传播有关。家庭通过正式和非正式的工作、生产和消费以及与民族国家的关联而融入全球经济。此外，不断发展的通信与信息技术，使得家庭与个体能够以前所未有的方式接触他人。以上相关性伴随合适的生活方式、身份、观念的新的概念化，即便在那些从未接触这些的人身上，也是如此。在西方，我们亲证了日益强调个人主义、家庭生活民主化、男权的衰微，以及对多种生活方式如同居、离婚、同性配偶、更加多元的生命历程（life course）轨迹的接受。以上这些对家庭生活的描画，同样波及发展中国家。不过，由于一系列复杂的相互关联的因素，人们对多元生活形式的接受并不会以同样的方式获得。发展中国家面临着独特的家庭生活挑战。尤其是经济上对诸如劳动力参与、国家发展不平衡的担心，以及对"西方化"的担忧等，某些情况下引发了民族主义（nationalistic）。全球化与以上所有社会现象都是相关的。

全球化是一种复杂的现象：一方面，它导致经济的重构，为工作与社会关系打开了不同的通道；另一方面，全球化必不可少的层面是传播和扩散能够企及世界最遥远之地的新形象与新观念。而且，全球化的发生是多个层面同时进行的。现在，我们已经认识到，地方层面、国家层面和跨国层面都在发生着全球化，全球时空结构被大大压缩。随着信息传播愈益加速，全球化的影响能够被即刻感知。当某个区域发生危机时，其恶果立刻在其他地方显现。随着近年的经济发展，对以上相关性的认识逐渐走入家庭。当一个国家的市场对经济低迷做出反应，全球其他地区会立刻显现出震后效应。家庭对以上过程并不能免疫。事实上，正是在家庭内部，以上所有力量开始产生影响。当我们步入一个关联日益紧密和加速的全球化世界，通过审视社会秩序的改变，以及这些变化与全球化和家庭之间的联系，来理解全球化的动态特征，是具有紧迫性的。

本书涉及文化人类学、政治科学以及家庭研究的学术内容。通过涉猎不同的学科领域，笔者逐渐认识到基于宏观与微观层面来审视不同现象的重要性，也逐渐认可学科取向的有限性。为了真切地理解社会现象，我们需要采取多学科交叉的方法，考虑文化、政治和经济因素等。只有运用更为综合的视角，我们才能更全面地理解全球化进程及其影响。

这项关于全球化与家庭联系的研究，让笔者明白，我们正身处变化当中，它比越来越多的随意观察者所意识到的更为深厚。我们正体验着一场发生根本性变革的社会生活的全球重构，它不像自西方工业革命以来见证到的那样。这一过程的迷人和不同之处，正是因为它是全球性的，且快速影响着世界的每一个部分。对多数分析而言，之所以存在疑问，正是因为这场变革极为复杂且微妙。没有一种单一的方法和独立的主题领域能够捕捉其变化之大。由此，它需要多领域的整体审视和观点交融。本书认为家庭是宏观与微观力量共同作用的舞台。对家庭与全球化关系的研究，有助于我们理解个体如何与更广泛的社会力量交织，更深入地看待流动性与快速的社会变化是全球化的固有特征。

为了深入研究世界家庭生活中全球化力量的重要性，本书系统地分析了一系列主题，首先探讨围绕全球化的多学科视角和争议，以及当前家庭领域的知识体系。这一概述显示，尽管每一学科或主题文献众多，但均未能透彻理解全球化与家庭，其原因在于存在许多相同的概念困惑。全球化和家庭都是明显政治化的现象，缺乏概念上的澄清，而且虽然缺乏经验性的数据来支撑相关论断，但却引发了争议。此外，它们是短暂的现象，其持续性变化取决于背景和时间，由此引发对其组成和过程的争论。调和论争的复杂性在于，大部分分析声称是跨学科的，但它们通常都是从某个主要的学科取向得出结论，而且侧重西方视角。这些内隐的偏见使得分析与结论偏离，扭曲了大多数普遍概括的尝试，也阻挠了一些政策的产生。这些政策能够潜在驾驭某些利于家庭和社会福祉的全球化力量。

接着，全书将讨论转向全球化与性别这一多层面的主题。一种关键但边缘化的观点提出，全球化的每一层面均具有明显的性别特质。这一观点强调了这样一个事实：全球化不仅影响性别话语和关系，而且这种现象本身也受到性别回应（gender response）及其挑战的影响。尤其是，性别与经济的关系强调全球化对男性与女性的影响是不平等的，这在发展中国家尤为显著。自20世纪60年代末开始的主要经济重构，以及多国企业的日益增长，随着越来越多的妇女获得兼职、低薪以及有时可形容为危险的工作，劳动力市场的特定部分已变得"女性化"。无论是在发达国家还是发展中国家，妇女都在努力平衡参加正规或非正规的就业与照顾家庭的关系。在工业化的世界，中上层阶级妇女应对这一困境的方式，是越来越多地雇用来自发展中国家的妇女，帮助她们承担看顾孩子和老人的责任。在发展中国家，许多照看孩子和老人的任务转移至大家庭、丈夫、兄弟姊妹以及那些愿意以低薪来从事此类劳动的贫困妇女。将这一问题复杂化就是，这种形式的工作，也被称为再生产劳动（reproductive labor），但主流的探讨对此并不认可。从性别视角来分析全球化，揭示出这一现象对从全球层面来建构女性气质与男性气质是非常重要的，而且全球化进程本身即是性别化的。

接下来，全书探讨的是全球化与家庭之间存在的某些可感知到的联系，以及不断变化的全球化人口迁移的本质。随着世界各个国家和地区之间的联系变得越来越密切，自发展中国家向发达国家的人口迁移正扮演着日益重要的角色。美国、加拿大、澳大利亚和以色列总是"移民社会"，在当代接纳着日本以及某些欧洲和中东国家的移民，并且正努力将这些非本国民众融入社会。某种程度上，作为对移民问题的应对，多国政府紧缩了面向移民的法律和服务。即便在有着漫长移民史的国家，如美国，也正在抵制快速增长的移民。结果是，移民越来越被边缘化，尤其是低技能的移民被排斥在主流之外。这一动向和边缘化导致跨国家庭这一新形式的出现，即一些移民在其祖国维系着关系，同时也在国外建立了新的关系。这一趋势的重要性是当代移民模式的性别特征。此外，越来越多来自发展中世界的妇女离开家庭和社区，转而在其他国家或地区，有时是离家很远的地方，寻求新机会。

回顾了当代移民的重要性后，本书探讨的是工作与家庭日益变化的关系。虽然有关工作与家庭的学术研究激增，但占主导地位的研究是基于美国的视角来探究中产阶级白人家庭面临的此类问题。这一方法侧重双职工夫妻、婚内性别角色的不平等、职业压力以及工作与家庭的溢出效应。然而，工作与家庭问题远比这些观点所要表达的复杂。照护劳动（care labor）、有关家庭角色和责任的观念，以及工作与事务的重构，均与家庭经济和意识形态交织在一起。例如，发展中国家最贫困的家庭中，孩子是主要的看护及家庭经济援助对象。但主流的学术著述对于工作与家庭这一层面的意义是忽视的。经济和照护问题，强调扩展政策帮助工业化国家和发展中国家的家庭平衡工作与家庭责任的重要性。

主流方法所认可的有关妇女赋权的思想观念已蔓延至全球，儿童、童年以及儿童权利的概念化在世界范围的拓展则相对受限。随着全球化的发展，人们的相互关联性日益紧密，与儿童有关的图像和意识形态正在全世界传播。以上这些描画，大部分是基于西方的视角，着眼于儿童需要"什么"，我们就以健康的方式来"发展"什么。然而，这无法解释儿童之间迥异的生存条件。并非所有的儿童都能接受多年学校教育，并在鼓励玩耍和童年毫无负担的条件下长大。事实上，对于数百万的儿童来说，贫困占据生活的核心，迫使他们在某些情况下不得不养家糊口。同样的经济状况也对当下流行的假设提出质疑。这一假设认为，随着通信与信息技术的迅猛发展，全世界的儿童正转化为同类型的消费群体，日益表现出同样的品位和风尚。实际情况是，不平等在某一社会内部以及不同社会之间的儿童身上愈演愈烈，由此给儿童带来各种危机。问题还在于，传统的方法并未赋予儿童和童年以性别特征。在不同地区，女童面临的问题和挑战可能非常不同于男童。例如，在某些特定的文化背景下，辍学照顾其他家庭成员的首先是女孩，由此制约了她们将来拥有的机会。这一现实所提出的复杂问题是，全世界应该立法来保障儿童的权利，以反歧视的方式践行《儿童权利公约》。

全球化还与老龄化和老年人密切相关。西方有一个共识，即人口的老化预示着不远将来的社会困境。但较少认识到，在一个相对短的时间框架内，绝大部分老年人实际上居住在发展中国家。当前，大部分这样的社会并没有制定针对老年人的计划和政策，而是出于文化规范由家庭中的妇女来照看。随着越来越多的妇女进入劳动力市场，她们在家庭这一隐性场域所承担的老年人照护工作，正成为于她们自己、家庭和社会而言是日益繁重有时甚至是不可思议的负担。在这一变化正在发生时，许多国家正削减对家庭服务的规定。老龄化和老年人所提供的舞台，也是可以积极的方式来利用全球化的场域。例如，增进对如下问题的认识，包括即将来临的全球人口老化、同一社会内部和不同社会之间对老年人的尊重存在不平等、老年群体日益增长的多元文化特质、对照护工作的需求等，并将全球化的力量用于宣传与传播解决上述问题的方案。

在对诸如性别角色和工作、社会化和儿童看顾以及老年人福祉等家庭相关问题进行分析后，全书转而探讨民族国家的当代角色。我们需要理解当今的民族国家，它们参与的是全球性框架，与居民和跨国组织形成的是动态关系。全球化提出的是领土角色、公民与非公民权利等具有根本性的问题。日益增长的移民问题加上飞速发展的信息和通信技术，使得来自不同地区和文化的个体相互接触。新的社区和身份得以产生，而且往往与领土归属相分离。当代的民族国家也是新的社会结构的一部分，新的社会结构将它们置于跨国组织的范畴，尝试着规范从经济活动到环境问题的系列活动。在一些问题主要涉及地区层面的情况下，民族国家发挥着全球舞台与地方区域的中介作用。从这层意义来说，民族国家没有丧失它的功能，而是通过全球化重新来规划活动。从提供政策和服务来看，这样的重新规划对于家庭和个体来说具有直接影响。

民族国家和跨国组织也与导致社会内部与社会之间不平等加剧的条件密切相关。虽然贫困与全球化的关系存在争议，但鲜有争议的是，当前条件下，一些个人、团体和国家正变得越来越富有，其他一些个人、团体和国家则变得愈加贫困。即便我们尚不清楚哪些特定因素通过全球化导致了目前的情况，以及哪些因素导致了衰退，但一致认可的是，全球化的进程不均匀也无规律，且与区域条件相互作用。以上所有变化均影响到家庭，引发经济和社会波动。

全球化变革的重要性，不仅在于影响生活的物质层面，而且也与有关个体权利和角色的意识形态交织在一起。这些概念的变化于家庭而言同样具有深刻的含义。家庭在不断融入全球经济，同时显现出新的多样化的生活方式和选择，它们被迫适应新的条件和状况。这一过程的发生并非以整齐划一的方式进行。在不同的社会以及世界不同的地区，新的图像和生活方式总是会遭遇反对与抵抗，以及原教旨主义（fundamentalist）与民族主义情绪的生长。全球化可能是一个具有跨国经济、政治和社会特征的过程，但首先是在地方背景下被觉知到的。

随着生活的物质基础、时空的概念以及身份不断被重新界定和发生变化，全球化的力量正直达当代社会生活的核心。在这个新世界，个体能够采用多重身份，组建新形式的家庭，成为一系列团体的成员，并且不受制于地点或地区。伴随身份的不断变化，新的隶属关系和种族渊源因此产生，并通过与来自遥远空间的其他地方和个人的连接而得以维系。这引发了新的无法想象的问题。在经济不平等加剧、边界与空间概念不断缩小的背景下，我们正面临新的包容与排斥形式。迅猛发展的通信和信息技术允许即时的通信和传播，生活变得日益流动，原先认为自然不变的信念和观念正处于更流动的状态。这一变化挑战了每一种文化中有关家庭生活、生命历程以及个体角色的设想。儿童、青少年、成年人、老龄化、婚姻、性别角色，以及家庭内部、团体内部、社会内部和民族国家之间的权力关系，都存在巨大的可变性。这些变化预示着我们所在的世界、社会和家庭等社会组织发生着根本性重构。

  本书既非论述全球化的利与弊，也非针对社会中各类家庭的角色表明立场，想要做的是，就今天所有人都参与其中的变革进程展开对话。这理所当然地包括尊重性别、跨越代际和家庭的关系，以及与我们熟知或不熟知的其他国家公民的关系。希望人们思考将来能否建立一个更好、更公正的世界，将全球化的某些力量用于为人类谋求福祉，而不是持续和忽视社会的不平等以及许多人的绝望。本书涉及很多主题，一些未涉及的主题仍需要做进一步的研究与论述。

巴希拉·谢里夫·特拉斯科
于特拉华州纽瓦克市

目　　录

第一部分　理论视角与范式

第一章　全球化作为当代社会的一种动力 …………………（3）
　　第一节　对全球化的争论 ……………………………………（6）
　　第二节　概念界定 ……………………………………………（7）
　　第三节　全球化与因果关系 …………………………………（9）
　　第四节　对全球化的"新"认识 ……………………………（13）
　　第五节　理解全球化与家庭的思想方法 ……………………（17）
　　第六节　以综合且全面的方法分析全球化 …………………（21）

第二章　理解家庭的方法 ………………………………………（24）
　　第一节　定义家庭 ……………………………………………（27）
　　第二节　对家庭的正式研究 …………………………………（30）
　　第三节　现状 …………………………………………………（36）
　　第四节　对家庭的跨文化视角研究 …………………………（38）
　　第五节　生育率 ………………………………………………（39）
　　第六节　性别角色趋势 ………………………………………（41）
　　第七节　家庭的变化 …………………………………………（43）

第三章　对全球化的性别分析 (46)
 第一节　霸权性别话语 (48)
 第二节　构建全球化与性别的关系 (50)
 第三节　男性与女性话语 (54)
 第四节　我们如何到达这里？家庭研究和性别理论家的贡献 (57)
 第五节　衰落的父权制 (61)
 第六节　"核心"家庭发生了什么 (63)
 第七节　女性劳动和家庭平等的分歧问题 (65)
 第八节　弱势的妇女和儿童 (67)
 第九节　全球化、性别与不平等 (69)

第二部分　审视全球化与家庭的关系

第四章　全球移民与跨国家庭的形成 (75)
 第一节　移民人口统计数据 (76)
 第二节　当代移民模式有何"不同" (79)
 第三节　移民的影响 (80)
 第四节　移民的性别本质 (83)
 第五节　家庭在移民中的角色 (85)
 第六节　儿童与移民 (90)
 第七节　文化认同问题 (94)
 第八节　家庭变化与移民 (97)

第五章　全球化背景下工作与家庭的交叉 (100)
 第一节　什么是工作 (102)
 第二节　家庭生活和家庭角色的变化 (103)
 第三节　工作世界的变化 (107)

第四节　劳动力的女性化 …………………………………（108）
　　第五节　女性户主家庭 ……………………………………（112）
　　第六节　女孩的劳动力下降在哪里 ………………………（114）
　　第七节　照护工作与妇女 …………………………………（117）
　　第八节　照护工作与儿童 …………………………………（120）
　　第九节　援助家庭的政策 …………………………………（122）

第六章　儿童与童年的全球概念 ……………………………（126）
　　第一节　普遍的童年概念的传播 …………………………（127）
　　第二节　儿童发展教育的关键作用 ………………………（129）
　　第三节　有问题的普遍概念 ………………………………（131）
　　第四节　向成年过渡的变化 ………………………………（134）
　　第五节　儿童权利的复杂问题 ……………………………（136）
　　第六节　将儿童权利与妇女权利联系起来 ………………（140）
　　第七节　性别和代际在儿童生活中的角色 ………………（141）
　　第八节　全球化对儿童和青少年的影响 …………………（143）
　　第九节　童工问题 …………………………………………（145）
　　第十节　回应童工问题 ……………………………………（147）
　　第十一节　全球化环境中青年人的脆弱性 ………………（149）
　　第十二节　儿童与公共空间 ………………………………（150）
　　第十三节　强调儿童和童年的各个维度 …………………（154）

第七章　全球老龄化的关键问题 ……………………………（156）
　　第一节　"老龄化"的概念重建 …………………………（158）
　　第二节　对老年人的日益关注 ……………………………（160）
　　第三节　不平等与生命历程 ………………………………（164）
　　第四节　照护危机 …………………………………………（166）
　　第五节　中国的例子 ………………………………………（168）
　　第六节　三明治一代的压力 ………………………………（169）

第七节　全球化如何能够对老龄化问题做出积极贡献 …… (171)

第三部分　未来的挑战与机遇

第八章　民族国家、跨国空间与家庭的联系 ………………… (177)
　第一节　民族国家对其公民的作用 …………………………… (179)
　第二节　国家的作用与全球资本流动 ………………………… (183)
　第三节　结构调整与性别影响 ………………………………… (185)
　第四节　关于福利国家作用与全球化的争论 ………………… (187)
　第五节　福利国家与家庭 ……………………………………… (189)
　第六节　妇女的生育率与工业化国家的未来 ………………… (193)
　第七节　日益增长的不平等与民族国家的作用 ……………… (196)
　第八节　机构和当代民族国家 ………………………………… (198)
　第九节　下一步应采取什么举措 ……………………………… (199)

第九章　关于全球化、贫困和不平等的争论 ………………… (204)
　第一节　贫困是如何决定的 …………………………………… (205)
　第二节　社会内部和社会之间的不平等 ……………………… (208)
　第三节　全球化、贫困和不平等之间有什么联系 …………… (211)
　第四节　本土对全球化形势的反应 …………………………… (213)
　第五节　可以做些什么 ………………………………………… (214)

第十章　社会变革、新的范式及其对家庭的影响 …………… (217)
　第一节　家庭领域全球化的实现 ……………………………… (218)
　第二节　静态概念的问题化 …………………………………… (220)
　第三节　全球化与家庭变革 …………………………………… (222)
　第四节　性别、全球化与市场 ………………………………… (227)
　第五节　驾驭全球化的力量 …………………………………… (232)

第六节　家庭的持续意义 …………………………………（234）
　　第七节　结论 ……………………………………………（236）

参考文献 ……………………………………………………（239）

致　谢 ………………………………………………………（274）

译后记 ………………………………………………………（277）

第一部分

理论视角与范式

第 一 章

全球化作为当代社会的一种动力

如果将世界看作一个整体和系统而非自给自足的社会与文化的总和,如果更好地理解这一整体如何随时间的推移而发展,如果认真对待告诫并将人类的聚合视为"密不可分地与来自四面八方的他者以网状连接"(Eric Wolf, 1982),我们会得出不同的结论。

全球化带来巨大的变化。世界最远处也变得越来越可达,其方式是20年前我们不能够想象的。通信和信息技术的日益发展,正在改变我们联系、获得信息以及互动的方式。对一些人来说,这些变化打开了新的通道和机遇:遥远之处愈加可达,新的关系得以建立,工作和学习能够在有互联网联通之处发生。对另外一些人而言,同样的变化与失去相关联:丧失传统或工作或重要的关系。不论这些变化以何种形式呈现,我们对其广度、强度以及长远的影响还认识不足。原来广为传播的信念和自然化的关系受到质疑与磋商,有时是解体。这些变化并不限于西方或工业化世界。事实上,极度的变化正加速地成为一种全球化的体验。世界上所有地区的社会、团体、家庭和个人,不论生活在何种境况下,都不能幸免于我们正见证着的日益加速、深远和深入的变化。这些变化并非平均分配于社会内部或不同社会之间。在某些地区,我们亲历了极速的社会变革,而在其他地区可能只有特定的群体或区域受到影响。

虽然全球化是激烈竞争的现象,但某些共识是,全球化需要以一种新的形式跨越地理和文化的距离，而这些发展则是交通、通信和信息技术不断进化的结果。20世纪90年代中期以来，一些经济学家和政治科学家越来越意识到全球化的影响。[①] 他们尤为感兴趣的是资本流动、民族国家角色的转变、数量日益增加的跨国移民，以及跨国企业和组织的成长与扩张。虽然个人与家庭均受到以上这些现象的影响，但聚焦于全球化社会层面的关注明显偏少。尽管普遍意识到在全球化的背景下，作为全球化一部分的同一类属概念，包括民族国家、经济学、团体、社会阶层、性别、种族以及家庭，其意义已然改变（Baars等，2006），但还是存在关注上的"遗漏"。值得注意的是，我们不做更广泛的对话和批判性分析，而是从更多的社会和地方层面来审视上述过程的变革特质。特别是，全球化对家庭的影响是一个明显的疏漏。

目前，有关全球化的分析几乎全部持续聚焦于政治和经济领域。许多分析主要描述的是世界经济的本质变化——日益流动的国际资本和劳动力，由经济重构、通信与信息技术发展带来的生产变化。人们认为这些变化导致经济聚拢，以及全球经济越来越相互依赖。全球化作为一种自主的力量，从社会互动中被移除。对这一方法的批判指出，全球化自身是其空间和互动的一种特殊形式的建构，它整合了个体、家庭、团体和社会。理解了国家、跨国经济和政治，有助于我们更深入地洞察这一现象的内在动力和影响。换言之，全球化不只是经济、政治或社会的力量，它是社会建构的，是一种动态现象，其自身部分地通过人类活动而不断变化。这一视角引导我们多层面地理解全球化，而非仅仅将其视为不可避免的物质化进程（Nagar等，2002）。

在有关家庭和家庭变革的论著中，围绕全球化的争论明显泾渭

[①] 参见罗德里克（Rodrik，1997）、普拉卡什和哈特（Prakash & Hart，2000）、吉兰（Guillen，2001）、斯蒂格利茨（Stiglitz，2002）、格拉策和瑞切斯迈耶（Glatzer & Rueschemeyer，2005）以及德埃萨（Dehesa，2007）等人的研究。

分明。显著的一点是，世界范围内，全球化进程对于个体和家庭的影响既有直接的，又有间接的。家庭安排（family arrangement）因空间和时间而异，某些形式的亲密人际关系是所有社会的特征。[①] 当我们越来越融入新的复杂系统，个体及其关系也就必然牵扯进整个过程。[②] 个体的意识形态和物质世界发生改变、巩固或者消失。[③] 全球化伴随有关生产力、性别、工作、民族主义、身份、家庭关系以及妇女和儿童权利等新的跨国概念的产生。某些情况下，个体被赋权改变自己的生活。在另一些情况下，他们却又受迫于弱势和破坏性的状况。

没有哪个地方的社会变革像当代西方家庭那样迅速。过去数十年，为公众所接受的新的关系和居住方式变得越来越普遍。例如，许多工业化国家见证了同居、离婚率、单亲家庭、同性伴侣以及涵括亲属和非亲属的大家庭（几代同堂）的快速发展。同时，越来越多的妇女身处带薪劳动力市场，影响到生育、老年人看护、关系形成以及对婚姻的意愿。部分结果是，生育率低于人口替代水平，这在欧洲和日本尤其显著。

以上社会变革，并不像许多人认为的那样仅局限于西方。世界其他地方的社会也正亲历重要的社会变革。譬如，有些地方，如韩国、中国、约旦和巴西的离婚率正在上升。同时，随着越来越多的妇女出于个人抉择、经济条件、战争恶果、艾滋病以及其他悲剧，选择被迫独自养育孩子，女性户主家庭正在快速增加。从世界范围来看，外出工作的妇女人数在不断增加。相比之下，许多地方的男性正丧失曾被视为理所当然的家庭首要或唯一养家糊口者的角色。所有这些变化最终都与全球化进程紧密相关，因为全球化重构了工

---

① 接下来的一章将回顾围绕家庭概念的争论。
② 个体之间通过情感、法律或亲缘建立起关系。在西方以及世界上许多其他地方，我们称这些关系为家庭。
③ 参见帕金和斯通（Parkin & Stone，2004）从人类学视角对亲缘和家庭进行的讨论。

作和家庭生活，有时也会引入非常新的和激进的关于社会生活的思想。

仅聚焦于全球化的经济和政治维度的方法，无法捕捉其中的动力机制或这一现象所隐含的人类后果（human consequences）。相反，家庭的主流视角和分析并未将全球化纳入其话语。① 这导致我们不能全面理解全球化对个体和家庭生活的深远影响。由于这样的疏漏，我们对全球化和家庭的洞见存在不足之处。

将全球化与家庭维度关联起来，为理解人际关系、家庭经济、性别问题、社会变化以及群体间的关系开启了一扇新的通道，有助于我们更深入地洞悉不平等的内在动力、权力关系以及规模和场所（scale and locale）的重要性。将全球化与家庭联系起来，并不等于要研究"全球化的家庭"，而是整合全球化和家庭，突出经济、民族国家、跨国组织、信息流动，以及新的自我概念、身份、家庭、领土和空间之间复杂且动态的关系。考察其中的联系需要全面分析，即阐述某个层面或某一社会与群体的进程，有时是如何出乎意料地影响人类经验的其他层面的。

第一节　对全球化的争论

全球化引发几乎每一分析层面的激烈争论。有关全球化的主流和学术的方法并不一致认同其定义、过程、影响甚至历史渊源。其中，许多争论和讨论所固有的问题是以偏概全和片段式的。它们将全球化描述成危险的、有益的，或是过于复杂，难以用作某种分析工具。许多论据并未以经验证据为基础，往往选择性地运用特定的数据或现象作为"证明"。譬如，针对全球化的主导性论述强调其经济特质，这与区位环境、社会历史时刻和文化背景是脱节的。格鲁

---

① 撰写本书时，埃德加（Edgar, 2004）对此进行过探讨。

（Grew，2005）建议，"断定国家之间的共同影响和压力，需要进行比较和概括"（第853页）。他指出，有关全球化的特定假设本身就是整个进程的结果。审视围绕全球化所谓的同质化效应，或其据称的对家庭关系削弱和破坏的争论，揭示出参与者使用相同语言进行不同的对话，传达出截然不同的意义。批评者认为，全球化是一个过度使用的术语，没有什么意义或效用，应该被摒弃，这进一步加剧了前述困境。

围绕全球化审议的强度与程度本身即表明了它的重要性。可能在全球化是什么或者如何界定全球化上仍然未有一致的结论，但关注这一现象的主流和学术话语、著作、论文、会议以及课题的数量，否定了那些认为全球化不重要、仅是学术争论的批评家的观点。[①] 围绕这一术语的巨大争议，意味着全球化是一股需要研究和理解的强大力量。徐尔特（Scholte，2000）认为："当前的全球化知识很大程度上是令人困惑且相互矛盾的，但没有理由将这一话题当作空洞的流行语而摈弃。相反，当安全、正义和民主等关键问题如此突出时，社会责任要求研究者给予全球化以认真的关注。"（第40页）只有通过进一步的论述和多层面的研究，我们才能更透彻地理解全球化及其影响。

第二节 概念界定

对许多人来说，全球化已经成为一个既流行又被滥用和误解、意指日益相互连接世界的政治和经济影响的术语。全球化这一术语相对较新，直到20世纪80年代中期才成为常用词汇。在此之前，全球化进程主要意指国际关系而非全球关系（Mittleman，2002）。[②]

---

① 全世界目前有超过61000种出版物对全球化进行探讨。
② 有趣的是，全球化业已进入其他语言的词汇。

对这一术语新的运用表明，人们开始意识到，全球化不只是现代化和国际化的另一种形式的新兴实现，而是关乎物质、社会和观念生活的其他层面（Guillen，2001）。

社会科学家，尤其是经济学和政治科学的专家，已花费大量精力来探讨这一术语的确切含义及其运用。① 一般来说，全球化具有五种不同的含义：国际化、自由化、普及化、西方化和去领土化（de-territorialization）（Scholte，2000）。② 全球化的最常用法是将之描述为一种形式的国际化。本质上，这一界定指的是国际贸易和资本交换及其依存性的流动加快。日益增长的相互依存性被视为消解了国民经济的重要性，创设出一个更大、以跨境的过程和交易为特征的经济实体。

密切相关的还有将全球化视为自由化的概念。这一运用将全球化的概念等同为思想、价值和物质文化在全世界的分布。例如，因特网、电视和广播等通信媒介以及它们传送的图像和信息，某种程度上被理解为全球化的一种形式。

从略微不同的视角看，全球化也与西方化或者某种"美国化"相关。有时候，这甚至指涉世界的"麦当劳化"——这一视角显示，诸如民主、个人主义或理性主义等西方概念已蔓延至全世界，破坏了传统的价值和集体主义的生活方式。

在过去的许多年，全球化已开始等同于去领土化。从这一视角出发，全球化指的是社会空间的重构，地理位置变得越来越不重要，社会关系与场所越来越紧密联系，无论是近距离的还是远距离的场所。根据这种观点，知识超越了边界甚至是遥远的物理距离，将个体彼此联系起来。这可被理解为"没有距离的跨境交流"（Scholte，2000，第49页）。随着通信和产品日益无须受限于地理约束，随着

---

① 徐尔特在《全球化：批判导论》（Globalization: A Critical Introduction）（2000）一书中详细讨论了全球化的各种含义。

② 这些描绘在准确解释全球化这一术语时，存在着较大的争议。

各类跨境组织迅猛发展，随着越来越多的个体意识到全球化关系的整体性特质，这类交换和关系变得越来越重要。去领土化增加了所有层面社会关系的复杂程度。安东尼·吉登斯是这一观点的拥护者，他提出了一个著名的论断："全球化秩序的出现意味着我们生活的世界不同于先前的时代。"（1991，第225页）

第三节　全球化与因果关系

除了概念界定上的困惑，我们也面临一个复杂的时间顺序问题：全球化究竟是一个新近发展而来还是原本就古老的现象？一些学者（Scholte，2000；Dehesa，2007）提出，全球化是世界历史的特征：早就存在思想和个人从一个社会或某个地理位置迁移至其他社会和地方并产生相关影响的情况。另一些学者宣称，全球化可追溯至大约500年前，殖民时代和西方文明传播至全球偏远地区的时候。还有一些学者争辩道，全球化实际上始于飞机和计算机的使用（Drucker，1993）。基于以上，我们身处不断变化的全球化世界，正发生的进程本质上并不新鲜。

有关全球化时间顺序的争议，被全球化的概念问题以及对全球化原因的分歧所蒙蔽。最常见的解释是，全球化始于技术革命，技术革命是全球化的基础以及该现象背后的驱动力量。另一些观点表明，经济监管框架的变化和改革促进并强化了全球化。资本主义、文化政治以及知识结构的变化，也被视为全球化的潜在根源。基于全球化现象的复杂性，我们对全球化的起源、扩散和强度局限于单一因素的解释，是过于简单的。将全球化缩减成单一维度的概念或变量，其影响便是"缺斤少两"，其深远影响便会减少。而且，由于其加速的特性，全球化本身就是快速变化的。因此，我们正努力捕捉的这一现象，实际上可能已与5年前看起来有所不同，从现在起的很短时间内即将展现出新的、潜在的和令人意想不到的特征。① 正是时间、空间与结果的加速连接，促成全球化这一独特的不同于先前任何时代的现象。

嵌入因果关系和全球化方法的是社会结构和机构的问题。在何种程度上，社会现象是作为现行结构（如资本主义或父权制）的结果而出现的？个体通过与社会系统的即时互动，既影响社会系统又被社会系统所影响，他们在其中扮演了什么样的角色？本书的阐述基于动态的视角，强调个体能动性与观念、文化和物质结构互动生发出的社会关系和社会现象（尽管有时互动是有限的）。这些结构为个体有时以自由意志、有时因受到约束而抉择和调整提供了选择。如今，物质、文化和观念的框架以及结构的创造、持续和变革，取决于个体和人（Scholte，2000）。由此出发，社会秩序在流动或变化的时代能够发生根本性变革。当个体陷入矛盾或对立的力量，无论是观念还是物质上的，他们会做出回应，引起各种力量发生渐进式或变革性的变化。这使人们相信，全球化已在一系列利于其实现的特定情形下发生，并且与社会变革密切相关。这也为我们考察家庭和个体在这一进程中的角色提供了根据。下文将依循上述思路展开分析，在探讨女性、男性、儿童和老年人广泛的角色变化，以及这一变化是全球化重要组成部分时，尤为如此。

格鲁从全球历史中描绘全球化，为我们提供了有用的区分。他建议，全球化"显现出一个变化的过程，应按时间来放置"（2005，第849页）。因此，全球化取决于特定的时间周期、社会环境以及与其相关的文化背景。他同时指出，许多有关全球化的当务之急，在于经济因素，但全球化实际上是一种关乎未来发展而非当前境况的力量。他主张应将其他因素，如意识形态、技术、经济、文化和政治环境等用于分析全球化。这有助于我们思考如下事实：这些现象

---

① 一个有趣的实例是，当前将全球各地个体联系起来的社交网络的流行。这些社交网络正被看作某种社会运动——这种现象甚至在两三年前还是无法想象的。

并非必然带来某个共同的结局，或是同样形式的全面变化。依据这样的视角，全球化的一个内在特征就是，它对个体、家庭、地区、民族国家、经济甚至是跨国进程的影响都是不平等的。

在最根本的层面，对全球化的争论可简化为两种本质上相对立的观点。"乐观主义者"热衷以信息传播的视角来界定全球化，认为它带来的影响包括促使个体之间联系更密切，促进社会融合，将民主引向不民主的地区，让世界走向更全球化的稳定之路。"诋毁者"或批判者则散布全球化危机、全球化内隐的不平等和滥用的严重警告。在他们看来，国际货币基金组织这样的跨国组织加剧了以上不良影响。他们认为，全球化从根基上破坏了安全和平等，以及民主准则等（Lieber & Weisberg, 2002）。① 这些争论背后潜藏着的是反对基本的概念问题，即全球化对阐述其优点和缺点的人来说，通常意味着不同的事物。这取决于他们的立场，一些分析者可能基于全球化的经济层面来立论，另一些分析者则以全球化关乎理想信念或价值观的传播来立论。

使这两方面的论点复杂化的是规模、社会变革和历史发展等问题（Scholte, 2000）。本质上，对于全球化与其起因的关系，同时存在四种争议。一些（事实上是大部分）分析者认为，理解全球化的关键在于审视经济活动的特征。从这个角度来看，生产改变了产品和生产方式，这反映在愿景（visions）、交通运输、通信、数据处理和企业行为等方面（Grew, 2005）。生产上的这些变化导致将全球化经济标签为"一种信息化的、以知识为基础的后工业或服务经济（Scholte, 2000，第 20 页）"。一种反对意见提出，全球化力量的背后隐含着某种持续性。生产仍是经济行为的关键，事实上，它继续保持着资本主义首要来源的地位。基于此，改变的只是盈余积累正发生的形式。全球化带来的是劳动分工，通过消费主义和金融而促

---

① 这样的论点导致每年都会有群众性示威来反对八国集团峰会和世界贸易组织会议。

成的财富更为积聚,生产集中于大型企业。

一个发出不同声音的较小群体认为,全球化带来的基本变化围绕着治理问题。从他们的视角来看,民族国家的未来处于危险之中。在他们看来,全球化削弱了民族国家的角色,跨国企业却获得了力量和权力。那些反对这一假设的人则声称,由于要维持地位来管理全球经济活动,控制民族国家之间的边界,民族国家因而保持着强大。因此,全球化使一些民族国家得到巩固和加强(Rudra,2008)。

争论中的第三种主张着眼于文化与全球化之间的关系。争论背后的问题是,全球化是否需要文化的同质化抑或全球化允许传统的地方生活方式继续存在吗?支持全球化为同质化的人指出,我们正步入一种以英语、美国流行文化、消费主义和大众传媒为中心的统一的世界文化(Scholte,2000)。他们宣称,全球化使得个体、团体和各种文化日趋类同。反对者则提出,西方(尤其是美国)的理念、价值和产品的输出是无可置疑的,但其流动通常是适应当地语境的(Ritzer,2003)。由此,全球化的社会形态和运动以不同形式呈现出来,并基于地区性的诠释而产生不同的影响。这种适应有时被称为"全球本土化"(Glocalization)(Ritzer,2003)。"全球本土化"之所以发生,是因为当接触新的、不同的或是完全相反的价值和信念时,个体会转向当地的传统和信念。我们所看到的是通过接触、融合和混合而生成的新的而非统一的社会形态。

最后,人数不多但小而有声音的群体,以安东尼·吉登斯为代表,提出全球化已使我们超越现代性而进入后现代时代(Giddens,1990)。吉登斯认为,现代性具有内在的全球性,使我们进入一个目前还不太了解的新世界。他表示:"在现代,时空距离的水平远高于以往任何时代,地方的和遥远的社会形态与事件之间的关系相应地'拉伸延展'。全球化本质上即指拉伸延展的过程,因为不同社会背景或地区之间的联系模式在整个地球层面变得网络化。"(第64页)

第四节 对全球化的"新"认识

关于全球化的争论中有一个内在的问题，即在这个过程中什么是新的。正如我们所看到的，有些人认为全球化只是人类探索和运动的另一阶段，与绕世界的第一次旅行不同。但有些人不同意这种分析。徐尔特与吉登斯达成一致，认为全球化的"新"是"社会空间的重新配置"（2000，第46页）。徐尔特认为，地理因素即社会群体的物质环境，与文化、经济和政治直接相关。[①] 历史上一直如此。直到最近，区域经济一直受到领土和资源的限制。即使在今天，因纽特人、游牧贝都因人、猎人和聚集部落以及其他此类群体的生活也深受他们所居住自然环境的影响。在过去的几千年里，当代文明的大部分特征是人类能够将环境改变到完全不依赖环境条件的程度。[②] 直到最近，对大多数人来说，"家"总是与某一特定的领土相联系（即使像贝都因人这样的群体，他们也在一个范围较大但有界的区域中游牧）。地理或领土对人们生活的各个方面产生深远的影响：认同感（我来自……或者，我是……）、民族主义和公民身份意识（我属于这个群体、地方、社区或国家），以及与他人互动的能力（包含互动的频次及重要性）。从历史上看，个体主要与居住在同一空间的他者互动，包括同一邻里、职场、娱乐场所、社区或国家中的他人。这种互动大部分也受到社会经济、文化和宗教关系的限制。迁移则是离开大多数的交往和抛开大多数的关系。

然而，全球化改变了人类与物理环境的关系，改变了全球各地居民的社会互动。这些变化对经济、民族国家和家庭等社会制度产

[①] 生态论的观点存在于一系列将北半球与南半球并置的著述中，认为北半球是工业化的，南半球是"发展中的"。

[②] 一个戏剧性的现代实例是，在阿拉伯联合酋长国，世界上最大的人造岛屿建在水上（迪拜棕榈岛和棕榈树），沙漠条件甚至被改造为附设一个室内滑雪场。

生了深远的影响,而且以越来越快的速度发生着影响。正如吉登斯(1990)指出的那样,我们处于一个截然不同的世界,变革的轨迹正以无法想象的步伐加速。这种全球化的形式也可称为全球连通(Kelly,2001)。

这种全球连通的现象包含三个相互关联的层面。第一个层面涉及全球范围内混合的社会和空间关系。第二个层面指缩短了局部地区以外的社会和空间距离。第三个层面涉及个人之间社会互动的增加。以上每一因素都带来全球化的新面貌。例如,跨越地理边界的社会联系和空间联系的交汇,现在几乎是瞬间发生的。它也可以指个体虽然迁移但与其家乡社会保持着紧密联系(Kelly,2001)。这些联系包括定期接触、探访、汇款以及文化和政治关系。

全球连通具有物质和文化后果。目前,许多和制造相关的流程与多个地方相关联:原产国、生产国或地区以及目的地国家。在多个地方生产的全球大宗商品,在不同地点之间形成复杂的联系。例如,过去在美国制造的鞋子,来自中西部喂养的奶牛,现在可能有多个产地。用于皮革制造的奶牛可以在一个国家饲养,鞋的设计将在另一国进行,鞋的实际生产则在第三国进行。所有这一切甚至发生在这些鞋在美国销售之前。当然,生产过程可能比这复杂得多——但这一实例说明商业和生产已发生根本性的变化,由截然不同的地点组合而成。

地方文化也与全球连通过程有关:应对措施可以是远离外国的影响,也可以是接受新的有时甚至是完全不同的思考、行动和行为方式。这个过程不是单向的,也不是一成不变的。相反,它可能在某些条件下加速,在其他条件下减速,并且不同程度地影响个人和群体。通常情况下,试图预测变化本质的陈旧的理论社会科学模式,不能充分捕捉到差异性变革的特质。它本质上是一个移动的目标,为价值观、图像、实践等的分布增加了高度异质的元素。不同的地方根据当地的条件和社会历史背景,以不同的方式接收、处理和实施信息。

从这种相互关联的角度来看个人、实体和民族国家的关系,并不意味着领土变得微不足道,相反,它在我们的世界中仍然具有重要意义。然而,今天的领土充满与过去不同的含义。领土或物理位置仍然是个人的标识符号之一。民族国家仍然有权决定各种被界定为属于其职权范围的活动,如国际问题。事实上,随着地区性的流动变得越来越普遍,一些民族国家已经收紧了它们的边界以及适用于其公民的法律。一个主要变化是,当今的领土和民族国家边界比过去更加松散。新的信息和通信技术允许个人跨越每种形式的边界彼此交互。在这些相互作用中,领土边界通常不会保留任何真正的意义。因此,我们发现,形成新的关系并非基于地域性,尽管存在领土距离,其他关系仍得到维持甚至加强。此外,这些相互作用发生在瞬时的、多层面的全球舞台上,它包含货币、物质、环境、观念和社会要素。这意味着距离或边界不再对关系构成障碍或约束。①

　　当今世界的特征是经验和互动的压缩。通信技术允许几乎瞬时地向多个地区传播信息。例如,通过新闻广播,一旦发生危机,文字和图像就会立即传播到全球各地,在不同的受众和地区引发多种反应。品牌、媒体、名人地位和时尚可以在几秒钟内传播,完全无视边界。个人和现象可以瞬间关联起来。在新的世界中,时空关系已经永远改变。我们看待地球的方式,以及如何与周围的人以及那些离我们很远的人建立联系,都在发生变化,其速度之快,有时是我们无法理解的。一些变化是物质的。例如,当今几乎所有的消费品是多个地方和过程的产物。并且,大部分人被来自世界其他地方的海啸、战争和疾病等灾难的图像所冲击。这些事件的远距离性质可归因于图像传达的速度,这使得个体经常觉得他们是灾难的一部分,重新同情那些遭受蹂躏体验的同胞。其他时候,图像的传播被用于制造其他个体、团体或地区令人不安的影像,它们强调的是不

---

　　① 显然,这并非适用于所有个人和所有关系,然而,它的存在程度远超几十年前的想象。

良的情绪、仇恨和厌恶。

瞬间的、无限制的信息传播通常与西方（通常是美国）价值观的传播有关。随着对生活方式、时尚和消费品的描绘在全球范围的扩展，其对可能处于不利地位或是生活方式截然不同的人的影响受到质疑。莱维特（Levitt, 1991）认为，全球市场的相互联系正在形成一种国际同质化的偏好：国际营销、大量人口迁移以及互联网，使人们能够接触到类似的信息和消费产品。企业通过协调业务战略，以当地语言进行广告宣传，并获得品牌认知，来响应这种全球的可访达性。虽然某些类型的消费品可能就是这种情况，但几乎没有证据表明，我们正在真正走向一个同质化的世界。事实上，人们对图像和信息如何移动，特别是对来自西方的图像和信息怎样基于地方层面加以理解和内化进行了大量的推测（Ritzer, 2003）。在世界许多地区，接触某些商品或信息并不一定需要接受或使用它们。例如，虽然城市地区更容易受到这些形式的全球化进程的影响，但农村地区仍然相对不受影响。我们发现，全球化是一个相互矛盾的过程，涉及日益增长的合流倾向，趋向于某些类型的新兴的全球文化统一，同时又伴随文化差异和分裂的增加。

在当代背景下研究这些进程的实例可能是有益的。在最近的一项研究中，孙（Sun, 2005）发现，在不断扩大的上海市，对当地社区日益增多的富裕居民的看法受到全球化的极大影响。随着越来越多的上层阶级居民入住新的住宅区，他们在物理环境和各种服务条款方面采用了全球框架。这些要求似乎主要是通过媒体、旅行或与外国人相遇而受国外影响的推动。然而，孙（2005）认为，虽然上海受到全球经济的强烈影响，但西方的规范并没有对中国文化产生重大影响。上海较富裕的居民可能会对他们的环境提出某些物质要求，但他们的价值体系——就其个人和家庭关系而言——仍然完好无损。在阿帕杜莱（Appadurai, 1990）工作的基础上，孙认为，我们所看到的是"复杂而重叠的分离秩序"，"不能再用现有的中心边缘模式来理解"（2005，第186页）。他的工作表明，全球化并没有消除文化差异,而是导致更混合的价值取向。他的研究还表明,个人的取向和行为是"通过不同程度的全球社会化来实现和形成的"(第190页)。虽然现代化理论特别是20世纪60年代和70年代在某些圈子中流行的理论,预测社会变革是线性的、进化的和内部驱动的,但当代证据并不认同这一主张。现代或传统的二分法仍然是某些方法的主要部分,但它越来越成为一种不准确的分析工具。

此外,历史上的案例研究表明,社会变革的影响很少是统一的,而且几乎总是如此,当一个变化发生时,它涉及一种替代形式,而不是明确界定的收益或损失(Coontz,2000)。因此,当信息和图像从世界的一个区域传播至另一区域时,它们可以在当地语境中被采用、抵制或是修改(Cvetkovich & Kellner,1997)。值得注意的是,这些过程不仅仅是在垂直交互中将地方与全球联系起来,而且还涉及一个连接当地世界的横向过程(Stephens,1994)。例如,童年的图像从一个区域输出至其他区域,它们因此不能在当地语境中统一应用。这些信息的各个层面根据背景而采用和协商。罗西诺(Rosenau,1997)对此过程解释如下:"本地化的动力源于人们对近距离的可靠支持的心灵安慰的需要,或是对家庭和社区以及地方文化实践的需要,是有别于'他们'的'我们'的感受的需要。"(第363页)新的想法和实践可能比过去更容易引入和传播,但个人仍然坚持他们的地方背景。无论是他们的家庭或其他亲密关系,至少是其信仰系统的某些部分,以便在不断变化和快速变革的环境中保持一定的稳定性。

第五节 理解全球化与家庭的思想方法

本书的一个中心原则是全球化与家庭以一种批判的方式相互关联,这种方式在传统方法中尚未得到充分的探讨。这一点将在随后的章节中详细阐述。在这个时刻,部分问题可能源于用来理解全球化进程的潜在认识论。对社会现象的分析继续被概念化为地域和时间顺序的限制（Appadurai，1999）。现象被理解为发生在"明确"划定的社会中、某些群体内以及特定的社会历史时间点。① 这些分析所失去的是变化性、运动性、社会关系的复杂性以及思想的透明度和跨时代的意识形态。社会的内在动力比我们所能捕捉到的简单分类更为复杂。② 它们是相互关联的宏观因素和微观特征的产物。由于多个层次和各种因素之间相互作用的速度不断加快，全球化进一步使这种关系复杂化。研究家庭时，我们需要承认空间和时间的概念正处于转型过程，影响到对家庭过程的理解。这并不意味着领土和年表不再是社会生活的重要方面，也不再是社会现象研究的一部分，而是要认识到，由于我们能够超越某些边界和压缩时间，理解的本质已经发生变化。正如阿帕杜莱的解释：

> 首先，知识全球化（globalization of knowledge）与全球化知识（knowledge of globalization）之间存在着越来越多的分歧。其次，全球化进程与我们努力在概念上遏制它们两者之间存在固有的时间滞后。最后，全球化作为一个不平衡的经济过程，造成了学习、教学和文化批评资源的分散和不均衡分布，而这些

---

① 例如，涉及家庭研究时，相关书籍实际上都是按国家来组织的。举例来说，"法国家庭"将与"中国家庭"形成对比，拉丁美洲人则与亚洲人相比。在全球化的背景下，这些划分没有多大意义，也没有为我们提供有用的见解。

② 例如，表面上，今天的美国移民家庭可能看起来像 20 世纪之交的移民家庭。小型核心家庭重新在美国定居，将大家庭甩在身后（只是一个例子，后文将讨论多种类型的移民家庭）。然而，今天的移民家庭以有形和无形的方式呈现出不同。一百年前，移民在与家乡社会的沟通中受到限制。重新定居意味着丧失与家人、朋友以及代表他们生活的一切文化的联系。这也暗示了对东道国社会的同化——我们在语言习得、儿童的社会化，甚至经常的更名中看到了这一点。今天的移民和（或）移民家庭一旦决定进行根本上的转变，即会进入一个新的轨道。他们可能会搬到一个新的社会，但不需要打破与过去社会的关系。通信技术允许个体与家人和朋友保持经常联系，大众交通运输允许在有需要时再次相对容易地回家，并且越来越多的种族自豪感允许个人保留他们背景的痕迹，如语言、习俗、名字等。

资源对于民主研究团体的形成至关重要,可以产生有关全球化的国际视野。(Appadurai,1999,第229页)

全球化改变了知识积累的内在过程——知识的产生方式、散布方式以及接收和解释方式。这对于理解全球化本身以及与之相交织的现象来说都是如此。研究家庭动力学与其他亲密关系之间的联系,及其与全球化进程的交叉,是非常紧迫的。[1] 另外,重要的是不仅要了解家庭中发生了什么,还要了解这些内在的过程如何反映在更广泛的文化中。正如哈瑞文(Hareven,2000)指出的那样,一个家庭如何发起和适应变化,如何将更大的结构性变化影响诠释到自身运作中,是最有希望的研究领域之一。这种观点的基础是,认识到家庭是社会制度与社会变革之间动态作用的积极推动者。家庭不只是对社会刺激做出反应,而且是计划、发起、有时是拒绝改变的积极参与者。我们需要捕捉这些相互作用,以便更好地理解社会进程和社会中家庭的动态性。

在这一点上,快速地概述意识形态在这项工作中的相关性是有用的。意识形态关注的是思想为构建权力和不平等关系所起的作用(Geertz,1973)。它在包容的意义上通常被定义为世界观,或是人们对其生活进行思考的常识假设,是形成态度和行动、制定决策和提出问题的框架或范例。借鉴葛兰西(Gramsci)对意识形态概念的重新阐述,意识形态可被认为是思想和行为的总体舞台,这种话语塑造了人们倾向于思考和视机会采取行动改变的方式。这一概念取代

---

[1] 我们继续面临一些复杂的、悬而未决的问题:在什么样的社会经济和文化条件下,我们会在家庭的亲密领域中步入男女之间更加平等的关系?由于某些类型知识的传播,家庭是否会以越来越相似的方式促进他们的孩子适应社会?那些影响全球许多人的结构性变化(如走出家庭迈入职场的妇女人数前所未有,结婚和生育年龄推后)是否以不同的方式影响家庭?地方仍然优先于全球吗?我们如何在人口普查、研究和某一社会中对人们进行阶层、宗教和国家隶属关系的分类?我们需要提出有关科技在家庭内外社会关系中的作用的新问题吗?我们正步入的新的社会形态,最终将取代我们所知道的家庭吗?跨国主义如何影响家庭过程?

了旧的二元概念，即思想世界与客观制度的世界、观念的上层建筑与人们的生活。相反，根据葛兰西的观点，意识形态有助于将这些不同的元素整合成思想和制度的"关系整体"或"历史集团"（Gramsci，1985，第65页）。

从葛兰西的角度看，意识形态具有"明确的原则"，它将一定世界视角内的信仰、行为、社会结构和社会关系结合起来，导致"霸权形成"（hegemonic formation）（第67页）。在当今的全球公民中，家庭、性别、公民、权利和经济关系中多种快速变化的意识形态，在塑造个体观念和后续行动中起着至关重要的作用。传统意识形态越来越容易受到修正和质疑，因为在当代环境中，愈益增多的个体经常接触到新的有时是相互矛盾的观点，他们必须驾驭这些思想，与之协商，要么拒绝，要么适应。虽然变化是人类经验的固有方面，但是广泛的价值观以及快速和丰富的规范，使当代对社会生活的分析变得越来越复杂甚至不准确。很难准确地指出，社会意识形态的哪些方面真正提供了个人获得价值观和规范的框架。人们要认识到，个体既不是主流意识形态的受害者，也不是自主代表，他们有可能抵制或重申相互矛盾的表述，这些表述可能导致先前存在的主流话语被替代。正如威登（Weedon，1987）明确指出的那样：

> 在主观性和特定版本的意义的至高无上的斗争中，个体不仅仅是话语斗争的被动场域。个体拥有记忆和已经形成的身份意识，可能会抵制特定的解释，或者从现有话语之间的冲突和矛盾中产生新的意义。了解一种以上的话语，认识到意义是多元的，就个人而言，可以作出一定程度的选择，即便选择不可行，抵抗仍然是可能的。（第106页）

威登对个人能动性的阐述可以更全面地理解全球化进程，因为全球化进程随着个体和家庭生活明确表现出来。全球通信允许个体在世界各地即时相互联系。它们介绍了新的想法、行为方式和生活方式，但如何接收这些消息取决于当地语境和个体自身。从这个角度看，人们不能谈论有关全球化的同质经验或反应，每种情况都需要分析，然后再将其整合到更复杂的理解模式之中。

第六节　以综合且全面的方法分析全球化

关于全球化的观点主要将这一现象视为大规模的经济和政治进程。该领域许多有意义的工作重点关注的是国家和市场机制，有时还关注这些机制如何与新技术相互作用。例如，人们对新信息技术与涉及全球资本流动的监管法律之间的关系产生浓厚的兴趣。此外，多个观点审视了这些转变如何帮助生产模式从本地化的控制地点转移到变化着的灵活地点。同时，其他方法将"全球"和"本地"一分为二，将它们视为一种持续的权力博弈（Cole & Durham，2006）。

本书从不同的立场阐明了全球化及其与家庭的相互关系，不是单纯地从外部的全球现状及其与地方信念的相互作用进行分析，相反，将重点放在全球化背景下家庭层面所发生的各种协商和变化的动态界面。这些协商和变化被理解为在社会变革中起着至关重要的作用，涉及家庭、社区、社会和跨国等层面。从这一角度，全球化在每个家庭的选择、决策和谈判中都发挥着重要作用，反过来，家庭层面所发生的一切是全球化的关键方面。

这种动态的观点认为，当个人努力为自己和家庭开拓生存空间时，他们会根据机遇、挑战和需求作出选择。这主要发生在地方语境中。然而，全球化引入了新的因素和背景。在全球化的环境中，个人及其家人在某些情况下可能会有更多的收获，而在其他时候，则会存在更有限的选择。例如，在世界许多地方，工作领域发生了巨大变化。但是根据所处的环境、能力水平和一系列因素，每个人对于他们能够从事、保留和成功的工作都有不同的经验。在不同地方甚至同一社会中，相同类型的工作可能有不同的界定和报偿。影响个人与工作世界关系的因素，也将与个人的角色和关系紧密联系。由于决策是在家庭背景中得出的，因此传统上可以接受和遵循的价值观、规范与关系可能会被修改或更戏剧性地重新定义。最终，重复的模式导致社会变革加剧。在全球化的背景下，这种转变的速度是全球化现象最显著的特征之一。

对全球化与家庭之间的关系采取一种更全面、更整体和更动态的方法，可以深入了解权力关系和社会变革的根本原因。翁（Ong，1999）告诫要注意这种模式，即"分析上将全球定义为政治经济的，将地方定义为文化的，未能完全捕捉到当代跨越了空间的经济、社会和文化过程的横向和关系性质"（第4页）。为理解全球化进程，我们需要始终如一地承认个人、组织和背景之间的流动关系。

在整个分析过程中，我们将从全球连通性、去领土化、变化的加速以及这些变化对家庭的伴随意义等角度来审视全球化。笔者认同吉登斯的观点（1991），即我们确实生活在一个"不同"的世界，这种新的全球化秩序在意识形态和生活体验层面改变了个人与家庭的生活。例如，在西方历史上扮演重要角色的父权家庭似乎正在慢慢消失（Castells，2000）。然而，家庭内部的革命性变化比狭隘地聚焦父权制的分析更为深远。家庭中发生的变化，预示着以新的尚未完全理解的方式从根本上改变世界的社会秩序。

全球化在一些主要的社会趋势中发挥着重要作用。例如，全球范围内大规模的妇女进入正式和非正式劳动力大军的运动，正从根本上重塑家庭的动力。在某些地方，伴随劳动力参与的是一些妇女甚至是儿童的赋权和自我实现，在其他地方则是妇女、儿童和男性的日益贫困。诸如移民、生育率、老龄化和公民身份等问题，正与全球化现象相互作用，出乎意料地影响着社会变革。大多数的个人、家庭、社区和民族国家对此尚未做好准备。另外，全球化不仅影响一些家庭，即生活在发展中国家的家庭，或是跨越区域或国家从一个地方迁移至另一个地方的家庭。在当今世界，所有家庭及其成员都以多种形式受到全球化的影响，全球化本身也是通过这些互动而变化的。

　　值得注意的是，人们不能凭经验证明全球化对家庭来说是"好"还是"坏"，也不能设想全球化将导致家庭内部或家庭之间的统一行为。例如，有些人认为民族国家的传统重要性已经让位于对家庭、邻里和市场的关注，这一过程将引起对家庭和其他基本社会单位的日益关注（Liber & Weisberg，2002）。当个体被大量的图像、信仰和观念所湮没时，他们的冲动是退回到已知和熟悉的事物——他们的亲属和虚构的亲属（Berger，2002）。[①] 与此同时，其他声音认为，由于个人能够基于跨距离的关系在虚拟世界中为自己构建新的身份，世界各地的家庭将改变自身，扮演与过去不同的角色（Giddens，2003）。正如将要进一步看到的那样，今天的跨国家庭可以维持、扩展或改变与留在家乡地区的人的关系，这种方式在二三十年前几乎是不可能的。那些可能从未与某个地理距离之外的任何人互动过的家庭，现在也能够围绕某些共同的计划（如收养）与世界另一端的其他人交流。由此，全球化带来了无法预料和无法想象的变化。在前进的过程中，我们必须牢记布迪厄（Bourdieu）的观点，即家庭生活不会与更广泛的社会领域隔绝（1977）。意义、价值和范畴关系的变化，是我们这个加速着的世界的一部分。为了更深入地洞悉这些变化，我们需要考虑这些变化是如何在家庭层面反映和实现的。

[①] 虚构亲属是指个体对于与之没有生物、收养或婚姻关系的人，可能感受到的情感和（或）经济上的联系。

第 二 章

理解家庭的方法

全球化的主流方法主要集中在经济和政治表现上，但其实现是在家庭内部。国家和跨国舞台上的思想与物质变革和企及家庭背景的个体抉择相互交叉。随着全球化的加速，伴随这一动态过程而来的选择、困境、机遇和结果也在加速。鉴于市场的波动性、通信的速度以及劳动力需求与跨国力量的交织，预测家庭对经济和政策波动的反应以及替代性生活方式和角色的新表现，变得越来越困难。许多人在社会中依赖的传统蓝图越来越受到挑战、磋商和修改。

生命历程的特定阶段、跨代和代际关系以及公认的私人生活安排形式正处于转型之中。随着女性与男性协商养家糊口和家务劳动，随着儿童、年轻人和老年人越来越多地担任新的思想和生产角色，家庭安排被修改和重新审视。然而，这些变革并非以等效或有序的方式发生。在西方，国家之间和国家内部对诸如单亲、同性伴侣和同居等不同生活方式的态度存在差异。西方与发展中国家之间的差异则更加明显。虽然有关不同家庭形式和生活方式的表现、意识形态甚至做法正在全球蔓延，但在某些领域，它们已经得到民族主义和原教旨主义的回应。这导致全世界都关注家庭领域中个体的亲密关系（intimate arrangement）。

实际上，在全球范围内，每个社会都将某种形式的家庭视为其根基的一部分。当代家庭的成员以物质、经济、情感和观念交流等各种形式进行着跨文化的相互交往。家庭是儿童早期社会化的主要场所，也是成年人身份认同的源泉。尽管有世界各地发现的各种家庭制度的人种学记录，但几乎每个社会都将某些家庭形式置于特权位置。事实上，正如孔茨（Coontz，2000）解释的那样：

> 几乎每个已知的社会都有一个具备法律、经济和文化特权，且会给生活其中的人带来明显好处的家庭形式，即使这些好处不均匀地分配或是伴随着某些家庭成员的高额成本。不能或不会参与受青睐的家庭形式的个体面临极大的耻辱和障碍。历史不支持所有家庭在任何特定时间和地点都是平等的观念。相反，历史强调家庭形式的社会建构和特定种类家庭所被赋予的特权。（第286页）

家庭的概念充满象征意义和生活经验。无论其形式如何，家庭为其成员提供了最早的养育、保护和社会化类型。家庭为进入社区和社会关系提供了初步基础，它们反映了特定文化中的意义、趋势和冲突。随着我们通过全球化力量日益相互关联，家庭问题和关系仍受到大多数人一贯且普遍的关心与关注。事实上，家庭问题在许多地方被提升至公共舞台，并被认为象征着更大社会的基本健康。

在世界的某些地区，对社会变革的担忧导致大规模的"维持"或"恢复"家庭价值观的运动，而其他地区对多种家庭形式和关系的认识已经变得有价值且反映出日益增长和丰富的多样性形式。① 家庭也是女权主义批评的重要场所，他们质疑传统家庭安排的"自然性"，强调了整体家庭形式的意识形态与妇女压迫之间的联系。这些批评引发了广泛而激烈的文化争论，首先是围绕男性在家庭中的权威以及妇女对养育的责任（Thorne，1982）。

---

① 这一点没有哪个国家比美国更为明显。在美国，反对运动将传统家庭价值观与同性伴侣等"新"家庭形式并列。

尽管存在家庭形式和功能的争议，亲属关系和家庭组织构成了人类生存的基础。一些早期的哲学和伦理著述反映了对家庭生活的关注。例如，孔子写道："如果每个人都能'正确地'作为家庭成员，幸福和繁荣就会盛行。"（Goode，1982）家庭的微观世界虽然被认为是最重要的，但也被认为是大社会中关系的象征。因此，"正确地"作为家庭成员即意味着履行个人对团体或社会的义务。关于家庭和团体关系重要性的观念也见于《旧约》、《新约》、《摩西五经》（*The Torah*）、《古兰经》，以及印度最早的一些编纂文献如《梨俱吠陀》（*The Rig-Veda*）、《摩努法典》（*The Law of Manu*）。以上所有文献都强调亲缘关系和个体在履行自己对他人责任方面的作用。即使在历史悠久的部落社会，亲缘关系在社会结构中也起着至关重要的作用。从人类学的角度看，这些关系及其所伴随的义务和责任，是将个体联系在一起并构成社会基础、社会结构的一部分。

相比之下，在当代社会，亲缘关系只是多种隶属关系中的一种。对于许多个体而言，家庭是通过社会纽带和支持网络而不是生物关系建立与维持的。个体正在形成"选择的家庭"，从中他们寻求情感、经济和身体上的援助。互联网、电子邮件和卫星连接等全球通信，正在促进这些关系跨越空间和时间。虽然在过去地点很重要，但今天的社交关系很容易跨越距离而维系。这使我们从新的视角来审视家庭，即少陷入家庭形式和结构的静态性，多关注其动态性。卡林顿（Carrington，2001）认为，在当今全球化的环境中，家庭需要重新塑造成一个开放和模糊的系统。"将家庭概念化为一个流动且充满活力的社会空间，消除了它作为一个基础性的和持久性的社会结构的地位。它强调人们的活动和共享的象征系统，并清楚地表达了个体在一天或一生中跨越各种社会空间的愿景。"（第193页）

更加动态的家庭概念化使我们能够理解，个体及其家庭正积极地与更大的力量进行不断的辩证谈判，这些力量从内部和外部实体中塑造它们的相互作用。与许多历史视角将家庭视为统一的利益群体相反，今天我们所认识到的个体是家庭的积极代理人，不断从事着生产和资源的再分配。从这个角度看,家庭"是这些过程中从事不同活动且具有不同利益的人经常发生冲突的地方"(Hartmann,1981,第368页)。在全球化的背景下,越来越不确定哪些选择将主要使个人受益,哪些选择则主要对家庭团体有利,并且越来越难以确定哪些利益应该占据主导地位。然而,有趣的是,即使我们认识和承认家庭在当代世界甚至在西方的所有选择与变化,个体仍继续将自己分离成独立的家庭团体,住在近在咫尺的住所(Carrington,2001)。为了理解家庭生活现象为何是人类经验的一个关键方面以及家庭生活与其周围所发生的变化,考察一些围绕谁是家庭、什么是家庭的争议是有启发性的。

第一节 定义家庭

尽管整个人类历史对某种形式家庭关系的普及性和连续性达成了一致意见,但在目前的背景下,针对"家庭是什么"并未有统一的定论。西方家庭问题的社会思想革命起源于20世纪60年代的社会剧变,它打破了统一的"家庭"概念,并继续影响着当代围绕家庭的讨论。尽管存在概念问题,社会科学家和政策制定者仍继续争论着哪些人构成家庭以及为什么它会起作用。

埃米尔·迪尔凯姆是最早关注家庭结构和过程的社会科学家之一。他强调,家庭有多种形式,但却形成一个核心的社会组织(Lamanna,2002)。乔治·默多克(George Murdock,1949)阐述了这一概念,其经典的跨文化家庭论文从20世纪中叶开始主导社会科学。默多克以社会数据为基础,认为每个社会都是围绕经济合作、有性生殖和共同居住而组织起来的家庭单位。他的定义虽然仍被一些人使用,但由于其功能主义性质而广受批评。当代理论家指出,家庭概念实际上是一种具有道德含义的意识形态结构(Collier等,1992)。

有关家庭的形式、功能和效用的概念化随着时间而变化，并且是历史、政治、经济和社会力量之间发生独特作用的结果。这个过程在当前关于家庭的讨论中发挥作用。例如，当代讨论的范围是从男人、女人和孩子组成的"核心"家庭结构定义到家庭是情感连接的社会群体。不同群体基于广泛的因素强调不同的家庭定义。大多数美国人将家庭定义为生活在一起的人，他们有着密切的情感联系，并且以重要的方式认同这一团体。不过，美国人在将同性伴侣称为"合法"家庭形式的问题上也存在分歧。相比之下，在当代欧洲，对家庭的标准理解包含男女同性伴侣。诸如美国人那样的具有情感性和开放性的家庭定义会唤起令人酸楚的意象，缺乏统一的家庭定义，已引发社会科学中使用家庭作为分析范畴的争议。这些争议也蔓延至政策制定领域，有些派别主张个人权利而非家庭权利，另一些派别则坚持认为，只有某些类型的家庭才应被视为社会福利的接受者。伯根施耐德和科贝特（Bogenschneider & Corbett，2004）以更加和解的方式提出，"可能没有单一的家庭定义"。现有的家庭定义有两种分类方式：一类是结构性定义，根据血缘关系、法律关系或居住等特定特征指定家庭成员；另一类是功能性定义，指明家庭成员的行为，如共享经济资源和照顾年轻人、老人、病人与残疾人。（第453页）

在美国，人口普查局将家庭定义为两个或两个以上的人基于出生、婚姻或收养关系而共同生活。大多数美国人表示，出于人口统计和政策目的，家庭应被定义为由两个或两个以上的人通过血缘、婚姻或收养关系而组成的单位，他们共同生活形成一个经济单位并抚育孩子（Bogenschneider & Corbett，2004）。然而，这些定义与家庭的当代表现是不一致的。狭义的家庭定义不包括诸如同居伴侣、男女同性伴侣、养父母和养育孩子的祖父母等关系单元。① 围绕家庭

---

① 2001年，家庭研究的旗舰期刊由 *The Journal of Marriage and the Family* 更名为 *The Journal of Marriage and Family*，以此象征性的姿态承认家庭类型的多样化。

定义的争论和争议在美国具有政治含义，许多保守派主张"传统的"家庭由人口普查来界定（甚至是男主外女主内的核心家庭形式），而大多数自由派则支持多种家庭形式的概念。

抛开政治上的争论，许多人认为，无论是从政策还是从非专业角度，家庭的工作定义是必要的。目前，美国的就业场所、政府项目和其他机构根据明确界定的家庭定义发放福利。然而，当我们远离人口统计学，从二战后充斥着公众意识的男主外、女主内的核心家庭形式说起，确定谁应该成为家庭福利的受益者，已经变得越来越难。例如，许多雇主现在提供同等的伴侣福利，这表明，当一对夫妇共同生活一段时间后，作为雇员伴侣的一方，有权享受退休福利、教育信贷和健康保险等。对谁实际上构成家庭这一问题的争议，反映在雇主如何分配这些福利以及受益人是谁等方面的差异。尽管如此，隐含在工作、学校和社会福利背后的最普遍假设是，男性在家庭和孩子的养育上均扮演着领头的角色（Smith，1993）。[①] 目前的统计数据表明，基于过时的家庭形式的概念来制定政策存在很大问题。在今日的美国，不到25%的家庭是有孩子的已婚夫妇，其中只有7%的家庭是父母没有离婚、父亲在外工作和由母亲照顾孩子。为了避免陷入这个问题，一些分析者认为，以巩固特定计划或政策目标的方式来定义家庭可能更为有用（Moen & Schorr，1987）。

在后面的章节中，我们将以完全不同的视角，考察斯堪的纳维亚福利国家体系背后所隐含的政策与家庭之间的关系。在斯堪的纳维亚模式中，个体而非家庭或"群体"的权利，是分配社会项目和福利权益的基本单位。虽然这种方法在美国并不是特别受欢迎，但它有助于使争论远离定义问题，转而将注意力集中于所有个体的基本需求和权利上。为理解围绕家庭之争的性质，回顾家庭学术研究

---

① 参见史密斯（Smith，1993）发表的《北美家庭标准及其在学校和福利政策中无处不在的存在》（*The Standard North American Family and Its Ubiquitous Presence in School and Benefits Policies*）一文。

的历史概况是有用的。

第二节 对家庭的正式研究

美国对家庭的正式研究始于1880—1920年间，与家政学和社会学成为正式学科同属一个时期。虽然大量的学者和专业人士都关注家庭研究，但家庭研究的形成时期与北美社会学的发展最为密切相关（Boss 等，1993）。这个时代的特征是对城市化和工业化而产生的社会问题予以极大的兴趣和关注。人们认为，家庭是脆弱的，容易受到社会压力的影响并遭受其潜在的破坏。尤为令人感兴趣的是社区解体的问题，它被视为与家庭的脆弱性相伴相随。在此期间的一项具有里程碑意义的工作（Thomas & Znaniecki，1918 – 1920）表明，家庭目标需要与个人抱负一致，以强化家庭制度（institution of families）在全球所有社会中的作用。埃米尔·迪尔凯姆在上述建议被提出之前不久写道，正如西方中世纪所描述的那样，家庭正在转向新的格局，即少服务于群体转而越来越多地使个人受益（Lamanna，2002）。关于家庭的社会科学论文开始关注家庭的社会化层面，以及如何利用家庭来培养能够维护社会价值观的坚实和忠诚的公民。这些论点至今已有一百多年的历史，在当前有关家庭的分析中也非常重要。虽然表面上看，当代的论点看起来相似（家庭正在解体，个体越来越多地受到自我忠诚而不是集体的支配），但较为重要的一点是，注意到这些争论发生的社会背景已经戏剧性地发生了变化。

虽然早期的家庭学者关注西方家庭的社会学，但在人类学领域，人种学学者对他们在世界各地遥远的角落遇到的各种家庭形式越来越感兴趣。在非西方情境中对母系制度与父系制度、亲缘关系、血统和婚姻形式的关注，导致了对家庭相对独立的讨论。尽管如此，关注核心家庭的布罗尼斯瓦夫·马林诺夫斯基（Bronislaw Malinowski）引入后来为大多数家庭科学家采用的功能主义的概念，即家庭是历史和跨文化的所有社会的基本单位，它旨在满足个体特别是儿童的基本需求（Parkin 等，2004）。

20 世纪 20 年代和 30 年代家庭研究的出现，奠定了当前研究的基础。在这一时期，人们对"个人"和"私人"的兴趣日益增加。心理学学科蓬勃发展，公众的注意力集中于自我以及那些"看不见"的无意识。同时，家庭研究的学者开始转向理解内在的家庭动力，以此解释为何有些家庭似乎比其他家庭更为强大、用哪些因素来理解婚姻的稳定性和不稳定性、如何防止离婚，以及家庭生活对个人幸福的影响。1926 年，欧内斯特·伯吉斯（Ernest Burgess）发表了他的重要文章，他将家庭称为"相互作用的个性的统一"，从而为从心理社会角度研究家庭设定了当代的参数。伯吉斯的工作影响到其他家庭学者，他们越来越关注婚姻的调整，以及个体如何从家庭成员中获得满足感（Boss 等，1993）。

二战及随后的时期，学者们对家庭问题的关注略有转变。国家安全问题变得至关重要，强大的家庭被视为强大国家的关键。家庭是可以培养忠实和忠诚公民的机构。家庭学者们充满着强烈的意识形态，主张早婚和传统的性别角色是家庭根基的重要组成部分，强调需要"正常"和完全同化的"美国生活方式"。当时最主导的声音之一，是社会学家塔尔科特·帕森斯（Talcott Parsons）通过对核心（或夫妇）家庭角色的分析形成的家庭研究理论。从他的角度来看，核心家庭在工业社会中至关重要，因为它们规模小，缺乏对亲属的义务，从而允许更大的流动性。重要的是，帕森斯专注于丈夫和妻子之间的夫妻关系，表明这一关系已成为西方世界的中心家庭关系（Parsons，1943）。同时，他暗示父母与子女之间纽带的重要性将会降低，这导致亲缘关系受到侵蚀。在帕森斯版本的当代核心家庭中，强大的劳动分工是关键；因此，男主外、女主内的夫妇代表了性别角色的严重分化。他假定配偶之间的职业地位竞争及其反过来对婚姻关系的团结所产生的负面影响（Parsons，1949）。在他对性别角色的描述中，男性是家庭的"工具性领导者"，女性是"富有表现力的领导者"。按照他那个时代的流行观念，性别角色来自母亲与孩子之间"自然"的生物纽带。从社会结构和功能主义的角度看，帕森斯表示，当代家庭只会具备两种功能：儿童的社会化和成年人的"人格稳定"。他的观点虽然在今天受到批评和反驳，但仍然渗透在家庭文献的某些部分。

20世纪50年代经常被描述为家庭的"黄金时代"，家庭的媒体和学术形象描绘了一种"稳定"的状况，其特点是离婚率低，很少有单亲抚养子女的情况，非婚生子女的数量有限（Mintz & Kellogg，1988）。"心理学家、教育者和记者经常重申婚姻是个人幸福的必要条件。偏离这一规范的个体，不可避免地被描述为不快乐或情绪不安。"（Mintz & Kellogg，1988，第181页）这一时期的传统观点甚至在当代学术界继续发挥着惊人的影响力。虽然不是公开的，但这些信念和理想往往被嵌入家庭相关的研究问题和分析，掩盖了研究者固有的价值取向（Smith，1993）。由于学术和非专业出版物现已遍及全球各地，这些承载着价值的、意识形态的意义远远超出西方的边界，使一种独特的家庭生活和同时可接受的行为得以延续（Ambert，1994）。

然而，更为现代的学术方法否定了20世纪50年代稳定的白人家庭中"理想的"男主外、女主内的描绘。孔茨（1992，1997）令人信服地提出，常被用来与当今"恶化的"21世纪家庭做鲜明对比的20世纪50年代家庭，并未考虑到那个时期还有数百万的家庭不适合这种统一的形式，包括穷人和低收入者、非裔美国人、移民、单亲、寡妇和鳏夫等类型的家庭。孔茨还指出，尽管有大量相反的证据，但那个时期不符合这种统一描述的家庭被认为是功能失调。构成重要学术研究和媒体描述中心的理想核心家庭，继续被概念化：丈夫在外工作养家糊口，妻子主要负责照顾丈夫和孩子。

这些关于家庭的描述在二战后开始流行，当时正值人口结构发生重大变化，鼓励中产阶级白人家庭搬迁至郊区。与此同时，他们在城市地区的家园被北移的非裔美国家庭占据。描述城市生活种族亲缘关系网络的理想，被"非种族的"郊区家庭所取代（Boss等，1993）。现在，其他类型的家庭受到怀疑并被认为是异常或病态的。特别值得关注的是"种族"和移民，他们带来了与学者和主流媒体所倡导的理想不一致的多种家庭传统。对美国生活方式的同化被认为是其成功融合的关键——这种融合至少部分是通过将家庭社会化为中产阶级理想来实现的。这一理想的特点是，主外的父亲与主内的母亲组成核心家庭。

20世纪60年代引入了新的社会观点，其根源在于民权运动、婚外性行为的扩张、越南战争、女权主义的复兴以及普遍的反权威立场。其时，离婚率开始以前所未有的速度攀升，有孩子的妇女亦涌入劳动力市场。统计数据表明，在50年代、60年代和70年代（Seward，1978），双亲家庭的百分比有所增加，但马斯尼克和贝恩（Masnick & Bane，1980）指出，只有在70年代后期，受离婚影响的核心家庭在数量上才开始超过因死亡而中断的核心家庭。随着离婚的普及和18岁以下儿童的母亲进入劳动力队伍的人数增加，美国家庭开始偏离50年代和60年代的"典型"家庭概念。其他值得注意的家庭趋势也伴随意识形态发生变化：生育率下降，同居增加，其他形式的家庭如再婚家庭、女性户主家庭和男女同性家庭变得越来越普遍。

70年代中期，在许多关于家庭的研究和写作中产生共鸣的理论融合崩溃了。影响美国生活各个方面的社会变革也反映在学界对家庭的关注上。战后对"理想"家庭的共识破裂，学者们开始批判父权制的等级模式，这种模式几乎是所有家庭观未经审查的基础。心理学、家政学、传播学和历史学等领域对家庭的跨学科关注更加普遍，它们试图以新的视角来理解家庭生活及其构成。例如，家庭的历史研究中引入了一个新的分析维度："家庭"（families）需要与"家户"（households）区分开来。这是家庭研究向前迈出的重要一步，因为它把重点从基于生物学的关系转移到包含非亲属的家庭团体（家户）(Seward, 1978)。① 现在，家庭也被理解为包含"家户"以外的成员 (Goody, 1972; Hareven, 1974, 2000)。将家庭重新概念化并将其与家户分开，使得学者们能够关注诸如城市化和移民等宏观过程及其对家庭生活的影响 (Hareven, 2000)。

近几十年来，女权主义者和少数群体学者共同批判了那些主导家庭研究的白人中产阶级男主外、女主内的家庭模式。"传统的"帕森家庭 (Parsonian family) 成为马克思主义女权主义者讨论的温床，他们认为这种家庭类型是妇女受压迫的最基本场所。他们还确定，社会科学家所倡导的有凝聚力的固定性别角色体系，在压迫妇女自我表现才能和权利的同时使男性受益。

这种对"传统"家庭和"自然"性别角色的解构，引入了关于家庭、性别角色以及父权制在社会中的地位的新的对话。女权主义的分析凸显了家庭生活的性别经验，并将边缘化和受压迫群体的经验放在首位 (Osmond & Thorne, 1993)。通过强调一种后实证主义的科学哲学，他们还提出，研究者的价值观和文化可以影响研究、分析与结果的传播。

在整个 20 世纪 70 年代后期和 80 年代，性别、父权制和不平等成为家庭研究中广泛认可的层面。然而，来自非西方社会的美国有色人种学者和女权主义研究者越来越多地认为，对家庭的普遍分析和对妇女的征服掩盖并误读了边缘化群体的经历。他们提出，在某些情况下，家庭生活为妇女提供了安全的避风港，让她们免受外界的不平等待遇和迫害 (Baca Zinn, 2000)。这些学者认为，正是通过与家庭中男性的关系，女性才有能力抵抗社会、政治和经济压力。他们强调的观点是，对于边缘化的男性和女性，性别于他们的意义与于白人中产阶级女性的意义并不相同。男女同性恋女权主义者将

---

① 在人类学领域，家庭研究继续与"亲缘关系"研究和社会组织联系在一起。帕金等人（2004）对 19 世纪以来亲缘关系与家庭的研究做过详细描述。尽管两者皆有可能从更多的交叉研究中受益，但今天各领域之间几乎没有交汇点。

他们的观点加入这些方法，阐明异性恋主导着家庭的学术研究，甚至女权主义的话语也是规范和负载着价值的（Baca Zinn，2000）。

最近，多元文化的女权主义者引入"统治矩阵"（matrlx of domination）的概念（Collins，1990）。这种分析工具使我们能够将家庭概念化为多种力量的一部分，这些力量包括民族、种族、阶级、性别和性取向。每种力量都相互交织和发挥作用，是生活经验的决定性因素。透过"统治矩阵"的视角，可以洞察个体和家庭的各种经验，尽管这些经验占据相同的社会历史时间框架。这种分析工具引入了社会定位（social positioning）的概念。社会定位与诸如获得权力、社会阶层、歧视和文化价值等问题相关。所有这些因素都会影响家庭生活的各个方面，从婚姻关系到养育子女再到分工。然而，尽管女权主义学者做出了理论上的贡献，当代关于家庭的论著仍然受到批判，因为它们一直缺乏对家庭与宏观力量相互关系的关注。戴利（Daly，2003）描述了当前针对家庭的实证研究现状，仿佛"……它们在时间、空间和文化中停止"（第774页）。

目前，在世界其他地方，对家庭的研究往往是一个欠发展的领域，正如塞加伦（Segalen）所说，"在自觉的经验主义美国社会学的影响下……未准确提及其社会和文化环境，也未将其视为在特定历史框架内正历经变化的家庭团体"（1986，第3页）。家庭是一个自然单位，不应作为研究对象和需要分析的对象。[1] 欧洲、中东、南亚和中国大部分地区的家庭相关研究都集中在生育率、死亡率和男女劳动力参与率的人口影响上。通常情况下，本项研究的大部分内容从未成为有关家庭学术话语的主流。[2] 这一趋势的例外源起于北欧、重点研究家庭历史的工作。[3] 该项研究最初源于历史人口统计学

---

[1] 笔者在攻读研究生时第一次意识到这个事实，并对非西方家庭的研究非常感兴趣，但与来自世界各地的学者的对话又让人感到沮丧，他们说"追求这个话题是无法获得新知识的"。

[2] 事实上，美国的思想霸权日益增长。我们将在后面有关儿童和童年的章节中看到这一点。

[3] 从个人角度来说，这项学术研究为笔者将来对非西方家庭以及西方家庭的研究提供了动力。

家，如路易斯·亨利（Louis Henry）和年鉴学派（Annales group）在国家人口统计研究所（Institut National des Etudes Demographiques）的工作。1964年，在彼得·拉斯莱特（Peter Laslett）领导下成立的剑桥人口与社会结构史研究小组（Cambridge Group for the History of Population and Social Structure），促成研究工作的发展和壮大。对家庭的关注，可能引起对以更跨国的方法研究家庭和家庭团体的最大兴趣（Comacchio，2003）。虽然如今有一些与英语国家的学者相互得益的交流，但大多数有关家庭的学术仍然被基于美国的研究主导。[①] 在后文的章节中，我们将回到探讨由西方世界涌向非西方地区的主导霸权话语及其后果的问题。

第三节 现状

目前，西方家庭的多样化形式取代了主导整个20世纪80年代的统一的家庭概念。承认多种家庭形态打破了单一的"自然"家庭形式的观念。这种趋势伴随西方家庭父权制根基的缓慢恶化，这一根基被界定为"在一个单位内，父亲承担看顾和责任且有主要决策权"。在先前的传统家庭模式中，男主外、女主内的模式可以想象成金字塔形的动力结构，其间，决策从父亲流向母亲和孩子。家庭单位可被概念化为"集中的关系分层"（Oswald，2003，第311页）。根据一些学者的观点，当今的家庭可以想象成一个"分散的关系网络，其中决策往往流至所有方向"（Oswald，2003，第311页）。忠诚不只是关注家庭的幸福，而是穿插着相关的代际关系和特殊的利益集团。换句话说，年轻人可能会认同"千禧一代""X一代"或"Y一代"，老

---

① 这个问题有很多原因，包括大多数英语使用者无法阅读其他语言，以及以英语出版的期刊的统治地位。即使有关家庭问题的书籍和论文在其他国家出版，它们也很少被包含在参考书目和书评等中。

年人可能是"婴儿潮一代"或"传统主义者"。① 在这一模式中，个人的忠诚并不一定只局限于家庭关系，而是分散在多个群体中。

随着学者们对家庭的看法日益增加，他们的主流描述也越来越多。整个 20 世纪 50 年代和 60 年代，学界和大众媒体都在称颂一种特定版本的家庭形式。这类家庭的特征是白人、已婚、住在郊区、有孩子且性别分工明确。偏离这种主导模式的家庭，即以离婚、种族、性取向或任何其他类型的差异为特征的家庭，都不是流行的表征的一部分。这个理想的强大单位具有明确的等级和分工的特征，要么被包含在主流之中，要么被排除在主流之外。在当代西方的社会环境中，它已被多元化的认可所取代（Oswald，2003）。今天，特别是在西方，人们愈来愈接受从单亲家庭到同性家庭再到同居家庭等在内的多种家庭形式。有些人甚至将这种家庭多元化归因为一种新兴的包含更多亚文化的文化范式（Talbot，2000）。这种现象也与西方其他形式的社会生活有关。例如，当今许多就业场所强调多个团队协作完成项目和担负共同责任，而不是自上而下的分层工作模式。企业从城市中心转移到郊区的运动也被视为这个更大社会运动的一部分。事实上，一些人认为，我们正在目睹权力的分散化，即城市地区没有行使与过去等量的政治和社会权力（Thomas，1998）。

从全球的角度来看，在此过程中，类似的现象正在发生。随着企业将其活动从西方转移到世界其他地区，权力关系正在重组。经济和政治权力不再仅仅集中于世界上的一两个区域，相反，权力越来越多地分散至多个地点甚至是地点之间。换句话说，权力已经变得分散，并且可能流动扩散到不同地方、个体、群体或实体。这使得任何主要关注有界单位，如孤立的"家庭"、"民族国家"或"企

---

① 关于"千禧一代"或"X一代"等术语的使用存在很多争议。这一问题涉及对大量个体进行概括的定型观念，但个体之间其实存在社会阶层、种族、宗教、教育和其他变量的差异。尽管如此，生命历程的观点表明，同一群体中出生的个体确实经历并将一些世界性的事件内化，如战争、技术变革以及其他一些有着类似效果的现象等。此处参见艾德（Elder，1999）的研究。

业"的分析讨论已经过时。相反,为了理解全球化等当代现象,我们需要审视实体之间、微观与宏观层面之间的相互作用,以及这些连接可能导致的多重变化。

第四节 对家庭的跨文化视角研究

家庭继续在世界范围内发挥着强大文化存在的作用。某些形式的亲缘关系,包括父母和孩子、祖父母、姑母、叔伯、堂兄妹,构成各种形式的公认家庭。① 在许多北欧国家以及加拿大,家庭概念现在包含合法的同性婚姻。同性婚姻合法从1989年丹麦正式颁布注册伴侣法(Registered Partnership Law)开始,随后挪威(1993年)、瑞典(1994年)、荷兰(2001年)、比利时(2003年)、西班牙(2005年)、英国(2005年)和加拿大(2005年)将注册同性伴侣的合法权利扩大。此外,大量的人类学文献记载了与西方家庭观念截然不同的家庭团体和家庭类型。② 为了讨论的目的,我们将聚焦于家庭,因为家庭最常在西方与非西方社会通过传统的亲缘关系、法律和(或)情感联系而进行界定。

为了更全面地了解全球化与家庭之间的关系,研究非西方社会中的家庭概念具有启示意义。今天,个人的参照群体仍然是其亲属,这种关系远远超出构成美国和欧洲许多人规范的核心家庭的关系(Sherif-Trask,2006)。③ 在这些社会,家庭经常进入影响个人生活

---

① 当使用术语"亲缘关系"时,并不仅仅是暗示血缘,而是将所有类型的关系,包括收养、寄养子女和其他感情上结为一体的关系均包含在内。

② 人类学中充满完全不同于当代家庭形式的婚姻和家庭的实例,如努尔人(Nuer)(Evans-Pritchard,1940)的鬼婚、一种特定文化认可的俄罗斯北部部落的成年人儿童婚姻(Levi-Strauss,1956)。大多数人类学读者有许多这样有趣的例子,它们表明关系形成的文化本质。

③ 在欧洲许多国家以及美国、加拿大和澳大利亚,一个重要的问题是来自不同社会的移民对谁是谁不是"家庭"的看法。这个问题在未来会随着持续的大规模移民而增多。

且在西方被视为"私事"的决策过程。但在许多非西方的社会，对亲属尽职尽责是至关重要的，任何对集体的背离都会毁掉个人的名誉。例如，在许多非洲和中东社会，基于文化和宗教的压力，男性无论财务状况如何，都要照顾他们的大家庭。家庭责任非常严肃，尽管发生了经济、社会和政治变化，某些形式的大家庭仍然是个体生活的核心（Sherif-Trask，2006）。

这种情况挑战了现代化理论的早期支持者，如威廉·古德（William Goode）。他在20世纪60年代的经典论著中提出，将工业化引入世界欠发达地区最终会使大家庭过时。根据当时流行的框架，现代化伴随大家庭的形式向更为灵活的核心家庭演变。来自家庭社会学领域和家庭历史研究的学者对这一预测提出异议。具体而言，历史研究表明，西方从工业化时代开始，大家庭并没有转变为核心家庭。相反，西方核心家庭持续地在社会中发挥重要作用，而且是这个世界特有的一系列意识形态和合法性的一部分（Goody，1972）。大家庭并未消失，正如学者和主流观点经常提出的那样，大家庭正通过与当代因素的衔接而发生改变。例如，通信技术可以促进家庭成员之间的定期互动，其方式即使在20年前也是无法预测的。①

第五节　生育率

家庭生活的一个主要转变与生育有关，它首先发生在西方，也逐渐蔓延至非西方地区。生育率正以前所未有的速度下降，特别是在欧洲。事实上，欧洲各国社会越来越关注极低的生育率可能带来意想不到的后果，如劳动力供应减少和老年人缺乏照顾。根据最近的统计数据，西方的家庭规模已减少至每户2.8人，而在非西方地

---

① Skype等免费互联网服务的普及，使个人可以通过视频会议与他人建立联系，从而与遥远的地方建立起新的联系。

区，中东和北非的家庭规模已降至每户5.7人，东南亚为每户4.9人，加勒比地区为每户4.1人，东亚地区为每户3.7人（联合国家庭计划，2003）。值得注意的是，国家生育率包含国家之间和国家内部以及城乡之间的差异。从全球角度看，生育率已大幅下降，而且下降的速度快于人口学家的预测（Bulato，2001）。①

生育率迅速下降的意义在于这一现象对家庭和妇女角色所暗示的重大变化。伊斯特林（Easterlin，2000，第39页）主编的年报收录了蒂姆斯（R. M. Timus）（1966）对英国工薪阶层妇女的描述：

> 19世纪90年代，典型的工人阶级母亲在十几岁或二十岁出头结婚，经历了10次怀孕和15年的怀孕期，并在孩子出生后的头几年照顾孩子。在这段时间里，她被捆绑在生育的车轮上。如今，对于一位典型的母亲来说，花费的时间大约是4年。仅两代人就将生育的时间减少到这种程度，无异于革命性地扩大了妇女的自由。

西方有意限制家庭规模，是影响当代家庭和性别角色的最重大变化之一。在整个20世纪，生育控制主要通过使用避孕或堕胎来实现。与过去甚至今天相比，与非西方世界等其他地区相比，大多数西方人不再尝试拥有能力范围内尽可能多的孩子。他们有意使用50年前不存在的技术或做法来限制其家庭的规模。

妇女在家庭中的角色发生了根本性的转变，这种变化发生在相对短暂的时期。历史上，家庭或性别文献对此并没有太多的关注或争辩。相反，压倒性的焦点仍然强调劳动分工、性别角色和妇女外出工作。尽管如此，重要的是记住，世界上仍有一些地区，尽管采用了各种节育方法且生育率普遍下降，但妇女依旧受到生育角色的束缚。具体而言，在发展中国家的农村地区，许多年轻女性几乎花

---

① 在第八章，我们将更仔细地审视妇女生育率、就业和民族国家政策之间的联系。

费了整个青年时期并一直到中年，怀孕、哺乳和照顾孩子。这阻碍了她们通过教育、培训和参与社区活动来拓展自己生活的机会（Trask & Hendriks，2009）。

第六节　性别角色趋势

　　世界范围内大量妇女在家庭以外工作的趋势，为在家庭中适当分配角色提供了前所未有的争论。从历史的角度看，美国直到20世纪60年代初，大多数在家庭以外寻求工作的妇女都是贫穷女性和有色人种女性。白人女性只在20岁出头进入劳动力市场，一旦结婚生子就离开。短暂偏离这一模式发生于二战期间，那时，由于男性短缺，劳动力市场需要女性。然而，随着《军人安置法案》（*G. I Bill*）背景下大量退伍军人的回归，女性再次受到鼓励来承担起家庭角色。60年代后期开始出现一种新的趋势：妇女进入劳动力市场，并在她们的生育期内一直留在劳动力市场（Bianchi等，2007）。

　　在美国，关于女性和男性角色的争论具有强烈的政治意涵。它主要是指"家庭价值"的辩论，尽管在现实中，它集中于妇女的有偿就业和家庭生活的变化。例如，一位著名学者提出，"家庭失去了功能、权力和权威；作为一种文化价值的家庭主义已经减弱，人们已不再愿意在家庭生活中投入时间、金钱和精力，转而投资于自身"（Popenoe，1993，第527页）。这位特别的学者继续论证家庭制度的衰落。为巩固家庭，他建议我们需要回归传统的一个人赚钱养家、另一个人照顾孩子和其他不能独立生活的家庭成员的模式。这种家庭生活模式没有充分解决的问题是，一个家庭成员因此会在经济上处于弱势，而且美国和全世界的许多家庭要么依赖多重收入，要么仅有一个户主（McGraw & Walker，2004）。这个建议中包含的一个概念是，妇女对社会的"衰败"负有责任，因为她们的适当角色应该是家和家庭的主要照顾者。

在西方，传统家庭角色分配的反对者倡导构建一个分层较少的家庭组织，它允许其成员获得更大的个人成长，允许女性追求教育和就业机会，以同时使个体和作为整体的社会受益。从这个角度看，社会需要进行重组，以便提供更多的社会福利，如适当的托儿服务、全民健康保险以及适应照顾和正式劳动力参与的灵活的工作时间安排。

我们在美国看到的有关性别角色的一些趋势，反映在全球的工业化国家和发展中国家中。在世界多数地区，妇女在劳动力中日益占据重要的比例。例如，1960—2000 年间，北美大陆妇女劳动力参与率从 31% 上升至 46%，西欧国家从 32% 上升至 41%，加勒比大部分地区从 26% 上升至 38%，中美洲从 16% 上升至 33%，中东从 17% 上升至 25%，大洋洲国家从 27% 上升至 43%，南美洲从 21% 上升至 35%（Heymann，2006）。令人惊讶的是，即使在北非和西亚这些由于文化和宗教规范历史上妇女不外出工作的地区，妇女的劳动力参与率已超过 20%（联合国，2000）。妇女进入有偿劳动力队伍的一个影响是，越来越多的孩子成长于父母双方都进行有偿劳动的家庭（如果父母双方均在的话）。这一现象是 20 世纪后期发生的最关键的社会变革。

通过增加教育机会，参加正规和非正规劳动力，某些女性群体获得必要的经济资源来推迟婚姻，在婚姻中相对于配偶获得更大的权力，并且能够放弃虐待和剥削婚姻。然而，对于许多妇女，特别是西方国家和发展中国家低社会经济地位的妇女，参与正规和非正规劳动力并未促成自我赋权与自治。相反，她们在家以外的受雇或远离传统的生活方式已转化为低薪，有时甚至是危险的工作。例如，在非洲某些地区，妇女仍主要从事农业或倾向于选择做小生意，如在露天市场售卖食品。从事产品输出，使她们的生活更加恶化。为了养活自己和家人，这些妇女现在必须从事多种形式的就业才能维持生计。对于其他妇女来说，她们参与经济要付出高额的个人成本。男性被社会化为"传统"社会角色，如感觉自己不能履行提供者的角色，可能会让他们痛苦并感到是彻头彻尾的侮辱。这种现象在西方社会和非西方社会都是存在的,但由于主要强调通过工作赋权妇女而被淡化。

越来越多的女性可能是户主甚至是主要的养家糊口者。这种现象可归因于多种原因,包括战争导致的丧偶、艾滋病或疾病,以及女性寿命延长和离婚率攀升。在西方社会和一些国家,非婚生子变得越来越普遍,但并非所有的发展中国家都是如此。① 妇女和男性对家庭与社会中适当角色的新可能性和表现做出各种反应,国家和跨国政策未能跟上这些转变。事实上,一些学者将家庭制度的当前全球形势称为全球危机(Mattingly,2001)。这种劳动力参与模式不仅在美国,而且在欧洲和澳大利亚都有。大量职业女性引发了类似的全球性争论,主要围绕育儿、支持在职父母的社会政策以及"适当的"性别角色等问题。然而,这些争论所基于的文化、政治和经济背景差别较大,有时会引发非常多样的反应。在复杂多变的环境中,个体倾向于同时利用历史悠久的价值观和当今的背景,以便为自己创造出新的、协商一致的身份。② 这提醒我们,需要慎重对待做出有关个体和家庭将如何回应不断变化的环境与条件的假设。

第七节 家庭的变化

虽然全球化继续将个人拉入一二十年前做梦也没有想到的新的关系类型、社区和社会群体中,但实际上,我们对个体如何体验这些变化知之甚少。在西方和世界其他地区,家庭生活仍有许多未被探究的层面(Daly,2003)。例如,为了扩展学术框架和对家庭动力的理解,有必要深入研究婚姻、父母身份、单身、老龄化、代际关

---

① 事实上,最近《纽约时报》的一篇文章详细描述了越来越多的美国妇女在寻求"完美"家庭时,通过新的生殖技术选择独自生育两个孩子。

② 这一现象将在第三章中详细描述。

系、同性伴侣和童年的实际跨文化经历，以便了解这些社会过程如何与全球化力量相互作用。人们对通信技术在家庭生活，特别是跨国家庭生活中所起的作用理解甚少。此外，研究需要着眼于理解经济学、市场和家庭生活之间的关系。是什么促使个体在生活的不同阶段进入和离开劳动力市场？家庭经济如何影响市场经济，反之亦然？在移民问题的背景下，工业化国家的生育率如何与发展中国家的生育率相关？值得注意的是多元文化主义在家庭领域中所起的作用。随着社会变得更加多样化，关于家庭、性别角色、童年和老龄化的新概念被引入和讨论。与此同时，当来自不同群体的个人互动时，他们可能基于共同的兴趣、接近度等形成新的关联。我们要知道，在家庭领域，这种日益增长的多样性是如何被吸收、解释和发挥作用的。在美国，在家上学（home schooling）的发展直接反映了某些宗教家庭的价值观，他们不希望孩子接触到他们认为的"有害"或"危险"的价值观。这些类型的行为表明，价值体系、变化和行为之间存在直接且紧密的联系。

为了进一步深入了解全球化与家庭生活的关系，我们还需要强调妇女参与工业化国家和发展中国家正规劳动力与非正规劳动力之间的关系。当前，西方社会科学的主要焦点不允许我们理解条件的多样性，在这样的背景下，家庭与不断变化的经济、政治和文化条件协商并达成一致（Edgar，2004）。此外，全世界范围内史无前例数量的妇女在家庭之外工作，只是影响重大家庭变化的一个因素。移民问题、全球人口老龄化和代际关系的变化，也是这些转变的重要组成部分。而且，家庭的变革是多样的，其取决于多种因素的影响，但又不仅仅是地域、宗教信仰、文化、社会阶层和获取机会结构等因素。

人种学和跨文化的实例表明，我们需要谨慎地假设和调查那些被预测或构成"家庭变化"的因素。直到最近，大多数家庭变化的解释主要集中于结构性影响上，如技术创新、个体从农村迁移至城市地区的运动、死亡率和疾病的下降。现在，越来越多的研究者从跨国网络、人际关系和观念因素等方面来解释家庭的变化（Jayakody

等，2008）。正如戴利（2003）所解释的那样，"将家庭作为一种文化形式进行考察，即是要了解家庭的变化。这也是对家庭的理解，当其表现出与感知到的集体准则和信仰有关。家庭成员利用文化工具包中的仪式、习俗和期望，在这个过程中，他们把自己创造成一种表达系统信仰和理想的文化形式，他们从自身所处的文化母体中汲取意义，并表达他们希望出现的家庭形象的意义。这一切都是为了塑造他们作为一个家庭的形象"（第774页）。

随着强调自由、平等和个人主义的广泛规范和价值观等持续通过全球化力量传播，它们转化为有关个体在家庭和更大社区中的位置及角色的新观念。这些新概念融入关于婚姻、男女角色、代际关系和儿童在家庭中的角色等的新观点。在开始研究全球化与家庭之间的关系时，应该指出的是，家庭历史学家已仔细验证过，尽管存在家庭生活衰落的刻板描绘，但现代核心家庭仍然在西方占据主导地位。这些学者强调了这样一个事实：尽管社会发生了变化，亲缘关系模式的价值并没有减少，工业化的过程在影响家庭生活的同时，本身也受到家庭的影响（Hareven，2000）。因此，我们可以从历史模式中学习并据此设想，无论如何定义，全球化及其伴随的力量在家庭生活中发挥越来越大的作用，全球化现象本身也将受到家庭的影响。

第 三 章

对全球化的性别分析

尽管全球化是一个广受认可和备受争议的现象,我们对全球化与性别之间关系的洞察仍然是有限的。主流的全球化研究方法将其定义为一种性别中立的现象,其特点是跨国经济、政治和社会流动以及社会之间和社会内部的过程。鉴于边缘化但富有洞察力的学术研究已批判性地记录了性别在全球化进程中的作用,这种遗漏就显得尤为深刻。世界各地的男女以不同的方式体验全球化,这取决于地区的位置、种族、民族和社会经济阶层。由于没有将性别问题纳入主流分析,全球化的内部机制和外部特征未能得到充分理解。其结果是,旨在帮助或规避全球化进程可能产生的潜在负面后果的政策和计划通常是有限的(如果有的话)。正如周(Chow,2003)所言:

> 目前关于新自由主义和普遍主义全球化的辩论很少关注性别问题,也没有代表形形色色的女性在特定社会背景下的经验,特别是发展中国家的情况。这一疏忽对于从理论上说明全球化的强大内在动力和重要后果,对于发展政策和实践,对于为有效的社会变革进行集体赋权来减少不平等、人类不安全和全球不公正具有严重的影响。(第444页)

全球化与性别之间的关系有几个重要的维度。这种联系特别涉及经济和社会正义议程。随着越来越多的工业化国家的妇女进入有偿劳动力市场，工业化国家和发展中国家的社会政治变革也鼓励并且有时是迫使发展中世界的妇女寻求有偿受雇。在西方，妇女大规模地进入有偿劳动力市场可追溯至20世纪60年代末开始的经济结构调整，当时的意识形态和社会运动是当今国际妇女权利的一部分。过去几十年来，工业化国家和发展中国家的经济结构调整主要涉及一系列复杂的相互关联的企业、跨国和政府举措，其主要目标是转向出口生产和更多融入全球市场。① 这些经济举措是在妇女权益运动的同一时期颁布并开始在全球范围内扩散的，其重点是通过增加经济前景赋权于妇女。一些经济学家甚至将此称为"供给"因素的增加，同时认为伴随着"需求"因素的增加（Beneria, 2003）。作为这种转变的证据，他们指出是世界上某些经济部门的新倾向，特别是妇女的劳动参与和技能。

全球化与性别之间的复杂关系并不限于妇女在全球范围内进入正规和非正规的劳动力市场，这有时也被称为"劳动力的女性化"，而是我们正在目睹经济结构调整与特定意识形态趋势传播这两者结合所产生的一些新的意外现象。最具政治争议的是，制造业和新近的技术、银行业和某些类型的管理工作从工业化国家向发展中国家的转变，尤其是低收入的妇女占比较高并填补了以上工作岗位。同时，工业化国家的妇女和发展中国家的妇女的生活，已经在全球范围内交织在一起。工业化国家的中产阶级妇女进入劳动力队伍，开辟了再生产劳动领域，使之成为一个需要服务的领域。② 作为回应，来自发展中国家的妇女大规模迁移，试图填补家政工人和看护者的

---

① 第八章将进一步讨论经济结构调整的实际细节，详述民族国家与全球化之间的关系。有关这些趋势具有高度争议性的实例，请参见爱森斯坦（Eisenstein, 2005）的研究。

② 有趣的是，20世纪70年代和80年代预测，服务业将因未来更大程度的自动化而减少，然而，服务业实际上已超出大多数人的估计。

工作岗位（Pyle，2005）。这种现象被称为跨国分工的独特形式，将各民族国家的妇女联系起来，并与跨国家庭的生产相关（Pyle，2005）。

全球化不仅影响女性，而且对男女两性均产生性别影响：女性的角色发生变化，男性的角色也随之发生变化。正如周（2003）所写：

> 全球化提供了一个结合全球和地方的男性气质与女性气质的交汇点，现有的性别制度在不同的地缘政治地区受到挑战，性别效应的范围并不局限于一个国家。（第447页）

全球化不仅影响性别话语和关系，这种现象本身也受到性别化反应和挑战的影响。全球化涉及工业化国家与发展中国家的男性和女性、公民和非公民以及个人之间的各种关系。这些关系的特点是权力差异以及所获得声望、地位和资源系统的不同。这个过程本身也受到参与者的影响。而且，由于参与者参与的是性别关系，全球化也成为一种性别现象。这是一个不能也不应该被忽视的关键问题。

第一节 霸权性别话语

全球化影响着一系列特定的经济、政治和社会进程，往往带来意想不到的影响和结果。女性和男性同时在思想、表现和非常实际的应用方式层面被纳入并参与全球化活动。这使深入理解性别角色和各种社会中的关系及其与全球化的联系变得复杂。有必要区分性别意识形态与可能掩盖它们的实际做法（如 Macleod，1993；Bernal，1994）。由于许多社会科学著作，特别是关于全球化的著作，继续倾向于使性别优势或性别霸权表征享有特权，这一问题变得更为复杂（Ortner，1990）。占主导地位的性别表征指的是那些支持某一群人具有优越地位和权力的模式（如直到最近在西方，男性仍占有主导地位）。这些模式最有可能在正式话语中被引用，且通常在潜在的竞争模式中占据主导地位。① 意识形态，特别是人们倾向于立即提及的明确表达的性别意识形态，往往取得优先权，甚至在有竞争模式的情况下，也是如此。即使这些表征可能不会耗尽全部的文化话语或社会实践，也会发生这种情况。因此，占主导地位的话语强调某些通常以男性为中心的性别意识形态，而鲜少注意较少系统阐述的性别概念，特别是那些由妇女提出的概念。布伦纳（Brenner，1995）指出，"性别关系的单一形态被认为是绝对'正确'或完全正确，因为性别结构总是包含着冲突和矛盾的意义，永远不可能完全调和"（第22页）。

由于女性和男性对性别的理解指导着他们的社会行为并赋予其意义，所以他们都需要加以审视，不要仅仅因为一套解释没有正式或坚持地表达出来，就去强调另一套解释。例如，弗莱克斯（Flax，1990）主张女权主义和后现代主义理论方法之间的和解。她认为，这个问题可能源于这样一种观念，即"也许现实只能从主导群体错误的普遍化视角中出现'一个'结构。也许只有在一个人或一个群体能够支配的整体范围内，'现实'似乎可以由一套规则来管理，由一组特权社会关系来构成，或者由一个'故事'来讲述"（第28页）。

通常为特定社会所引用的"规则"仅代表"现实"，因为它存在于特定意识形态系统的有限框架内：赋予男性及其活动领域以优越地位，并将妇女置于从属的女性地位。尽管如此，我们发现，"现实"正在发生变化，因为女性和男性对日益分化、竞争和主导的意识形态所带来的紧张局势进行着谈判和斗争。

本章讨论了性别建构与塑造家庭、社区的物质力量之间的关系，以

---

① 在整个美国历史上，父权制的主张受到经验的挑战，尤其受到那些无法靠这些"理想"规范生活的有色人种妇女和移民的挑战。

及在全球化背景下对日常生活的协商。它展示了一些发现，尤其是来自女权主义经济学家的研究结果，揭示出这种交集产生和再现了"一个错综复杂的男女不平等网络"（Marchand & Runyan，2000，第8页）。

性别现在被理解为一种形式的社会习得行为和期待，在文化和时间上具有特定性，可以概念化为在三个相互联系的层面运作：其一，性别是社会进程和实践的意识形态；其二，性别影响所有社会关系；其三，性别通过对男性和女性身体的社会建构产生生理影响（Marchand & Runyan，2000）。在这一章中，我们将从意识形态和物质层面来审视全球化环境下的性别建构与实践。它被理解为一种协商谈判的现象，也在不断演变，往往带来意想不到的后果。这一观点认为，性别的文化建构，最好被理解为与全球生产和交换结构以及与这些结构相关的更具包容性的声望体系密不可分（Ong & Peletz，1995）。通过融入全球经济，女性和男性被迫重新协商和确定他们在家庭与社会中的地位。这些协商与男性和女性角色经常相互冲突的意识形态表征密切相关。

当我们把目光从性别象征主义转向性别实践时，会发现男性和女性对国际、国家、地方、家庭和家庭经济的贡献正在创造新的男女自主与社会权力形式。然而，正如翁和皮勒茨（Ong & Peletz，1995）指出的那样，性别政治很少仅涉及性别问题。相反，这些冲突代表并体现了一场全国性有时甚至是跨越文化认同、阶级形成和意识形态变革危机的跨国斗争。官方与现实中对权力的描述，两者之间的矛盾变得突出，说明对性别的表征和解释必须处于不断变化与相互关联的历史、社会和经济条件中。

第二节　构建全球化与性别的关系

尽管社会科学家对全球化的理解做出了重大贡献，但全球化与性别之间的明确关联仍处于明显的边缘化地位。弗里曼（Freeman，

2001）指出，大多数全球化分析归属为两类：要么关注全球化经济形式的历史、结构和增长的宏观分析（且存在性别盲点），要么表现出关注妇女作为工人和发展中国家公民在全球经济中的作用。阿夫沙尔和巴里恩托斯（Afshar & Barrientos, 1999）认为：

> 全球化对女性的影响往往是复杂和矛盾的，无论是在"包容性"还是在"排斥性"方面。要理解它，不仅需要在全球范围内进行分析，而且需要基于地方和家庭层面展开分析。女权主义者一直在分解全球化进程中女性经验的具体情况，但这项工作尚未进入关于全球化的大部分核心争论中。（第6页）

有关全球化的主流观点对性别的有限关注令人惊讶。在当代理解中，性别与阶级、民族、种族、国籍和性取向等社会生活的各个层面相交织。可以想象，鉴于围绕全球化争论的普及度和强度，性别与上述过程的交织将引发更多关注，而且广泛引用的有关全球化的著述此刻已将性别分析包含在内。特别专注于性别和全球化的研究也有一个有限的侧重点：其分析或是基于对当地现象的人种学描述，或是最近已扩大到女权主义经济学家关于经济改革的作用及其对发展中国家女性的影响的挑衅性工作，但是仍然缺乏对全球化进程对女性经验其他层面影响的洞察，包括其在工业化世界中的影响。也就是说，关注全球化和性别研究的贡献，促成对全球舞台中社会秩序变革的新的理解。例如，我们现在认识到"文化形式在跨国层面被强加、被发明、被重新加工和被转化"，往往具有深远和意想不到的结果（Gupta & Ferguson, 1997，第5页）。这一认识清楚地表明全球化的复杂性和动力特征。全球化不仅仅是一个可以简单捕获并用来预测未来现象的过程。全球化进程是在实地和当地语境中实现的，其实际的进展本身亦受到国际、国家、地方区域以及参与者的影响、修改和限制（Freeman, 2001）。在有关这一现象的话语中忽视性别，使我们对全球化背后的一些最主要过程缺乏了解

(Chow，2003)。

将性别问题转移至全球化分析的中心，使我们能够对全球化与物质、经济、政治和社会生活之间的关系形成新的视角。性别分析提供了对过程、市场、民族国家和跨国实体与个人之间怎样关联的见解。它凸显了女性化或男性化市场、交易和政治运动的各个层面，并允许对这些过程的根本原因进行推测。性别分析揭示出，全球化进程如何以及在何种程度上操纵、延续和协商性别的社会结构。重要的是，对于这一讨论，性别分析亦揭示出这种现象对家庭生活经验的影响及其意识形态表征。正如派尔（Pyle, 2005）所述："审视全球化与妇女生活关系的重要的全球化研究，必须关注妇女在家庭、社区、国家、地区和国际背景下的生活，以充分了解所涉及的多重因素。将性别纳入分析的核心范畴并且利用这种多层次的分析，可以更全面地理解全球化，包括其影响和能够重塑它的运动着的各种力量。还可以阐明来自不同国家和阶级的妇女之间复杂的关系，展现其中的矛盾对立之处和相似之处。"（第250页）

通过融入性别因素，我们能够深入了解权力差异以及不平等的权力关系如何通过全球化进程加剧或调停。关注性别与全球化之间的关系，使我们能够理解性别是全球重组的关键点（Nagar等, 2002）。

性别使某些与男性和男子气概有关的社会制度与程序合法化，而那些与妇女和女性气质有关的社会制度与程序则相反。例如，某些生产领域越来越多地由女性劳动力主导。特别是在发展中国家，这种过程是合法化的，部分是通过诉诸性别话语和唤起传统的性别形象来实现的。塔尔科特（Talcott, 2003）描述了高度性别化的哥伦比亚花卉产业。在那里，女性"灵活的手指"被认为"更适合"切花的"精细工作"——这是一种掩盖其工作危险性的话语。莱特

（Wright，1997）也提供了一个有启发意义的实例。他追踪了墨西哥美墨联营工厂（Maquiladora）的成功是如何通过关于"一次性女性"（disposable women）的有说服力的性别话语实现的。① 女性被描绘为只是从事临时工作，并为"唇膏"等奢侈品赚取薪资而不是努力养家糊口。由于工作是临时性的，不会要求从中获得任何形式的长期投资，因而也就没有为她们提供任何教育或培训。在追求大型全球实体的资本积累时，她们的低薪资获得公开的合法化。

女权主义经济学家越来越建议对全球化进行性别分析，以揭示"在全球重组与具有文化特色的性别差异的生产之间如何产生不平等"（Nagar等，2002，第261页）。此外，一些学者，如纳尔噶（Nagar）等（2002）和莱特（1997）表明，随着新自由主义国家减少提供社会服务，这项工作的大部分已由女性接管并转移至女性领域，其通常被概念化为家户、家庭和社区。在工业化国家和发展中国家，包括收入不安全在内的因素，已迫使越来越多的女性进入劳动力市场。尤其是由于经济需要，低薪资女性往往愿意从事没有权益或额外福利的不稳定工作。以经济为特征的政府为雇主创造了条件，使他们更容易解雇员工并裁员。这有助于减少现有雇员的福利和权益，并利用"更廉价"的劳动力来覆盖核心工作（Standing，1999）。通过越来越强调降低成本的竞争力，全球化使企业能够找到降低劳动力成本的新方法。这也导致企业转向不同类型的分包工作，如外包和家庭工作。这种"非正式"的工作部门，即那些没有正常薪资或福利的工作，已逐渐增加至"正规"部门，并越来越多地与女工联系在一起。在有关工作与家庭关系的章节中，我们将更详细地研究工商业的经济结构调整及其对工人和家庭的影响。

---

① 美墨联营工厂是指工厂在免税和免关税的基础上进口材料与组装设备，然后再出口产品，产品通常回到大多数产品的来源国。墨西哥北部边境是主要的保税加工场地，生产美国商品。通常情况下，利润不会使东道国（如墨西哥）受益，而是流回投资国。

女性和男性与市场和生产的联系不断变化，可能会加深群体之间，特别是性别之间的不平等。例如，有时，各种群体处于冲突关系中，就像在雇主与家庭佣工的情境中那样，大批妇女受雇于少数男性。这些转变也可能导致其他结果。有时候，不利的情况可能会鼓励个人团结起来抵抗并采取行动（Talcott，2003）。一些女权主义者指出，女性不只是全球力量的被动受害者，这些力量将她们卷入压迫和剥削的生活，相反，她们是积极的行动者，在不断变化的条件下反抗并形成女性身份和母性的新版本（Pyle，2005）。然而，虽然在关于行动者与其社会条件关系的论述中经常提到能动性，但其他人，如塔尔科特（2003）则表明，从跨国的角度看，某些情况下，能动性远比妇女表达意志的简单行为复杂。就此而言，并非每位女性或男性都可以抵抗并且能在多种选择中做出抉择（Beneria，2003）。相反，个人的能动性可能受到文化、社会和经济因素以及可能破坏变革潜力的矛盾的制约（Gunewardena & Kingsolver，2007）。

第三节　男性与女性话语

全球化的主流方法仍然强调"男性化"的特质，其主要焦点是经济和政治的"公共"与正式的场所，忽略了家庭这一更为"私密"的领域。① 例如，纳尔噶等人（2002）对此描述如下：

> 对全球化的研究和论述具有独特的男权主义色彩，因为它们是为男权主义服务的，以特定的方式建构全球化的空间、尺度和主题。具体而言，全球资本主义的话语继续将女性、少数民族、贫困者和南方地区定位为全球化的主导性构成方式。它

---

① 大量的女权主义文献现已证明，公私二分法是错误的，因为将这些概念一分为二是不可能的，公共领域和私人领域彼此紧密相连。

们建构被动的女性和地区（通常是南部，也包括北部的非工业化地区）形象，并运用这些形象建立起全球化是资本主义和西方的中心以及"全球经济"是唯一可能的未来等全球化的话语。其结果是"资本主义短视"，即研究者认为，全球资本主义包罗万象，他们无法看到或考虑其他非资本主义、非公共领域和参与者。（第262—263页）

在主流研究方法承认性别的情况下，它以一种简单的方式使得阶级、地区和代际差异被混淆。例如，全球化可能被视为跨越时间和地理界限的女性"压迫"（Kelly，2001）。使这一问题更加复杂的是，相关发展组织可能会将这些解释纳入其中，并将之转化为善意的但有时是文化上不适合和灾难性的女性计划（Kelly，2001）。马钱德和鲁尼恩（Marchand & Runyan，2000）指出，"就像私人部门比公共部门更普遍地受到重视一样，私人领域不仅与国家和市场有关，而且与公民社会有关，在公民社会中，私人领域要么被忽视，要么处于高度从属地位。然而，具有讽刺意味的是，作为重组过程的一个场所，私人领域已经变得高度政治化"（第15页）。

马钱德和鲁尼恩（2003）援引当代美国中产阶级女性的案例，主流性别话语将这些女性视为自主和自给自足的职业女性，从而贬低了她们对家庭的贡献，所用的流行修辞强调家庭价值观和强化的母性。[1] 这些二元表达给许多美国女性带来危机，让她们陷入生活的实际现实，需要为了经济和意识形态的原因，以及未给家人投入足够时间而受到告诫的话语而工作。这些话语也引发了关于私人家庭和公共工作领域二分的多种猜想。虽然理论上的分离已经失去学界的信任，但将私与公对立仍然受到主流视角的欢迎。然而，正如有关性别的代表性争论所表明的那样，在当今世界，私即是公，公也

---

[1] 比安奇（Bianchi）等学者（2000）有趣地阐述了20世纪60年代以来强化母性的模式是如何发展的。

能变成私。几乎不可能将性别和性别角色说成只与一个或另一个领域相关。这些矛盾也存在于发展中国家。在那里,相互冲突的性别表征成为社会格局的一种特质。

对发展中世界全球化的性别分析,突出了女性在生产、再生产和社区管理的三重角色中是如何通过全球债务、结构调整政策和新自由主义发展战略的普及而得到加强与扩大的(Marchand & Runyan, 2000; Nagar 等, 2002)。他们还提出这样一个事实:女性的薪酬工作并不一定导致家庭角色的重新安排,对许多女性而言,只是在增加她们的责任。最近的报道指出,一些分析存在缺陷,它们描述了男性霸权的"传统",对女性角色的探讨并未考虑男性无法找到工作的情况以及女性为家庭生存承担的多项任务(Nagar 等, 2002)。

其他具有性别特点的现象也是当前情况的重要表现。可列举的实例是,在世界某些地区,女性越来越贫困(贫困女性化),她们有时聚在一起,分享照护性工作和家庭的其他基本供给。重要的是,一些情况导致女性集体化的政治行动和反对全球化力量的抵抗运动,她们认为,全球化力量对于其生活和家庭的福祉具有破坏性。这类运动表明,新的建设性现象可能会从潜在的破坏性情况中出现。

尽管全球化带有明显的性别色彩,但对全球化进程与性别话语之间关系的主流分析仍然停留在"女权主义学者"的层面。女权主义学者也曾质疑,这种边缘化是不是全球化话语更广泛霸权的一部分。在这种霸权中,主流(男性)话语优先于女性的贡献。弗里曼(Freeman, 2001)认为:

> 因此,我们还需要女权主义对全球化的重新概念化,这样一来,地方形式的全球化不仅被理解为影响因素,而且也被理解为这些运动变化形态中的构成要素。女权主义的重新概念化需要一种全球化的立场,这其中,变革的箭头在多个方向上被

想象出来，性别不仅在当地的男性和女性的实践中被询问，而且以全球化运动和过程被归结为男性或女性价值的抽象的和有形的方式被询问。（第 1013 页）

此外，虽然学者指出全球化和性别的某些方面得到认可与研究，如网络和贸易流动或是投资和迁移，但其他领域，如观念运动的影响和跨国的女性社会网络的出现，实际上被忽视。在当今先进的技术环境中，关于"女性问题"的知识可以通过国际会议、网络存在或媒体报道即刻传播。"适当的"性别角色的新概念化可以立刻在全球范围内传播。对于在地方、国家和跨国背景下如何接收、解释和针对这些类型的信息采取行动，我们知之甚少。若不分析女性和男性如何实际感知家庭与社区中的全球化力量并与之互动，全球化的基本层面仍隐藏在视野之外，导致我们只能看到部分景况。这也提出了有关某些活动凌驾于他人之上的霸权、特权问题及对其的关切。女权主义者对全球化的看法，旨在识别、解构与消除男性气质和女性气质、公共和私人、文化价值和文化贬值之间的等级二元论。因此，性别分析是理解全球化与家庭事务相互作用的关键决定因素。

第四节 我们如何到达这里？家庭研究和性别理论家的贡献

对全球市场的女权主义分析特别关注性别分工，即男性的工作在薪酬和地位上被赋予更高的位置。其主要关注的是男性和女性的实际工作，以及如何从意识形态和更实际的财务角度来看待与奖励这些工作。全球背景下，性别表征与权力等级的联系以及不断变化的工作和工作环境，均须采取动态的分析形式。

性别概念化的起点是"做性别"（doing gender），这是 20 世纪 80 年代末首次提出的性别观点。这一概念的重要性在于强调在日常交往中积极建构性别。在一篇关键文章中，韦斯特和齐默尔曼（West & Zimmerman, 1987）解释道：

> 我们认为，"做性别"是由女性和男性承担的，女性和男性作为社会成员的能力受制于社会生产。"做性别"涉及一系列复杂的、社会导向的、感性的、相互作用的和微观的政治活动，这些活动将特定的追求作为男性和女性"天性"的表达。当我们将性别视为一种成就和既定的行为属性，我们的注意力会从内部转移至个人，以互动为侧重点，并最终抵达制度领域……我们认为，性别是社会情境的一个突发性特征而非个人财产：既作为各种社会制度的结果和理由，又作为使社会最根本的分裂合法化的一种手段。（第126页）

这种理解性别的方法仍然具有重要意义，从历史和跨文化的角度来看，其作用更为显著。"做性别"的观点强调"情境行为"的过程。性别成为不断构建和用于交互的移动目标——它不是固定的实体，其"成就"依赖个人行为，这种方式符合适当性别行为的规范期望。换句话说，期望男性和女性表现出某些将他（她）们彼此区分开来的特征和行为方式。从"做性别"的角度看，这些特征和行为的定义可能完全不同，具体取决于时间和地点。规范性准则依赖社会历史背景，它们指导和规范适当的性别行为。

沙利文（Sullivan, 2006）指出，虽然相当多的女权主义文献已将"做性别"的方法纳入家庭和家庭关系的范畴来分析，但这些文献的主要重点是"情境行为如何导致现存的性别不平等结构的再生产，而不是它们对这些结构的分化和变化过程的可能贡献"（第11页）。换言之，大多数分析集中于理解如何在家庭中复制现有的性别结构，而不是如何在性别角色方面实现变革。为了解当前的一些进程，有必要简要回顾导致当代对性别角色感兴趣的历史和物质条件，特别是家庭层面的性别角色问题。由于美国女权主义学者对性别意识形态初步讨论的影响，下文的简要介绍将着重于美国的研究。

西方人认为的有关男性和女性"适当"角色的大部分内容可追溯至工业化时代。这一论点的基本内容主要是女权主义性质的，但已扩展到更主流的观点，可以简单地概括为以下几点：在西方世界，工业化的运动使得有偿工作和无偿工作之间的差异越来越大，男性（有偿）工作和女性（无偿）工作之间的区别越来越明显。随着西方社会从以农业为基础转向以强大的工业为基础，工作的本质发生变化。在农业时代，女性和男性一起工作来维持农场与家庭，工业化将工作移出家庭。这种形式的工作越来越受到重视。随着社会主要向市场经济转移，金钱成为主要货币（Hattery，2001）。随着对工厂劳动力需求的增长，男性的工作变得更有价值，并导致出现围绕男性和女性自然角色的社会话语。此外，通过强调性别间的生理差异，围绕"自然"劳动分工的普遍论述变得合法化了。女性生育孩子的生物能力越来越等同于抚养孩子的能力。在公众的印象中，这被认为是使妇女更适合照顾家和家庭的"私人"领域。① 另外，人们认为，从生物学的角度看，男性更适合在恶劣的工厂环境中工作，一般来说，也更适合在"公共"的工作场所和金融场所工作。这就产生这样一种情况，即人们认为男性的贡献对家庭和社会来说更有价值，因为赚钱的重要性是第一位的（Hattery，2001；Moen & Sweet，2003）。妇女最重要的投入变成对家庭的投入。然而，通过"自由的"工作，妇女的劳动力被低估，由此造成家庭的不平等。18—19 世纪的这些发展，催生了一种关于性别角色和家庭分工的意识形态，并一直延续在美国文化中。

关于家庭的女权主义研究广泛地集中于揭露两性之间的这种不平等，以及理解性别的传统规范模式的延续。女权主义学者指出，

---

① 在殖民地时期的美国，人们认为男性更适合养育孩子，尤其是在教育孩子的价值观和道德观方面。

尽管流行的概念化唤起了神秘的相对较近的过去，其特征是明确定义的性别角色和男主外、女主内的家庭，但从历史上看，大多数美国家庭无法坚持这种占主导地位的模式。少数族裔和低收入家庭虽然意识到这些霸权表现，却无法参与这些明确界定的家庭行为。相反，为了生存，低收入和少数族裔男女不得不创造其他类型的家庭系统排列，包括在家庭以外工作的妇女和分担家务的男性（Coontz，1992）。

工业化和发展中社会的重大社会变革，加上女权主义意识形态的传播，导致家庭中的适当性别角色成为论证的温床。有限的观点继续坚持"自然"分工的生物学论点，而其他观点则表明，传统性别角色的主导地位可以追溯至它们的功能产生之时（Parsons & Bales, 1955, Hattery, 2001）。女权主义者对这些生物学和（或）功能性方法持批评态度，认为男主外、女主内家庭的意识形态建构及伴随的性别角色结构对女性特别具有压迫性（Erickson, 2005; Hochschild, 1989; Thompson & Walker, 1989）。女权主义者将这种观点传播到世界其他地区。在那里，社会动荡，大量妇女加入劳动力大军，原教旨主义运动复兴，使得人们重新关注妇女在家庭、社区和社会中扮演的角色。

然而，这种大规模的输出，特别是美国人对"适当的"和"不适当的"性别意识形态的观点，伴随着将家庭视为女性主导场所的认同，引起特别是来自发展中国家和非西方地区的女权主义者的反击。这些女权主义者认为，虽然国家意识形态可能会延续传统的性别建构和家庭模式，但女性和男性并不是无私的行为者，相反，他们积极地建立新的性别和家庭模式（Pyle, 2005）。全球化促成多种意识形态、经济结构和模式可供个人使用。我们不能说有一种普遍的情况，也不能把妇女和男性的处境归罪于家庭制度。语境方法揭示出，价值观、资源和个体反应之间复杂的相互作用塑造了性别建构与实践。

第五节 衰落的父权制

从经济和社会的角度看，全球化真正且重要的影响是，越来越多的妇女加入西方和非西方地区的有偿劳动力大军。这种变化正在破坏许多地区维系性别意识形态的根基。我们开始目睹父权制意识形态受到质疑，并且由于经济安排而非常缓慢地瓦解。这种经济上的安排不再赋予养家糊口者（历史上一直是男性）主导权。虽然这个过程是不平衡的，并且是差异化实现的，但经验和间接证据指向性别关系的逐步调整。妇女进入正式劳动力队伍的数量之多，正在摧毁男性作为养家糊口者和家庭提供者的独特角色的幻想。

然而，大多数关于父权制的讨论未能捕捉到这些变化的矛盾性。尽管当代环境促进性别建构和性别角色的社会变革，但家庭中不平等的关系及随之而来的冲突和谈判，仍在家庭和整个社会中作为性别关系的核心部分继续占据主导地位。本奈瑞（Beneria，2003）指出，当代性别谈判（gender negotiations）的框架是一个不太严格的父权制框架，主要针对西方世界的女性。过去，西方男性从主流意识形态、宗教、媒体和其他形式的话语传播中获得对其在家庭中的权威地位的支持。今天，越来越多地，在西方，这些话语不再那么严格或占据主导地位，但并未消失，有时会通过民族主义和原教旨主义运动，如美国的"家庭价值观"派系而重新获得活力。

来自世界其他地区的证据，如多米尼加共和国（Safa，2002）和中东某些地区（Moghadam，2003），均以性别意识形态作为战斗口号。在家庭层面，性别实践由于现实考虑，与通过妇女运动和当代媒体传播的新性别表征相结合而发生变化。同时，民族国家一直在复兴父权意识形态，试图团结他们的人民。萨法（Safa，2002）描述了多米尼加新运动的过程。该运动鼓励男性在组织环境中担任领导职务，并阻止工会支持女性候选人从事同样的工作。

> 我们在这里看到的是对父权制的重申,更具体地说,是公共机构层面的男性养家糊口模式,如雇主、工会和政党……这一点也可以从以下两个方面看出来:雇主更愿意雇用男性担任主管职务,工会不愿意支持女性担任领导职务……像自由贸易区工人这样的低收入妇女,在公共层面可能比中产阶级妇女遭受更大的从属地位,因为她们受到阶级(可能是种族)以及性别从属地位的制约。(Safa,2002,第25页)

多米尼加的例子表明,认为大量的妇女工作已使全世界男女关系普遍平等是过于简单的假设。不平等性别关系的动力,与影响家庭内部资源分配和性别建构的制度与结构因素密切相关(Beneria,2003)。多项研究表明,女性可以获得资源的事实,并不能确保她们能够控制这些资源。传统、规范和性别建构与获取资源和权力关系相互作用。这些过程反过来又塑造了性别意识形态和行为。在对印度西孟加拉邦下层妇女进行的一项研究中,甘谷利斯科瑞兹(Ganguly-Scrase,2003)指出,妇女不一定在寻求成为独立于家庭的自主的人,她们认为自身的财政贡献对集体是重要的,继而,又认为这是一个资助系统,能够帮助她们实现争取更多机会的愿望。

值得注意的是,虽然公众和学者对妇女进入正规与非正规劳动力的运动,以及这种现象对家庭和社会的影响有很大的兴趣,但对女性角色变化是否对男性产生影响未能有同等激烈的讨论。在许多关于全球化和性别变革的论述中,关于性别关系的讨论被忽视了。康奈尔(Connell,2005)解释说:

> 在有关性别平等的国家和国际政策文本中,妇女都是政策话语的主体。在每一个关于女性劣势的陈述中,都隐含着与男性作为优势群体的比较。当男性仅作为一个背景类别出现在有关女性的政策话语中,就很难提出有关男性和男孩的兴趣、问题或差异

的议题。要做到这一点，只能采取反对姿态，肯定"男性的权利"或完全超越性别框架来实现。（第 1805—1810 页）

康奈尔提出了一个经常被忽视的观点，即当看到妇女角色在全球范围逐渐发生变化时，还需要考虑男性正在发生的事情。此外，由于妇女和男性在获取资源、威望和权力制度方面的地位非常不同，对角色变化和意识形态的反应将取决于许多因素，不能简单地认为男女之间是一致的。对此，康奈尔进一步阐述道：

> 阶级、种族、国家、地区和代际差异横切出"男性"类别，在男性中非常不均衡地分散着性别关系的收益和成本。许多情况下，男性群体可能会认为，相比社区中的男性，他们的利益与社区中的女性更加紧密。男性对性别平等政治的反应非常不同，也就不足为奇了。（Connell，2005，第 1809 页）

对某一群人的经历，不论男女，一概而论的假设并没有反映出男女可能长期面临的不平等。尽管如此，跨文化的证据表明，性别角色的根本变化正在世界许多地方发生。这些转变对家庭，特别是一直作为如此多辩论、研究和争议主体的"核心"家庭具有重要的意义。

第六节 "核心"家庭发生了什么

"核心"家庭的当代状态是一个备受争议的话题。卡斯特尔斯（Castells，1997）认为，核心家庭处于危机之中。他提到的核心家庭，具体指涉二战后在美国一直被视为理想的父权制核心家庭，其类似形式在世界其他地方也有发现。他认为是多种因素共同作用的结果，这些因素缓慢但从根本上改变了男性和女性的社会生活。

作为父权主义的基石，父权制家庭在这个千禧年的最后时刻，正受到女性工作转变和女性意识转变的不可分割的相关过程的挑战。这些进程背后的推动力量是，信息、全球经济的崛起、人类物种繁衍方面的技术变革，妇女斗争的强大浪潮，以及自20世纪60年代末以来发展起来的多元化的女权运动的三股力量。（Castells，1997，第135页）

卡斯特尔斯进一步论证如下：

所谓父权制家庭的危机，我指的是一种家庭模式的弱化，这种家庭模式是建立在家庭成年男性家长对整个家庭稳定行使权力（和控制）的基础上的。20世纪90年代，在大多数社会，特别是在最发达的国家，可能找到这种危机的指标。（第138页）

作为证据，卡斯特尔斯指出，人们越来越接受离婚、多元家庭形式、单亲家庭以及非婚生子女。这些趋势主要出现在西方，但也有一些非常缓慢地渗透至世界其他地区，尤其是离婚和单亲家庭在特定的其他区域正逐渐变得普遍。卡斯特尔斯还指出，父权制的衰落改变了个体认同自己的方式，甚至影响到个体与他者的关系。例如，人们越来越期望男性更充分地参与到其配偶和子女的生活中。这种现象不仅反映了美国和欧洲社会的变化，而且在非西方国家中也越来越重要，其中许多国家直到最近还以主导的父权意识形态为特征。卡斯特尔斯认为，家庭关系正在被个人网络所取代，"在这种情况下，个人及子女在其一生中遵循连续的家庭和非家庭的个人安排模式"（1997，第348页）。这暗示了一种流动的、动态的家庭模式，男性不再是"掌权者"。它也使家庭角色变性，突出关系的表演性、目的性和达成性。以卡斯特尔斯的论点为基础，这些趋势指向一种新的不理性的家庭模式的出现。它不是由排斥和界限来定义的，而是一种以选择为主要特征的包容模式。

值得注意的是，虽然推测和讨论诸如卡斯特尔斯关于父权制削弱的著述是重要的，但不应忘记，在许多地方，父权制的霸权理想与女性在家庭、社区和社会中的生活经历仍然存在巨大的缺口。随着男性开始失去他在家庭中的权威地位，他们也越来越担心女性日益增长的经济和社会独立性（Chant，2000）。对被认为是"自然的"甚至"宗教的"规定角色的重大重新安排，可能导致寻求加强父权关系的阻抗运动。全球化为这场冲突做出了贡献，为女性提供了更多的低薪工作机会，并削弱了男性在劳动力市场中的地位。

全球化也促成家庭层面的其他社会变革。通过更多地获得经济资源，女性能够推迟结婚或能再婚，并更有能力成为家庭的女户主。劳动力迁移的机会，也使得贫困家庭通过利用越来越多家庭成员的劳动力来适应不断变化的经济条件。当代大家庭可以通过其来自世界各地的成员的贡献，促进家庭的团结和生存。与历史上的前几个时期一样，汇款可能不仅来自男性，而且来自进行当地和跨国工作的多位家庭成员。这些资源的汇集，有时甚至可能导致特定人口的某些进步，这些人以前可能从未获得过经济机会。这并不是说，全球化会使大多数贫困人口摆脱贫困，此处仅指出全球化带来的制约因素和机遇。对全球化影响的研究表明，以一种情境化、细致入微的方式审视家庭战略是至关重要的，而不是假定全球化只影响某些群体或社会阶层。

第七节 女性劳动和家庭平等的分歧问题

女权主义者强调性别平等是全球女性赋权和成功的关键。这一意识形态强调女性需要以与男性相同的方式获得有偿就业。此信念的出发点是，两性具有同等的能力，需要提供相同的机会。然而，还存在另一种女性主义思想,它强调男女之间的差异,以及这些差异如何影响两性之间的关系(Gilligan,1982)。以上现实导致女权主义者的根本困境,他们要么突出可能会导致性别不平等持续存在的差异,要么缩小差异进而失去历史上促成个人和家庭福祉的一些特征(Beneria,2003)。

关于这些问题的分歧,主要体现在对女性劳动及其对家庭影响的看法上。一些活动人士和学者认为,大量女性在外工作的一个潜在后果,是女性户主比例的上升。根据这一推理,当女性大规模工作时,男性找不到稳定的工作,进而离开家庭,迫使女性承担养家的责任。另一种观点则认为,薪资劳动赋予女性权力,并增加她们在家庭、社区和更大社会中的选择。费尔南德斯凯利(Fernández-Kelly,1997)指出,这两种观点都没有普遍的经验证据的支持。作为证据,她引用墨西哥北部参与美墨联营工厂项目家庭的研究结果。研究表明,这些家庭具有惊人的高度适应性和多样性,并没有以线性的方式走向解体。她指出,通过劳动力市场参与和货币收入来证明女性在家庭中得到普遍认可的观点,也不一定是正确的。虽然有关性别分工的意识形态正在发生变化,但尤其是对发展中国家的许多女性而言,她们生活的某些方面仍然是固定不变的。许多地方现已接受女性在外工作,但男性并不一定接受增加他们家庭参与的意识形态。因此,妇女求助于其他机制来维持家庭运转。例如,强特(Chant,1991)描述了墨西哥工人阶级家庭经常让年轻的单身女孩加入其他家庭,为工作的母亲照顾孩子和做家务,以换取食宿和某种形式的教育。

尽管对家庭生活有性别上的批评,但人种学研究显示,在各种形态中,家庭仍然是满足其成员某种社会和经济需要的一种战略安排。此外,特别是在穷人和非西方社会的许多人中,外出工作最好被理解为集体生存的战略,而不是个人进步的途径(Kelly,1997)。当经济时代恶化时,必须有尽可能多的家庭成员工作。这可以导致更大的家庭凝聚力而不是分裂,至少从结构的角度来看是如此。为了生存，个人彼此依赖。对女性而言，这种趋势往往会有不同的结果。与父母同住的年轻工人阶级女孩，可能从参加劳动中获得某种自我价值的额外好处，但这种行为通常也会妨碍她们继续接受教育。年龄较大的妇女承担着两班倒的工作，而工薪阶层男性也可能受到影响。由于机会减少，他们失去一些传统的权力，被迫承担起在社会中没有意识形态支持的家庭角色。然而，在所有这些情况下，亲密关系的重要性成为首要问题。此外，家庭的变化所表现出的协商和活力表明，性别角色既不是固定的，也不是一成不变的，而是根据当地情况而改变的。

第八节 弱势的妇女和儿童

全球化的一个关键和经常被忽视的方面是，经济衰退和日益扩大的收入差距，可能对妇女和儿童产生特别灾难性的影响。国际娱乐和旅游业的发展，增加了出于性目的而贩卖妇女、女孩和（有时是）男孩的需求（Pearson，2000）。越来越多的人自愿或非自愿地进入性行业，这被一些人比作当代的奴隶制度（Watts & Zimmerman，2002）。尽管难以获得可靠的数据，但估计每年有60万—80万人（其中70%—80%为女性）从一个国家被贩卖到另一个国家。还有更多人在自己的社会中被贩卖（Cree，2008）。促进性贩运的条件，包括贫困、性暴力和家庭暴力以及基于性别的歧视，它们使妇女和儿童特别容易受到伤害。贩运者主要寻找社会上最脆弱的成员，如孤儿、残疾妇女和儿童，以便在受害者被带到目的地后更容易地运送和剥削她们（Hodge，2008）。

这个问题引发了性工作者选择这种工作方式、作为受害者的角色以及棘手的人权问题的复杂辩论。利姆（Lim，1998）提出，决策者几乎只关注妓女（女性），而忽视嫖客（男性）和加剧这一状况的贫困。大部分问题可归咎于贩卖和一般性产业的隐蔽性。贩运者在阴暗的场所工作，受害者往往害怕与有关当局联系。一些当代分析家认为，解决这个问题的办法之一，是引入瑞典针对卖淫的政策模式。在瑞典，卖淫被视为一种针对妇女和儿童的男性暴力行为，被视为刑事犯罪。与将卖淫合法化为独立解决方案的邻国斯堪的纳维亚国家相比，瑞典的法律制度化导致卖淫业的稳定甚至是下降（Hodge，2008）。性贩运问题和导致这种剥削形式的条件，使人们对妇女和儿童之间的联系、妇女和儿童在某些情况下的脆弱性、她们作出选择的环境以及家庭中资源和权力的分配产生质疑。

对数百万妇女特别是发展中国家的妇女而言，诸如家庭分工、父权制、争取自我实现和自主等性别问题不是主要关注点，也不能在这些问题上耗费时间，她们自身、孩子和其他家庭成员的基本生存才是最重要的。家庭的经济状况迫使她们寻求任何形式的有偿劳动，有时也会由于家乡地区缺乏机会而出国就业①，即妇女必须离开她们的子女和其他亲人，以守护家庭的幸福。对于这些妇女来说，"贤妻良母"的理想，按照很多地方的解释方式是无法实现的。此外，在这些妇女迁移的目的地，民族国家设立了强大的控制措施，以确保她们只为明确提供某些类型的劳动而存在。相关政策旨在防止她们将子女或其他亲人带到参与劳动的国家。基于此，在国外就业的妇女对其家庭的贡献主要是经济上的：家乡和东道国社会中的主流性别模式，并未合法认可她们的经济贡献，有时甚至将她们诠释为"坏母亲"或"漠不关心的母亲"。

学术文献中充满了移民为何"伤害"妇女或"使她们获益"的实例（Ehrenreich & Hochschild，2003），但我们不能从特例中推及一般。本书的后面部分将研究其中一些表述，更关注工作与家庭问题之间的关系。为了讨论的目的，指出这种情况是性别意识形态与经

---

① 正如我们所看到的，机会在这个语境中被宽泛地使用，它可能指的是范围广泛的低收入工作，甚至是性工作。

济现实强有力冲突的一个显例即已足够。女性和女性的"角色"被称颂与理想化,并在许多地方用作衡量家庭、社区甚至社会健康的象征。在西方,这是特定的19世纪模式的产物,常被归因于工业化。工业化出现了男女独立的领域概念,以及使工作和家庭分离合法化的霸权性别话语。坚持传统的性别角色,"发挥养育作用的妻子和母亲"与"养家糊口的丈夫和父亲",往往使那些不适合这种模式的人被降级到较低声望的社会领域。在这些表征中,个人如何建构和"实践"家庭与性别角色,成为评价的关键形式。值得注意的是,几乎所有这些性别分析,均缺少对儿童在家庭中的角色以及对儿童本身的看法。

第九节 全球化、性别与不平等

全球化的进程可以改变现有的性别社会结构,强化它们,或将传统和新的概念吸收成新的融合(Pyle & Ward, 2003)。全球化的性别本质,不仅是意识形态或文化的内在方面,而且深深植根于社会制度(Chow, 2003)。巴格瓦蒂(Bhagwati, 2004)认为,全球化及其影响,不能也不应仅从女性福利的立场来讨论,而是在追求社会变革的性别本质时,需要考虑"社会和经济中的女性可能更容易受到政策变化的影响,如贸易自由化、道路和铁路建设项目、灌溉或饮用水项目等,变化的方式的确千差万别。与其在每一项无论大小的政策变化上设置障碍,不如要求每项政策变化都以审视其对女性的影响为前提条件……考虑一些政策可以减轻众多政策变化给女性带来的痛苦,是更为有用的"(Bhagwati, 2004,第87页)。

全球化进程对男性的影响与对女性的影响一样深刻。特别是在工作保障和福利待遇方面,男性越来越处于不利地位。直到最近,与女性相关的工作和劳动力参与(低薪资和"灵活")正蔓延到过去与男性相关的工作(稳定和工会化)中。一些人认为,我们正在看到男性和女性在劳动力市场经验上的趋同（Standing，1999）。

但故事并没有这么简单。越来越多的证据表明，全球化不仅与社会内部个人之间有关，而且与社会之间日益加剧的不平等也有关（Freeman，1996）。许多女性学者已经强调，工业化国家和发展中国家的许多女性，尤其是贫困、低收入和少数民族女性存在固有的脆弱性。正是这一群体，特别容易受到全球化进程的影响，这些进程涉及市场波动、劳动力需求和其他无法控制的社会因素。然而，罗德里克（Rodrik，1997）提出，应侧重构建具有强大社会安全网的社会，如斯堪的纳维亚国家，处于更佳的位置来应对全球化的潜在有害影响。由于社会、社区和家庭在以失业和就业不足为特征的环境中变得越来越不稳定，人们越来越需要将社会政策和安全网制度化，而大多数地方对这些政策和安全网既不感兴趣，也没有能力提供。将性别分析纳入全球化辩论，开始将焦点转向社会问题和人类状况，它提出了关于女性、男性和儿童达到一定生活水平的基本权利的道德问题（Beneria，2003）。将性别因素纳入全球化的研究和政策，引入了一种社会公正的观点，质疑我们是否应该忽略这样一个现实：越来越多的妇女、男性和儿童没有稳定的收入来源，也没有足够的手段为他们的家庭提供住所、实物和医疗援助。将社会分析纳入全球化框架，凸显了全球化进程的影响，因为不同群体间的不平等在继续增长而不是减少。

为了解决这些问题，我们可能需要重新思考如何看待、分析和应对全球化。性别化的方法允许整合与包含众多代表性声音的新视角。例如，派尔（2005）建议实施广泛的社会正义议程，进而增加某些形式的性别平等，如提高认识和赋权更多的个人来解决全球化的性别问题，承认照护劳动等工作，制定考虑性别因素的新的启发式措施和程序（如政府政策），评估妇女可能面临的风险并确定她们的权利。

我们还要对个人的生活经验保持敏感，以便制订解决方案。康奈尔（2005）指出，尽管将世界的弊病归咎于"男性"是很常见的，但历史上从社会地位中受益的男性，需要与工业化和发展中社会中提供大部分低薪酬劳动力的男性区分开来。男性和女性可能拥有性别化的经历，但这些经历产生的问题，可以通过思考各种因素的作用得到解决。正如本奈瑞（2003）指出的那样，这种观点意味着，将家庭和社会中的不平等、道德问题、环境保护、个人和集体福祉以及社会变革和正义，置于学术和公共议程的中心。

第二部分

审视全球化与家庭的关系

第四章

全球移民与跨国家庭的形成

全球化的一个重要特征是个人在国家内部和跨国界的流动。随着全球一体化进程的加速，我们正在目睹越来越多的个体迁移。虽然移民不是一个新的现象，但自1945年以来，它的数量和影响都在增长，尤其是20世纪80年代以来（Castles & Miller, 2003）。由于社会内部和社会之间不平等的日益加剧，大量人口正从农村迁移到城市地区，从发展中国家转向工业化国家，寻求机会和资源。难民流动、全球组织的发展以及新自由贸易区的建立，也促成了重大的国际迁移。虽然实际迁移人数在全球人口数中占比较低，但迁移的影响是显著的。大多数人以家庭或团体的形式迁移，他们的离开和重新安置，对其家庭与接收社会具有重要的社会、政治和经济影响。国际迁移为创建新形式的跨国家庭以及信息和资本的流动提供了基础。

移民被认为是一种在经济、政治和社会层面较为复杂的现象。国际迁移产生了来自工业化世界的大量货币汇款，并使各行各业的工人能够找到其家乡社会通常无法获得的新机会。全球化促进了这一进程，部分是通过开放自由贸易区，以及便利的运输和通信技术实现的。然而，个体在社会之间的大量流动，导致本土出生的公民与许多地方移民之间的敌对行为增加，造成政治紧张局势和限制性的政策反应。全球化也改变了移民与他们留在祖国的亲人之间的关系。从历史上看，移民与家庭、社区和社会联系的切断有关。然而，在当代环境中，与几年前相比，移民有更多的选择来维持其与家乡社会的关系。旅行的便利性，以及互联网和视频会议等媒体，使得离开家园的人能够以前所未有的方式与亲人保持联系。

新近广泛的国际移民问题对输出和接收移民的社会均产生意料之中，有时甚至是非计划的后果，并与社会、政治和经济结构的重组相关（Castles & Miller，2003）。虽然接收社会受益于廉价劳动力和高技术工人的可用性，但移民也被认为对社会结构具有高度的破坏性。近年来，我们目睹了全球范围内对移民的强烈抵制，因为许多人认为迁移更利于移民而不是本国公民。这种看法已经得到越来越多人的认可。然而，工业化国家的低出生率与人口老龄化、世界各地巨大的薪酬差异以及种族冲突的增加，使得发展中国家的个人将继续希望迁移至工业化世界，并且这种现象将会持续。①

研究全球化的学者并未忽视移民的重大影响。移民及其伴随的影响，长期以来一直是对身份研究感兴趣的人类学家和关心个体跨境流动的人口统计学家关注的焦点，经济学家和政治科学家最近也特别讨论了国际移民的动力和后果。具体而言，汇款在全球经济流动中的作用引起移民学者的注意。佩萨尔（Pessar，1982，1999）认为，尽管汇款回家并不是一个新现象，但这些联系导致了更强烈和更频繁的互动，使得当代移民与19世纪的移民大不相同。女权主义者也强调了近期移民的性别特征。越来越多的妇女为了在国外找到经济和就业机会，而选择离开家庭和家乡社会。

第一节　移民人口统计数据

根据联合国估算，截至2005年，约有1.91亿人，占世界人口

---

① 由于气候变化可能使某些地区无法居住，移民也可能因此而增加。

的 3.0% 居住在本国以外（联合国，2008）①。其中，大约三分之二生活在工业化国家，而发展中国家约 1.5% 的人口不是土生土长的。从全球范围来看，美国目前的实际移民人数是最多的。这一现象可以归因于《1965 年移民和国籍法案》的变化，该法案终止了基于国籍的移民配额。除了美国，加拿大、澳大利亚、新西兰、阿根廷和以色列也被认为是主要的移民社会（Castles & Miller，2003）。②

美国人口普查局最近的一份报告显示，在美国出生的外国公民约有 3800 万人，约占人口的 13%（2008）。③ 这是一个显著的增长，因为在 1970 年，在美国出生的外国公民约占人口的 4.7%。相比之下，澳大利亚的人口中约有 23% 为移民，而在加拿大，移民的比例接近 18%。④ 所有这些国家的移民人口比例都高于美国。在一些国家，如英国，城市地区特别吸引移民。在伦敦，28% 的居民出生在英国以外的地方。⑤ 在实际移民人数方面，美国与俄罗斯的差距不大。俄罗斯的高移民率为 16.8%，⑥ 主要原因是苏联解体；这种变化使国内移徙转变为国际移徙（联合国，2008）。德国紧随美国和俄罗斯之后，有 730 万移民。⑦ 包括沙特阿拉伯、法国、加拿大、澳大利亚、印度和巴基斯坦在内的国家也是移民的主要接收国，每个国家接收的移民人数在 400 万—700 万人。

世界某些地区特别受到与劳动力有关和（或）避难移民的影响。

---

① 2019 年，约有 2.72 亿人，即世界人口的 3.5%，居住在其本国之外（国际移民组织，2020）。

② 移徙（migrant）和移民（immigrant）之间存在一些术语混淆。前者通常用于描述个体离开某个地方，且没有特定的方向、目的或持续时间；后者常指一个人离开某个社会，在另一个社会生活和（或）工作。

③ 美国人口普查局最近的一份报告显示，2017 年，美国大约有 4440 万外国出生的人，约占人口的 13.6%。

④ 目前澳大利亚人口中大约 30% 是移民，而在加拿大，移民的比例接近 21.9%。

⑤ 目前伦敦有 36.7% 的居民出生于英国以外的地方。

⑥ 根据联合国欧洲经济委员会（UNECE）的统计，2018 年，俄罗斯有 1160 万移民。

⑦ 据联合国统计，2020 年，德国有 1265 万移民。

例如，与本国出生人口相比，中东国家的外国出生人口比例最高。在阿拉伯联合酋长国，大约 68% 的人是外国工人（Freeman，2006）。① 土耳其、埃及和约旦等国是移民劳工的来源国，海湾石油国家是这些劳工的接收国。阿富汗的政治不稳定，也导致该地区成为全球寻求难民身份逃难者的主要来源（Castles& Miller，2003）。非洲、亚洲和拉丁美洲还涉及复杂的国内移徙问题，这些问题既影响到当地区域，也影响到更广泛的全球格局。

包括美国在内的许多国家也有大量的非法移民人口（Castles & Miller，2003）。无证劳工从较贫穷的国家迁移而至，以便找到农业和采矿业的工作。美国的估计数字在 1100 万左右徘徊，但和其他国家一样都缺乏可信的统计数据。美国大约 1100 万无证移民中，约有 620 万被认为是墨西哥人（联合国，2008）。

当代移民的人口结构和技能差异很大。目前，大多数国际移民来自中国（3500 万）、印度（2000 万）和菲律宾（700 万），这些移民被认为是发展中的经济体（国际移民组织，2005）。② 移民在受教育程度和专业技能方面也存在较大的差异。例如，60% 的英国移民是专业人士，而弗里曼（2006）估计，截至 2000 年，美国 45% 的博士学位经济学家、55% 的博士学位自然科学家，且年龄小于 45 岁者，即出生在其他国家。这有时被称为"人才外流"，即高技术工人从发展中国家迁移至工业化国家。据估计，来自发展中国家的拥有医学专业学位或博士学位的成年人中，每 10 位就有一位现在居住在欧洲、澳大利亚或美国（Lowell 等，2004）。相比之下，许多从墨西哥到美国的移民都没有达到相当于高中毕业文化水平的程度。

---

① 在阿拉伯联合酋长国，大约 90% 的人是外国工人（Paradikar, 2018）。
② 当前，大多数国际移民来自印度（1750 万），其次是墨西哥（1180 万）和中国（1070 万），移民的主要目的地国家是美国（共有 5070 万国际移民）（联合国，2020）。

第二节　当代移民模式有何"不同"

今天的移民与19世纪末和20世纪初的主要移民浪潮存在较大差异。一个主要的不同之处在于移民在全球人口中所占的比例。今天的移民总人数虽然在实际人数上令人生畏，但在比例上却比世纪之交移民的人数少得多。例如，1901—1910年，有880万人来到美国，1991—2000年间为910万人（Freeman，2006）。然而，在1900年，美国人口约为7600万人，而世界人口估计约为16亿人。截至2000年，人口普查显示美国人口接近2.82亿人，而联合国数据显示，世界人口已达到60亿人。就规模而言，与100年前的迁移模式相比，今天的迁移数量相对微不足道。

今天的移民有几个根本性变化。从历史上看，移民主要是寻求薪资劳动的男性。然而，今天的移民多为女性，在工业化的世界，女性移民现已超过男性移民。[①] 在美国，移民仍然以家庭团聚为中心。1990—2002年间，65%的合法移民以"家庭优先"的形式进入美国。相比之下，在同一时期的加拿大，这一比例估计约为34%（联合国，2008）。在欧洲国家和日本，移民主要承担临时工作，或者有时被称为"外来的工人"。

也许，当今移民模式最深刻的不同在于移民的流动。在整个19世纪，大多数移民主要是贫穷的欧洲人。相比之下，今天的移民几乎全部来自发展中国家。他们为了寻找工作而迁移到较富裕的社会，或者由于战争和种族冲突而逃离自己的国家，到国外寻求难民身份。[②] 当

---

① 根据联合国（2008）的估计，全球移民中有50%是女性。
② 根据联合国（2008）的估计，全球难民人数约为1140万。（2019年6月，联合国难民署发布的年度《全球趋势》报告指出，截至2018年底，全球难民人数约为2590万，比2017年增加50万人，其中超过半数是18岁以下的未成年人。详见央视网2019年12月17日新闻"困局？全球难民数量创近70年来最高纪录这数据令人惊讶"。——译者注）

代移民包括受过高等教育、技术高超的工人以及临时或外来工人，他们主要是在农业部门作为家庭佣工和从事采矿工作。虽然这些移民为东道国提供了急需的劳动力，但他们的地位已经引发高度争议，出现了关于监管必要性的激烈辩论（Ruhs & Chang，2004）。此外，除了这些不同类别的合法和非法移民以及外来劳工外，大约有200万国际学生在本国以外的大学学习。大约有四分之一的学生来到美国，他们主要来自中国和印度（联合国，2008）。旅游业是另一主要的国际人口流动领域。根据世界旅游组织的数据，2004年约有7.6亿人前往国际旅游目的地（Freeman，2006）。

第三节　移民的影响

高的移民率对东道国或接收国有着非常具体的影响。正如卡斯特尔斯和米勒（Castles & Miller，2003）指出的那样，人们主要以家庭或小团体的形式迁移，而不是独自迁移。因此，他们的移徙可能对原籍国和接收国产生深远的社会与经济影响。在接收国，移民几乎总是与经济机会联系在一起。这导致大多数移民在城市和工业区定居，形成由来自同一国家、地区甚至村庄的人组成的领地。就人口效应而言，由于大多数移民处于劳动年龄，他们有助于降低当地人口的年龄。弗里曼（2006）指出，在工业化国家，尽管移民率很高，但低出生率加上人口的老龄化，将导致严重的劳动力问题。随着这些人口的老龄化（瑞典和日本首当其冲），目前的移民率将不足以弥补必要的劳动力和财政贡献（联合国，2008）。

新移民通常会为东道国社会带来所需的劳动力和技能。例如，需要低薪工人的经济部门受益于移民。我们稍后会研究围绕这个问题而进行的复杂争论。在此之前，我们有充分的理由指出，移民还可以增加接收国的技术优势。随着有技能的移民进入接收国，其创造力和知识得到增强。例如，在过去10年，美国博士科学家和工程师近60%的增长来自国际移民（Freeman，2006）。

移民还有其他的经济和社会影响。尽管存在争议，如果移民提高了接收国的社会经济发展，那么汇款的重要性以及伴随汇款而来的新观念就具有重要意义（Hadi，1999）。世界银行（2008）估计，2008年，有正式记录的大约2830亿美元汇款流入发展中国家。汇款的前三位是印度、中国和墨西哥，其次是菲律宾、波兰、尼日利亚、埃及和巴基斯坦等国。一些学者指出，汇款对民族国家的重要性不亚于出口，在过去，出口是国民生产总值的最大贡献者（Orozco，2002）。虽然汇款流动的减缓预计将反映全球经济状况，但事实证明，与政府援助和私人资本相比较，汇款流动仍然相对具有弹性（世界银行，2008）。

汇款产生地方性的影响，使汇款国的家庭得以生存或繁荣发展，也可能导致家庭内部角色的变化，使家庭成员从事新的生产活动。移民会把关于性别关系、个人在公民社会中的作用、教育和发展某些技能的价值等问题的新观点传递回祖国。值得注意的是，移民的积极和消极影响与许多变量有关，包括教育、职业、土地所有权、宗教和社会历史时刻。

从发展中国家到工业化世界的大规模移民，引发了关于民族、种族以及全球大多数社会中多元文化主义和多样性作用的争论。在文化上，移民往往与他们所在的接收国的人口截然不同。他们可能是农民，说其他语言，信奉不同的宗教，有不同的文化传统，外表也不同于当地人。① 他们的地位（甚至孩子的地位，即使他们出生在新的国家）取决于东道国，是"非公民"或移民，可能会遭受歧视。② 此外，为了回应许多公民的消极情绪，越来越多的接收国政府收紧了有关移民和难民地位的法律。美国、加拿大、澳大利亚和欧

---

① 如在法国，许多穆斯林妇女选择戴头纱的问题备受争议，因为在世俗社会中，头纱被认为是一种宗教宣言。

② 所有在美国出生的孩子会自动获得美国公民身份。

洲普遍认为，低技术移民将加重社会服务部门的负担，抢走本国人的工作。在美国，一种主流趋势将合法移民和非法移民视为一个群体，这进一步模糊了这场争论。① 媒体对"移民"跳过栅栏、"强硬的"的市长和警察"镇压"他们的描述，助长了公众认为应该减少移民的情绪。遗憾的是，这些描述大多没有阐明低技能移民在经济中扮演的重要角色。②

移民在东道国的法律和文化感受如何，很大程度上取决于东道国社会的意识形态。在美国、澳大利亚和加拿大这样典型的移民国家，一直有视移民为可以融入社会的永久居民的传统（Castles & Miller, 2003）。在其他地方，如欧洲和中东，移民被认为是临时的或外来的工人，没有永久居留在这些地区的权利。法律是针对家庭团聚和永久居留的，这些地区的国家声称它们不对移民开放。随着外来工人试图留在这些国家，许多复杂的因素导致社会政治环境的日益复杂。③

国际移民也与围绕移民的权利、合法性、贡献和文化价值观的普遍讨论联系在一起。贫困移民"窃取"本土出生者合法工作的主导形象，在移民和非移民社会中变得越来越突出。移民常常被认为是社会各种弊病的罪魁祸首，包括犯罪、毒品和社会价值观的衰落。在未围绕移民伦理进行建构的社会中，由于人口越来越多元化，民族认同问题已经受到严峻考验。全球范围内，这一现象刺激了民族主义和原教旨主义运动的兴起，这些运动旨在寻求基于"传统"表征和信仰的"真实"身份。

---

① 这是一个高度复杂的讨论，因为在美国历史上，移民融入主流社会的矛盾心理由来已久，尤其是拉美裔的比例不断上升。参见弗里曼（2006）所做的一些有趣的统计。

② 这些描述大多带有强烈的种族色彩，强调移民的"差异性"和他们的非欧洲来源。

③ 有关这些问题的全面讨论，请参阅卡斯特尔斯和米勒（2003）的研究。许多欧洲国家目前正在努力应对尽管有经济上的激励但拒绝返回本国的外来工人和难民。

第四节　移民的性别本质

虽然关于谁、何时、移徙何处的决定是复杂的，取决于各种因素，如个人选择、家庭成员、经济原因甚至是强迫，但我们日益看到妇女从发展中地区向工业化地区空前的大规模移动。最近的研究已经开始关注这一现象背后的动机。具体来说，人们感兴趣的是，移民和接收社会中不断变化的经济与政治条件如何以不同的方式影响男性和女性，并不成比例地影响他们移民的理由。一些学者强调，发展中国家的出口导向型生产具有不同的性别影响。特别是离岸生产，"通过创造与当地商品竞争的产品，通过使劳动力女性化而不向大量待业和失业的男性提供同等的工厂就业，通过将女性社会化为工业和现代消费但在其工作生涯中不提供必要的工作稳定性"（Pessar，1999，第580页）。马勒和帕萨（Mahler & Pessar，2006）以及洪德努索特洛（Hondagneu-Sotelo，2000）等学者认为，制造业生产的分散化和放松管制，加上"全球城市"的增长（Sassen，1994，2002）以及对专业服务的需求，需要低薪服务劳动力，这些促使来自发展中国家的女性移民不断增加。现在，工业化国家向移民女性提供的许多低薪和不稳定的工作岗位，过去被认为是中产阶级家庭主妇的自然职责。

由于西方工业化国家的大量妇女已进入有偿劳动大军，但仍然主要负责家庭中的照护工作和家务劳动，她们的解决方案是将这项工作"外包"给移民女性。当大量妇女在外工作的现象出现时，政府或工作场所的政策或职业前景和期望并没有相应的改变（Lutz，2002）。作为一种应对措施，许多曾经由中产阶级女性在家完成的劳动现在被转移到市场上，直接作为商品和服务或雇佣劳动力购买。① 萨森（Sassen，2003，2006）甚至表示，我们正在全球城市中看到一个重要的所谓服务阶层的回归。这种对工人的需求，导致女性从发展中国家移民至工业化世界，在服务部门或制造业中寻找就业机会（Parrenas，2003）。此外，全球化和随之而来的跨国移民也推动了性服务业的蓬勃发展。这种经常被忽视的移民问题，有时与自愿迁移相关，但最常见的特征是强迫、剥削甚至是暴力，因为女孩和妇女被欺骗参与国际性产业。②

在过去几年，美国接收的移民女工按比例来说比其他接收国要多。埃斯皮里图（Espiritu，1997）将这一运动归因于经济结构调整以及主要依赖于女性的行业的扩张，如医疗保健、服务、微电子和服装。她认为，由于根深蒂固的偏见和刻板印象，移民女性比男性更受青睐，发展中国家的女性愿意从事低薪工作，不寻求工作进步，其心理状态更适合某些类型的细节取向的工作。在一段经常被引用的论述中，她转述了加州一家装配车间的白人男性生产经理的观点：

> 在招聘（入门级、高科技制造业人员）时，我只考虑三件事：年龄小、外国人和女性。发现了这三件事情，几乎可以自动确保合适的劳动力。这些小外国人很感激被雇用——非常感激——无论如何。（Hossfeld，1994，第65页；引自 Espiritu，1997）

种族主义和性别观念似乎也在职业阶梯的更高层次上发挥作用。

---

① 必须指出的是，世界各地的上层阶级妇女总是雇人做家务，而贫穷妇女传统上承担着家庭两班倒的重担。美国也是如此。当前情况的不同之处在于需求的广度，尤其是中产阶级对子女和老人的照顾。

② 全球化的力量也促成性旅游和妇女从事性服务贸易的激增。关于女童和妇女是有意做出这一选择，还是被迫从事这一类型的工作，学术界存在许多争议。这里只要说两种现象似乎是共存的就够了。

瓦尔丁格和吉尔伯森（Waldinger & Gilbertson，1994）发现，来自印度和日本等国的女性移民，无法以与男性对手相同的方式将教育转化为更高程度的职业成就。男性继续作为管理者和专业人士占据主导地位，而具有同等或有时是更高资历的女性很少进入这些行列。帕萨（Pessar，1999）从这些发现中得出结论，在美国，"成功"仍然主要是男性故事。

萨森（2006）指出，移民女性，尤其是在她们倾向于居住的全球大城市中，是无形的、孤立的和没有力量的。在过去，这些妇女中的许多人会进入当地的劳动力市场，挣得薪资，并利用这些收入重新建构在家庭中的传统角色。今天的移民妇女正在参与一种生存回路，它将家庭、社区甚至依赖这些妇女寄回汇款的政府经济生存整合在一起。萨森（2006）也指出，这些妇女获得薪资的机会，以及劳动力和企业的女性化，是性别等级结构调整的潜在机遇。事实上，研究表明，女性比男性更有可能在重新定居后，在社区组织和活动方面扮演积极的角色（Hondagneu-Sotelo，2000）。这预示着，移民女性在未来东道国社会的政治和经济领域将发挥更大的作用。

第五节 家庭在移民中的角色

移民导致了今天所说的"跨国家庭"的出现。家庭可能在地理上分散，但根据物质和情感的需要以及实用性，在某些时候能够重新组织和定义自身。最常见的情况是，家庭成员彼此分离，但通过集体福利和凝聚的共同感受而团结在一起。他们是对影响社会、经济和政治生活各方面的全球化条件的战略回应（Bryceson & Vuorela，2002）。代际和性别之间的差异可能被放大或缩小，每个家庭成员采用不同的策略来有意识地维持、扩展或限制关系。这指出了主观能动性的关键作用。"移民个人、他们的家庭和社区，在新的跨国空间中开辟了自己的道路。"（Bryceson & Vuorela，2002，第24页）尽管如此，重要的是要记住，个人的能动性受到资源和权力等级的限制。无论是移民还是留守者，都陷入了一种不断变化的关系。他们的统一性和身份感，通过其分散不断得到协商和重新确定。布赖森和维渥瑞拉（Bryceson & Vuorela，2002）认为，同一家庭的不同成员，可能会根据他们对"家庭故事和归属感"的特定理解来区别对待其家庭（第15页）。这种流动性导致在整个家庭成员的生命周期中不断协商角色和关系。必须指出，虽然移徙可能是一个不断变化的过程，但对许多人来说，移徙也包括丧失：丧失地位、丧失关系、丧失归属感，即使返回时也可能永远无法以同样的方式获得这种归属感。

引人注目的是，不同学科的学者对移民决策及其与家庭事务的关系的看法往往很狭隘。帕萨（Pessar, 1999）指出，经济学家对移民家庭成本效益分析的有限关注，未能认识到这些决策并不仅仅以市场经济为基础。相反，移民的决定也是家庭经济的结果。当一个家庭决定某位成员是否移民时，它将权衡社会问题（如女儿的声誉）和经济利益。这一过程甚至发生在世界上一些家庭传统永远不会让子女独自出国工作的地方。《纽约时报》（2008年12月22日）的一篇文章，记录了越来越多年轻和单身的中东女性从贫穷的国家涌向阿拉伯联合酋长国做空乘人员。在一个普遍、更传统的中东文化背景下，如果一个家庭允许他们的未婚女儿在另一国家生活并独立工作，这几乎是不可思议的，但这种决定正变得越来越普遍。他们正在认识到，这虽然偏离了标准的文化习俗，但追求新形式的移民可能对这个群体有益。

虽然家庭是理解迁移决策的关键所在，但并不能假定家庭决策具有单一性。一种关于家庭关系的强有力的女权主义观点表明，从外部角度看，家庭决定似乎是一致的、有益的和相互的。然而，许多家庭是按照等级森严的权力线来组织，按性别和辈分来划分，导致移民决定明显是按性别和辈分来决定的。洪德努索特洛（2000）

强调了这样一个事实，即个人和家庭应对移民机会与挑战的机制和策略高度依赖家庭与社区环境，而且这些总是性别化的现象。关于谁应该迁移的决定取决于多种因素。在某些情况下，男性移民可能被认为是有利的，因为他们可以进入社会网络，并在家庭中享有权力。在其他时候，根据机会结构，可能是家庭中年龄较长（或较年轻）的妇女踏上移民之旅。人们越来越认识到，男性和女性即使处于同一个家庭，也可能有完全不同的社会网络，帮助他们做出移民决定，获得后勤保障、重新安置和未来的成功（Hondagneu-Sotelo，2003）。

值得注意的是，当代移民的特点是越来越远离传统的父权制规范，传统的规范鼓励父亲或家庭中的男性移民。如在1992年，洪德努索特洛撰文阐述移民和性别之间的关系：

> 在家庭阶段的迁移中，父权制性别关系根植于规范的做法和期望，这些做法和期望允许男性并否定妇女独立移徙所需的权力和资源。男性被期望为家庭提供良好的经济来源，他们试图通过劳动力迁移来实现这一点；父权制的权威允许他们在计划和执行迁移时自主行动。已婚妇女必须接受丈夫的移民决定，保持贞洁，留下来照顾孩子和日常家务。然而，当一个家庭成员，即丈夫的离开，促使家庭中夫妻社会权力的重新安排和性别化的劳动分工时，这些规范的行为模式就会重新得到协商。（第394页）

不到20年后，虽然她的许多观察仍然成立，但越来越多的妇女承担了劳动力迁移。这种正在增多的现象预示着家庭角色的变化，这在以前是无法想象的。需要注意的是，迁移可能会产生非常不同的影响，具体取决于：（1）家庭中的男性（父亲）是否移民；（2）家庭中的女性（母亲）是否移民；（3）家庭中年轻的成年人是否移民;(4)夫妇或家庭是否一起移民。① 移民也受到年龄和生命历程的影响。② 除了女权主义者的研究外,以上区分往往不在有关移民的文献中。此外,迁移的长度和距离也很重要。例如,从埃及到阿联酋履行两年劳动合同的移民与从菲律宾到美国永久定居的移民,是完全不同的现象。

值得注意的是,大多数国家的移民法仍然以男性占主导地位的家庭概念为基础,妇女和儿童被视为"依靠者"。因此,在世界许多地区,移民女性无法带上她们的丈夫,这在法律上是不允许的,因为妇女的"自然"家庭住所是与配偶在一起的。其他的性别观念通常也在移民法中起作用。例如,20世纪70年代末,英国颁布了一项法律,所有来自南亚大陆的女性必须在希思罗机场接受强制性的处女测试。这项法律实施三年,被认为是为了遏制"非法"移民和难民(Castles & Miller, 2003)。虽然法律最终被废止,但它确实说明了性别和种族主义观念如何结合在一起,为移民创造了特别不愉快的条件。

当夫妻或家庭移民时,移民可能会以意想不到的方式影响家庭关系。传统的婚姻模式可能会因配偶分居、角色纠纷和新的家庭安排而被打破。特别是从发展中国家迁移至美国或欧洲的夫妇经常发现,他们需要重新安排性别角色。这些夫妻可能较其家乡社会的常态而获得更大的性别平等。虽然这并不是一致发生的,并且可能与大量的婚姻不和谐有关,但这种模式是清晰的。移居西方引入了关于女性在家庭和社区中的角色的新观念,这些新观念并非她们所来

---

① 一个几乎未被探讨的现象是子女在没有父母陪伴的情况下移民。例如,一些富裕的亚洲父母把子女送到美国上学,以便让他们有更好的机会进入美国的大学。他们有时被称为"降落伞"儿童。参见奥雷亚纳(Orellana)等人(2001)的研究。

② 艾德(Elder, 1999)指出,"个体的生命历程是由他们一生中经历的历史时期和地点嵌入并塑造的"(第3页)。此外,变迁的发展效应是根据个体生命中事件发生的时间来区分的(Elder, 1999)。在解释移民个人和家庭的经历时,必须考虑移民的历史、时间、代际状况和定居的地理位置等变量。

自的那些社会的常态。此外，经济环境往往需要这些女性在外工作，从而导致家庭角色的重新安排（Kibria，1993）。①

妇女获得薪资的机会，可能导致在预算和劳动分工方面控制家庭决策。然而，在妇女有工作而丈夫没有工作，或妇女收入比丈夫多的情况下，男性往往会加剧家庭的不平等。女权主义者将这一现象解释为男性感到自己从传统的提供者角色中被取代（Kelly，1991）。有时，在国际移民导致女性地位提高的情况下，它会对男性产生相反的影响。在家庭和社区中，男性通常会丧失一些权力和特权（Fouron & Glick Schiller，2001）。

然而，认为妇女向工业化世界迁移的同时地位也会提高，这种想法是错误的。移民可以导致更大的性别平等，但结果取决于其经济状况、夫妻关系以及众多其他因素。人们往往不承认，当低阶层的和移民的女性在外工作时，她们的工作通常与自我赋权无关，而主要是经济需要和脆弱性表现的结果（Pessar，1999）。在某些职业中，移民妇女由于较低的市场价值而成为较受欢迎的劳动形式——她们往往处于经济中最低薪和最不安全的部门。女权主义的解释质疑这些女性的愿望是维持性别规范和传统家庭，而不是努力实现性别平等，通常也不承认这些女性的斗争代表了反抗威胁其家庭生存更强大主导力量的行动。

虽然移民并不总是能给家庭成员带来即时的好处，但随着时间的推移，它可以带来更多的机会（Bacallao & Smokowski，2007）。例如，在某些情况下，移民妇女越来越积极地参与社区活动和社会行动。洪德努索特洛（1994）指出，随着移民夫妇逐渐摆脱传统的性别角色，妇女更多地参与社区和公民事务。这种社会参与改善了整个家庭的地位，因为妇女往往特别善于寻找和利用金融服务与社会支持。妇女通过与其他妇女围绕社会问题建立关系，使其家庭融入

---

① 值得注意的是，当来自北欧的移民或中上层阶级的中国移民移居美国时，他们对许多美国人信奉的"传统"性别意识形态感到惊讶。

新的社会。随着妇女加强社会网络技能，她们在家庭和族裔社区中的地位不断提高。移民妇女往往不像男性那样进入政党等正式权力机构，而是围绕社会问题聚集在一起（Dion & Dion, 2001）。鉴于妇女越来越容易通过通信技术建立网络并参与社区事务，某些地方的移民妇女很可能会为自己、生活中的男性和子女发出越来越强大的声音。

第六节　儿童与移民

全球化和移民的一个完全未被充分研究的方面，是这些过程对儿童的影响（Fass, 2005）。虽然西方对移民儿童（即移民父母所生子女，或随父母移民到接收社会）的发展很感兴趣，但对今天迁徙中谁是"留守"儿童所知甚少。[①] 对移民历史的考察表明，家庭移民从来就不是整个群体必然一起迁移到某个新地方的过程。相反，这一过程很大程度上与随时间而来的家庭团聚传统以及与那些留在家乡社区的家庭成员保持联系有关，即使这种分离与远距离相关。特别是对与子女团聚的关切，导致了各种形式的连锁移民。

今天的即时通信能力，允许家庭成员保持密切联系，与远距离迁移相关的损失有所减轻。高得惊人的移民统计数字表明，全球化力量带来的新劳动机会，现在允许并鼓励男女双方离开家庭，以赚取可带回家的薪资。例如，过去几年，大量女性离开了她们在菲律宾的子女和家庭前往世界各地，经常是一去多年（Ehrenreich & Hochschild, 2003）。这些妇女移民是为了寻求经济和职业机会，以便为子女和亲人提供更好的生活。然而，这种短暂的迁移对子女的发展是有利或有害，就变成一个有争议的问题。[②]

[①] 与家人一起移民的低龄儿童通常被称为 1.5 代（Rumbaut, 2006）。
[②] 值得注意的是，虽然历史上男性一直是"移民"，但我们并没有看到这种迁移对儿童发展的影响。

一 跨国母亲问题

随着来自拉丁美洲、菲律宾、印度、斯堪的纳维亚和爱尔兰的女性在美国、欧洲与沙特阿拉伯的家庭舞台上从事托儿服务和家务工作的人数日益增长，学术分析和公共政策开始对移民母亲于子女的影响产生有限的兴趣（Mortgan & Zippel，2003）。人种学证据表明，移民妇女的子女通常由替代母亲、父亲和（或）大家庭照顾，他们被认为至少在物质上受益于母亲的汇款。派瑞拉斯（Parrenas，2001）将这种形式的母亲称为"商品化的母亲"：母亲与子女之间的关系通过礼物、金钱和支付教育费用来维持。然而，将西方"好母亲"的概念应用于这些情况可能是错误的。虽然西方人强调身体接触和直接参与是养育孩子的关键，但这种模式是移民母亲无法维持的，因为大多数情况下，法律不允许她们带着孩子。

与其诋毁移民女性为"坏的"或"不关心的"的母亲，不如更深入地了解这些妇女如何自行定义"好母亲"。对于富裕的西方人来说，理解贫穷和缺乏机会给成年人与儿童造成的冲突和困境可能是非常困难的。随着越来越多的女性移民离开家庭，她们正在创造新的"好母亲"的版本。必须指出的是，在工业化社会的低收入妇女中，也存在某种类似的过程。这些妇女中的许多人轮班工作很长时间，只是为了维持生计。她们无法实现重视母亲和孩子不断接触的社会理想。[①] 她们也在试图创造其他形式的"好母亲"，但可能与中产阶级研究者和政策制定者所理解的标准有所不同。

保拉·法斯（Paula Fass）（2005）对美国移民和儿童历史模式的概述，在当代家庭维护和统一的理想与鼓励这种行为模式的公共政策之间做了有趣的关联。她指出，1965年的《哈特—塞勒法案》

[①] 这种强化的母性模式甚至延伸到美国的政治领域。几年前，时任总统乔治·布什（George Bush）的一位顾问辞职，理由是"想多陪陪她十几岁的儿子"。这一决定受到媒体的欢迎，只有少数女权主义者质疑这一前提。

(Hart-Cellar Act)一定程度上是基于让家庭团聚的理念而制定的。因此,在大多数美国人的心目中,妇女特别是母亲,把孩子抛在身后的观念是令人震惊的。然而,全球化力量和社会政策并不关心家庭生活的亲密性与错综复杂性。家庭必须适应形势,利用出现的机会坚持下去。从历史上看,家庭成员迁移到世界其他地方,往往意味着永久性分离。如今,有了多种交通和通信方式,孩子们可以定期与移居国外的父母团聚。

关于跨国母亲和"良好"母性的讨论,必须将母亲与子女的关系置于特定社会文化的背景下来考察。此外,母性不能与其他家庭关系和关爱关系分开来进行分析。例如,对在新加坡等地工作的菲律宾妇女的研究表明,这些妇女感到与家人和子女非常亲近,尽管她们在地理上与子女分离。她们认为,在另一个国家工作最终会为自己、孩子和家庭带来更美好的未来,这使她们的身体分离合法化(Asis 等,2004)。这些妇女中的很多人还指出,移徙是一种追求个人目标的手段,而这些目标在她们的家乡社会是无法实现的。从这个角度看,跨国移民可以提供大量的机会,因为它允许个体将个人和家庭目标交织在一起。在这个特殊的实例中,女性发挥主观能动性,通过将自我实现与经济机会结合起来,积极寻求改善自身的状况。虽然事实并非总是如此,但重要的是,要认识到越来越多的女性正在掌控自己的生活状况,并采取新的行动,或者至少是与社会传统规范不同的行动,以缓解她们和家人的境况。

全球化进程也有助于培养新一代的跨国儿童,他们熟悉不同的文化。我们对他们的经历以及国际化教育可能带来的好处和挑战知之甚少。① 关于女性移民影响的有限研究表明,移民母亲的子女在以下情况下表现最好:当他们了解母亲的贡献和牺牲时,当他们有一

---

① 显然,这里的国际化教育不同于因父母在高职业水平就业而使子女移徙到另一个国家。尽管如此,探究如下问题仍是有趣的,即如果儿童留守在祖国,他们如何受到父母移民所带来的更大的国际风险的影响。

个强有力的照顾者支持系统时，当他们与母亲维系健康关系时（Parrenas，2001）。

对移民妇女的观察结果，并不意味着她们子女中的大多数必须经历潜在的失落感。但鉴于这种现象的增长，有人认为，移民母亲工作中的应对机制似乎尚未得到深入探讨，因此，需要谨慎地将我们以民族为中心的母性观念应用于其他背景。

二 移民儿童的成功

虽然移民父母留在家乡社会的子女的生活，并未引起太多学术或主流的兴趣，但西方的研究已集中于移民家庭成长儿童的经历上。这种来自美国和欧洲的学术兴趣，可以归因于对这个群体的融入和教育成就更大的政策关注。例如，在美国进行的大量研究表明，移民儿童处于两个极端：要么在教育成就和成绩方面超过本国人口，要么无法留在学校，永远无法获得高中文凭（Forrestand Alexander，2004）。鲁本·伦博（Ruben Rumbaut，1997，2003）等学者推测，许多移民儿童认识到父母的牺牲是为了给他们提供更好的生活，他们因此而努力工作并取得成功。然而，随着时间的推移，许多美国年轻人的职业道德松懈，加上贫穷、毒品和酒精等的有害影响，其成就下降。

有些关于移民儿童成就的统计数据具有欺骗性。各个群体之间的成就存在一定的差距。一些人认为，影响儿童的不仅是移民经历，而且还有他们所处的社会经济背景。福雷斯特和亚历山大（Forrest & Alexander，2004）指出，美国估计有2700万儿童生活在低收入家庭。当贫困问题与迁移问题相结合时，弄清哪些变量对儿童的福祉产生更深远的影响变得极为困难。类似的担忧也是欧洲许多国家和学术议程的一部分。人们对融入当地社会缺乏认识，这主要与文化问题有关：来自非常"不同"文化的移民群体不能很好地融入社会。但最近的研究表明，根本原因可能要复杂得多，而且可以归因于歧视和偏见问题（Bernhardt等，2007）。

第七节　文化认同问题

文化认同的形成是移民经历的另一重要方面。身份形成是任何关于全球化和家庭问题讨论的重要方面，因为至少在最初阶段，它在传统上与家庭关系有关。根据埃里克·埃里克森（Erik Erikson，1963）的观点，年轻人面临的最重要的发展任务是创造一种连贯的认同感。埃里克森认为，为了以最积极的方式发展，个人的自我意识和所处的社会环境之间需要一种契合。这种流行的模式为许多发展心理学提供了基础。它假设年轻人在文化上同质的环境中发展自己的身份。在这种环境中，他们在社会领域之间移动。然而，今天异质的跨国世界对身份形成的整个过程提出质疑（C. Suarez-Orozco & M. Suarez-Orozco, 2001）。全球化进程和技术变革的迅速发展，带来了关于如何以及在何处形成身份的问题。在移民的背景下，这个问题变得尤为复杂，因为个人在身份上面临各种选择。例如，移民儿童需要建立身份认同，使他们能够在家庭、学校和工作等环境中获得成功。然而，这些环境可能存在广泛的文化差异，不同的语言、行为方式和意识形态都是这些领域的特征——对于来自新社会的个体尤其如此（Dion & Dion, 2001）。[①]

长期以来，学者和政策制定者一直对身份及其与移民的联系感兴趣。在美国这样的移民社会中，霸权意识形态主张将移民文化同化为主流文化。这需要一个转变，即移民开始将自己视为首先属于他们的新东道国社会。他们被期望学习语言和文化以便"融入"。

阿克罗伊德和皮尔金顿（Ackroyd & Pilkington, 1999）认为，理解个体的身份形成涉及四个重要层面：一是有固定的文化身份，而

[①] 有人指出，从一个社会经济阶层转向另一个社会经济阶层，也会对身份的形成产生深远的影响。请参阅雷纳·拉普（Rayna Rapp）对美国阶层的分析。

且是拥有一系列不断变化的文化身份；二是个体参与了一个持续的表征过程，这是其身份形成的基础；三是文化身份和表征必须被理解为是在全球化背景下建构的；四是每一个体（在一定的社会范围内）都在塑造一种独特的文化身份。这种理解的关键在于，个体有多重身份可以选择，包括性别、年龄、阶层、教育水平和其他类似的标记。

某些身份如种族，可能会随着环境的不同而改变。例如，来自多米尼加家庭的孩子在某些情况下可能会被认为是黑人，在另一种情况下则被认为是西班牙裔。一个亚洲孩子可能在一个环境中认同一种文化传统，而在与他原籍国的其他人在一起时则强调另一种传统。当个人在不同的环境中移动时，他们常常意识到自身身份的变化，并通过这个过程产生新的混合身份。

阿克罗伊德和皮尔金顿（1999）指出，这一过程也验证了身份的社会建构。全球化极大地促进了这一过程。想象社区的概念通过当代进程获得合法性，这些进程将个人与广阔的领土和利益相关的空间联系起来。随着技术和通信能力的加速，人们创造、再创造和确定自身身份的能力也在加速。我们有更多的选择可以决定和协商。罗斯洛（Rosenau，2003）指出，"随着遥远的发展变得越来越接近，新兴时代使人们能够发展新的、更灵活的自我建构。他们的取向、做法和生活仍然受到宏观结构的影响，但后者现在比过去更加庞大和灵活，释放（甚至强迫）人们行使更大的自主权，发展新的身份和转变忠诚。传统和固定角色系统以及行为规范体系的衰落，导致对许多人施加一种不可逃避的和无情的自主权，正如互联网和其他技术使个人能够极大拓展他们的人际关系范围，超越面对面的接触，从而在一个日益网络化的世界中参与群体的形成和扩大"（第24页）。

如前文所言，今天的移民经历与50年前的同一现象大不相同。今天的许多移民是跨国移民，他们能够通过定期访问和更多可用且更廉价的通信技术（如互联网）与家人保持联系。他们参与了一个不断传递思想、金钱和关于个性、家庭、工作等新观念的过程。与此同时，他们正在与他人建立联系，有时是地理上接近的人，但日益与越来越远距离的人发生联系。通过这些多重联系和影响，他们能够在新的混合身份中选择。随着我们的进步，这些选择只会越来越多。有些关于身份形成的静态概念很快就会过时，特别是在移民儿童方面。①

许多当代欧洲国家也正在努力解决身份形成问题及其对儿童的影响。这些社会面临着"临时"移民（外来工人和难民）问题，他们的子女在欧洲出生并长大。在美国这样的移民国家，移民所生的子女在出生时就会获得公民身份。因此，从法律和意识形态的角度看，这些孩子现在是公民的一部分。至少从意识形态的立场来看，他们相信自己拥有与本土出生人口一样的平等权利和机会。② 然而，在欧洲，许多移民儿童面临着复杂的悖论。这些孩子在很大程度上没有公民身份，即便有了公民身份，通常仍被视为"外国人"。然而，移民的子女实际上是他们所成长的欧洲社会的一部分。他们在那里上学，与"本土"儿童一起玩耍，接触到关于性别平等和家庭关系的欧洲理想，而且，一般不希望回到父母的家乡社会。③ 另外，这些孩子也接触到父母祖国文化的价值观。

性别也可能是移民儿童的一个重要问题。尤其是女孩，她们可能佩戴头纱或重视传统角色。在家里，这取决于父母的文化。年轻男性可能想参加他们所在家乡社会的社交生活（如约会和婚前性行

---

① 统计数据表明，美国48%的5岁以下儿童是移民儿童或非白人儿童。这强调了更好地理解来自非主流背景的个体身份形成的必要性。

② 显然有许多复杂因素，如种族、民族、民族血统等起作用。然而，言及"一切都是平等的，所有人都有机会"仍是霸权话语。情况并非总是如此，可参见 C. 苏亚雷斯－奥罗斯科（C. Suarez-Orozco）和 M. 苏亚雷斯－奥罗斯科（M. Suarez-Orozco）于2002年由哈佛大学出版的《移民儿童》(*Children of Migration*) 一书对此的分析。

③ 有大量的工作涉及移民儿童及其与父母的关系。参见 A. 布斯（A. Booth）等人（1997）在《移民与家庭》(*Immigration and the Family*) 一书中针对这一问题的阐述。

为），但想要娶的是"传统的"新娘。① 这种情况会引起多种并发症。儿童是各种身份的混合体。尽管如此，两位苏亚雷斯－奥罗斯科（C. Suarez-Orozco & M. Suarez-Orozco，2001）假设，在今天全球化的世界中，移民儿童在身份形成过程中可能具有优势。他们指出，早期的单边主义发展模式已经失去了效用。相反，如今所有人都需要在多元文化背景下行动。从这个角度来看，移民儿童有得天独厚的优势，因为他们获得的能力，使他们能够在多种文化背景下自由自在地活动。

但是，全球移民儿童的情况仍然很复杂。一方面，他们能融入社会；另一方面，又是成长社会的局外人。与此同时，公民对"民族纯度"、同化、文化理解等需求的情绪也在上升。显然，社会历史时刻、教育、文化和原籍国、宗教以及其他无数因素，也使移民和移民的子女及其在社会中的角色的解释变得复杂。

围绕移民儿童的这些争议中，很少被强调的是，儿童和他们的身份有时可能成为文化斗争的舞台。他们被视为家庭或社区文化元素传递和保留的重要因素，有时被教导禁忌或古老的语言，在特定的仪式和信仰中长大，这些都是试图保留当地传统的重要方式。这种情况经常发生在与学校正规教育的二元对立中。儿童无论是思想还是身体，均被用于讨论基本的文化价值观、种族纯度、少数民族的自我表现和其他诸如此类的问题（Stephens，1995）。

第八节 家庭变化与移民

由于全球化力量的复杂作用而产生的当代移徙，已经改变了原

---

① 参见伯恩哈特（Bernhardt）、戈德沙伊德（Goldscheider）和本杰恩（Bjeren）等人 2007 年《瑞典的移民、性别和家庭向成年的过渡》（*Migration, Gender, and Family Transitions to Adulthood in Sweden*）对此的论述。

籍国和接收国今天的移民。特别是，今天移民的性别特质对有关家庭、性别角色甚至养育子女的相关意识形态具有重大影响。从历史上看，是男性移民国外并向家人汇款。今天，来自发展中国家的妇女经常临时或永久地迁到她们认为可以挣足钱送回家的地方。她们从事托儿工作者、看护、护士和教师的工作，甚至在性行业工作。这些妇女在其他地方工作，以增加家庭成功和繁荣的机会。她们大多在一些国家工作，在这些国家，严格的规范倾向于以抚养孩子为中心的夫妻关系，主导情绪反对父母（尤其是母亲）对孩子缺乏身体上的参与。

虽然移民妇女无法满足西方中产阶级的母性理想，但她们以外界通常看不到的方式来支撑家庭。为了完成这项任务，她们部分依靠雇用其他更贫穷的女性或代际关系来协助照顾子女。这种大家庭模式，与塔尔科特·帕森斯提出的有影响力的20世纪50年代的模式有很大不同（Parsons & Bales，1955）。当时，他认为，只有小家庭才有足够的灵活性应对现代社会。但在某些地区和文化中，大家庭继续对其成员，尤其是儿童的生活起着决定性作用。

特别是对贫困妇女而言，当代的移民带来了二元性的变化。一方面，妇女被赋予权力离开糟糕的环境，通过自己的行动获得权力；另一方面，如何不得不离开孩子、家庭、社区和文化，去从事东道国社会中往往使她们处于或接近底层的工作。研究表明，尽管存在所有已知的不利因素，女性移民仍然觉得在为自己和家人做最好的事情。

令人吃惊的是，我们现在对男性的经历知之甚少——无论是男性移民还是留守祖国者。关于市场和女性性别角色的变化如何对男性产生相应影响的研究还很少。关于移民的经济和政治论述仍然是性别中立的，将移民经验纯粹定位于理论层面。有关这一主题的女权主义研究，虽然强调了这些局限性，但仍存在边缘化和利用不足的问题，即使是在制定可以减轻所有相关条件的社会政策时也是如此。同时，移徙正在对家庭和性别意识形态的微观世界产生巨大影响，甚至市场也受到这种观念转变的影响。虽然在 5 年或 10 年前，理想的工厂工人是男性和外国人，但对今天许多从事工业的人来说，理想的工厂工人是女性和外国人。这不是说，它一定是一种有益的现象。应该指出的是，这些趋势正以越来越快的速度推动社会关系和意识形态的变化。

丧失和颠沛流离仍然是迁移经历的组成部分。然而，移民也意味着建立新的联系、创造新的身份和追求经济有时甚至是社交的机会。人种学研究表明，通过研究跨国家庭，可以更多地了解个体如何建构家庭观念。例如，出国工作的菲律宾家政工人，经常通过与其所在地区的其他菲律宾家政工人建立联系来重塑家庭观念（Asis 等，2004）。然而，脆弱的亲属关系成为他们日常家庭概念的重要组成部分。我们从这些经验中学到的是，全球化进程正在帮助重塑移民如何看待自身、家庭和社区。随着移民接收社会对移民权利和融入的控制越来越严格，移民对自身的边缘地位做出的反应是创造新的跨国空间和身份。

国际移徙中日益增加的女性化现象开辟了有待探索的新领域。目前，许多关于移民的文献关注的是移民的家庭成员，而忽视了那些被留在家乡的亲人。例如，对那些为了寻求经济机会而选择移民的妇女的丈夫、孩子和大家庭成员知之甚少。如果更多地了解不同社会阶层的男性如何根据变化的环境建构和调整新的男性特征，我们将对性别和家庭动态有更为深入的理解。我们还需要深入了解妇女在其母国和在东道国定居后所形成的网络。特别是互联网促进了新形式的社会组织，这些组织对移民的影响尚未得到探索。佩萨尔和马勒（Pessar & Mahler，2003）指出，我们还需要研究移民妇女如何处理法律脆弱性与其家庭和社区关切之间的关系。世界各地的许多移民妇女几乎没有机会获得正式的权力结构。随着移民尤其是女性移民的增长，在发展中世界的许多地区，长期以来作为"自然结构"的、根深蒂固的家庭和家庭关系正在改变，而且将会改变。很难预测这些变化发生的速度有多快，以及家庭的最终结果会如何。

第五章

全球化背景下工作与家庭的交叉

在过去的几年里,全世界都对工作与家庭之间的关系产生了浓厚的兴趣。工作性质和结构的根本变化以及性别和家庭角色的全面转变,丰富了这一研究内容。世界范围内,妇女大量涌入正式和非正式的劳动力市场,家庭安排也出现了重大的调整,从而否定了需要将工作和家庭概念化为单独领域的比较传统的做法。最近的观点表明,工作与家庭是紧密相连的,它们是全球化的组成部分(Parasuraman & Greenhaus, 2002)。工作与家庭领域之间的关系已经从学术研究扩展到企业及其员工。随着组织日益全球化,工作及其与家庭生活的关系在西方和非西方地区都受到审视,尽管原因各不相同。

在西方,双职工家庭、工作外溢问题、工作家庭压力以及家庭外部工作与家庭内部劳动分工(如性别角色)之间的关系等,主导着工作与家庭的关系。此外,随着员工努力处理孩子和老人的照顾问题(Perry-Jenkins & Turner, 2004),以及单亲父母和双职工夫妇面临的其他后勤问题,企业面临越来越大的压力,它们被要求变得更加"家庭友好"。在美国,许多公众的注意力集中在美国中产阶级身上,他们希望工作时间灵活,能负担得起高质量的日托费用,享有产假和探亲假以及同性福利。这类问题也成为其他工业化国家的中心和焦点。许多欧洲国家正在制定政策,鼓励妇女将有偿劳动与家庭生活结合起来。

在发展中国家,关注重点略有不同。随着经济开放和跨国公司越来越多地将其业务转移到这些地方,各国政府已放松了有关就业的规则和法律。全球化与这些变化密切相关。借助日益强调削减成本的竞争力,全球化已促使企业发现降低劳动力成本的新方法,其中包括寻找最廉价的劳动力,有时还包括在生产条件环境标准最宽松的地区生产。此外,对成本削减和盈利能力的强调,导致企业转向不同类型的分包工作,如外包和以家庭为基础的工作。这种非正规部门的工作,即没有固定薪资或福利的工作,与正规部门的工作一道成比例增长,并日益与女性员工联系在一起。因此,作为全球化力量的结果,企业和工业的经济结构改革,对工业化和发展中世界的员工及其家庭都有重大影响。

具体地说,妇女涌入正式和非正式劳动力市场的全球现象,在世界大多数地区已成为一个有争议的问题。在工业化国家和发展中国家,人们都在询问一些基本问题,即有偿工作与家务劳动之间的关系。本质上说,这是一场关于如何最好地在亲密的家庭层面以及从更宏观的角度来组织社会的争论。几乎在每个国家,在社会的每个层面,国内的劳动分工都是特别有争议的。[①] 许多精力、讨论和争议围绕再生产劳动和性别角色问题展开。[②] 这一主题主要关注家务、照护工作和家庭内部的公平问题。然而,要注意,什么是家务或家务的构成是有变化的。因此,从贫穷的南亚妇女或中国女性农业工人的角度来看,美国中产阶级家庭主妇所认为的家务劳动就完全不同了。这种根本的差别使得比较世界各地女性经历的某些方面变得极为困难,并使人们对旧的女权主义观点产生疑问。这些观点认为,由于父权制的盛行,妇女也同样受到压迫。然而,在工业化国家和

---

① 在大多数社会的富裕群体中,家政服务传统上是有偿的。这也是男权意识形态最根深蒂固的领域,因为它保留了非常传统的性别角色。然而,随着妇女受教育水平的提高,关于职业和就业角色的问题也在增加,甚至在家庭中也是如此。

② 再生产劳动是指家庭需要养活自己和后代的劳动,它主要指的是生育、抚养孩子以及维持家庭成员所需的日常工作。

发展中国家，照护工作的问题——谁将履行儿童、残疾人和（或）虚弱老人所需的劳动力的问题日益重要，因为（传统上从事这种劳动的）妇女越来越平衡家庭生活和参与有偿工作。①

应该指出的是，即使在同一社会，处于不同社会经济阶层的女性和男性，也将以非常不同的方式体验工作与家庭的平衡。这也适用于世界其他地区针对家庭和工作的讨论。例如，发展中国家的职业妇女能够雇用家政工人来协助她们进行再生产劳动，她们与社会中的低收入或贫穷妇女处于截然不同的地位。这种差异在西方关于发展中国家的讨论中通常被忽略，因为它们往往被概念化为一个同质的单位。我们发现的一个基本假设是，即在发展中国家，女性和男性的社会体验是基于文化理想，而不是社会阶层、社会历史时刻、种族和其他变量的差异。特别是在美国，争论的强度令人惊讶，其焦点是将一系列因素纳入对不同群体社会定位和经验的理解，思考其重要性。

第一节　什么是工作

家庭生活的一个基本方面是家庭或家庭内外的工作。尽管围绕"工作"的定义有很多争议，但人们普遍接受的一种定性说法是，工作是一种"旨在提供商品和服务来支持生命的工具性活动"（Piotrkowski 等，1987）。此定义通常需要参与市场或商业组织。如前所述，家庭的定义也存在争议。虽然家庭以前被定义为一个为了集体利益而协作工作的团结群体，但最近的研究已经将家庭定义为"在这些过程中具有不同活动和兴趣的人经常发生冲突的地方"（Hartmann，1981，第 368 页）。哈特曼（Hartmann）强调了家庭成员也是

---

① 许多国家的公众视角将残疾人"隐藏"起来，这导致残疾人的照护问题几乎被忽略。

性别类属成员的概念。从这个角度来看，家庭工作的分配是不平等的，因为妇女倾向于在共同分工的幌子下承担更多的家务劳动（Hartmann，1981）。女权主义者很快就采纳了哈特曼关于家庭的观点，并将家庭劳动分工贴上压迫的标签，认为它反映了根深蒂固的、有利于男性的父权制度。① 这种父权制允许男性获得更大的社会权力，包括在家庭内部的权力。这一论点的根本基础表明，由于不承认妇女在家庭中的工作，妇女的贡献被低估了。同时，男性的经济贡献与决策的更大权力联系在一起。

无偿工作的问题使得关于工作与家庭联系的讨论复杂化，女权主义者特别描述了这些无偿工作主要是由妇女承担，因此生成对工作与家庭联系的不同于旧的更为传统方法的解释。无偿劳动和照护问题，对于了解贫困与低收入的妇女和儿童，特别是发展中国家的妇女和儿童的状况尤为重要。正如贝内里亚（Beneria，2003）指出的，无报酬的工作是为了使用而产生的，不是为了交换。因此，它常常不被承认，也不被纳入工作相关的分析。如此一来，既从事市场劳动又从事无偿劳动的妇女，通常只是为了维持生计，要进行两班倒或三班倒的工作。

第二节 家庭生活和家庭角色的变化

在过去的几十年里，人们对工作—家庭的联系与性别之间的关系产生浓厚的兴趣。有趣的是，这种关注是由经济学家加里·贝克尔（Gary Becker）（1976，1985）提出的，他将学术界的注意力吸引到鼓励女性进入有偿劳动力大军方面。他的分析表明，传统的家庭劳动分工从根本上是不平等的，照顾孩子需要被重新定义为"工

---

① 哈特曼是从强烈的马克思主义的女权主义视角出发的。

作",为人父母,尤其是为人母,伴随着经济后果(Drago & Golden, 2005)。①

在西方,18世纪和19世纪的工业化进程导致男女工作模式保持相对一致。这些工作模式与女性的家庭观念以及男性在家庭以外的工作密切相关(Ferree,1991)。在这种结构中,市场工作是围绕这样一种理想来组织的:全职工作,没有重大的家庭责任,有一位照顾家人的伴侣。这种思想植根于对男女内在品质的信念:(1)男性更具竞争性和攻击性,因此更适合从事有偿劳动的工作;(2)女性更具养育性和关怀性,因此更适合家庭的无薪工作(McGraw & Walker,2004)。虽然工业化社会发生了很大变化,但市场、家庭与工作仍围绕这些概念来架构,特别是对有孩子的妇女而言。20世纪50年代,只有16%孩子的母亲全职在外工作。但是,时代已经改变。如今,59%孩子的母亲在工作(McGraw & Walker,2002)。美国不同种族女性的统计数据更令人震惊:非裔美国女性(78.35%)比白人女性(76.65%)、亚裔/太平洋岛国女性(71.4%)和西班牙裔女性(65.85%),更有可能成为有偿劳动力的一部分(White & Rogers,2000)。妇女劳动参与率的显著增加,尤其是有孩子的已婚妇女,可归因于美国和欧洲的各种因素。最初,女性进入劳动力市场是由于60年代末和70年代平权行动法(*Affirmative Action Laws*)的变化和女权主义运动。然而,妇女就业的增长,是通过增加妇女受教育的机会、经济需要、高离婚率以及追求自我满足和个人幸福来维持的(Parasuraman & Greenhaus,2002)。

劳动力参与的变化伴随家庭构成和家庭结构的显著变化。随着离婚越来越为社会所接受,我们看到了单亲家庭、同居伴侣、照顾体弱老人的家庭和双职工家庭的增多。因此,许多职场文化和政策

---

① 他的观点是男主外、女主内家庭模式的效率要高于双职工家庭,女权主义经济学家对此进行了广泛批评。但他的工作是有价值的,因为它引发了各个领域对这一主题的讨论。

所依据的模式，即传统的单人养家糊口、妻儿在家模式，现已成为少数，估计比例在 3%—7%（McGraw & Walker, 2002）。

在美国，随着妇女越来越多地在外工作，她们在家务和生育方面减少了对家庭的参与。当代研究表明，妇女在烹饪和清洁等家务活动上花费的时间在 1965—2000 年间大幅度下降。妇女要么降低她们可接受的家务标准（Hochschild, 1997），要么购买其他女性劳动力来烹饪、清洁和照顾孩子（Ehrenreich & Hochschild, 2003）。值得注意的是，包括有偿劳动力在内的妇女，与 40 年前相比，花在孩子身上的时间是相同的，甚至更多。比安奇等（Bianchi 等, 2007）通过研究时间日记发现，职业母亲优先考虑的是与孩子的关系，而不是其他活动，如家务和给自己的时间。为了与孩子建立良好的关系，女性会同时处理多项任务，与配偶相处的时间也会减少。

大多数当代女性和男性仍然在努力平衡工作与家庭生活。虽然大部分研究集中在女性身上，但越来越明显的是，男性也越来越多地承担起家庭工作的责任（Coltrane, 2000）。男性，至少是美国中产阶级和上层阶级的男性，越来越信奉一种平等主义的理想，这种理想在理论上鼓励男女平等地参与有偿劳动，分担家务和照顾孩子。这有时被称为"性别角色趋同"（Moen, 1989）。男性也面临着更大的压力，需要接受一种新的为人父的模式。直到最近，男性的地位和自我价值主要是由他养家糊口的角色决定的。在一项关于中产阶级男性的人种学研究中，汤森德（Townsend, 2002）认为，这种对好丈夫和好父亲的定义坚持了下来。然而，今天的新风气，尤其是在美国，鼓励男性也参与到照顾孩子的各个方面。直到最近，照顾孩子还只是女性的职责范围。在当代美国，许多男性和女性一样，也在同时扮演着双重角色，担负多重责任。有趣的是，研究表明，双职工家庭中的男性和女性的家庭工作时间与带薪工作时间加起来，他们实际的工作时间大致相同（Bianchi 等, 2007）。然而，男性倾向于把精力放在有偿工作上，而女性更倾向于强调家庭工作（Crittenden, 2001)。①

以上发现引起公众对性别角色差异的关注，并对仅基于在家工作和外出工作小时数的统计分析提出疑问。这项研究还将重点放在一个事实上，即直到最近，家庭工作一直没有得到重视且被低估（Perry-Jenkins & Folk 1994；Crittenden, 2001）。家庭工作的贬值引起人们对社会条件的关注，这种社会条件减少了父母的贡献，而公共政策允许这种情况继续存在。特别是，缺乏负担得起的高质量托儿服务，与一种意识形态有关，这种意识形态仍然鼓励男主外、女主内的模式，并且惩罚工作的父母。老年人的照顾问题也日益与类似的因素联系在一起。随着社会的老龄化和多样化，越来越多的家庭不得不照顾年迈的亲人。美国现行的社会政策不允许父母轻易地承担这些责任。尽管这些政策在某种程度上更为慷慨，但在加拿大、德国、法国和斯堪的纳维亚国家等其他西方国家，经济方面的担忧盖过了拓展政策的任何努力。②

当代对工作与家庭的分析由另外两个主题所主导：家庭（发展）心理学强调父母就业对家庭生活的影响，以及组织对员工角色的关注（Bowes, 2004）。最近，员工（家庭成员）用来平衡工作与生活问题的策略也引发了人们的兴趣。在某种程度上，这些焦点可以归因于研究人员和企业对实际机制的关切。这些机制提高了生产力，允许员工在承担家庭义务的同时也维持令人满意的生活质量。越来越多的工作文件表明，弹性工作时间或兼职工作越来越受欢迎，尤其是在女性中（Pocock, 2003；Barnett & Garesi, 2002）。有时候也称其为"妈妈路线"，女性正在减少工作时间，以便花更多的时间陪伴孩子。③还有一些人正在开办家庭企业，或将多种收入来源结合起

---

① 这一简要回顾主要集中在美国。然而，特别是在欧洲，这一主题引起国家研究机构和决策者的极大关注。

② 参见康普顿等人（Crompton 等，2007）在欧洲范围内对这些问题所进行的讨论。

③ 这一现象引发关于个人选择成为父母和选择不要孩子的新讨论。实际上，有些人认为，事业发展不再是性别问题，而是生育或不生育的选择。

来，以维持自己的生活方式。其他不太受欢迎的策略包括工作分担和利用休假权利。然而，一些研究表明，由于担心同事和上级认为他们没有充分致力于工作，员工对利用正式的工作—家庭条款感到紧张（Hochschild，1997；Pocock，2003）。

有限的工作重点突出了妇女工作对社区参与的影响。随着妇女在工作场所和家庭投入的时间越来越多，她们越来越少参与社区事务（Hochschild，1997）。这导致西方社会的机会越来越分散。现在，友谊和人际网络是在工作场所中建立起来的，而不是通过志愿者活动。波科克（Pocock，2003）记录了在澳大利亚也存在同样的现象。随着中产阶级和上层阶级家庭在西方失去这些联系，他们越来越依赖从他人那里购买服务。

第三节　工作世界的变化

家庭组成和角色的变化一直在发生，与此同时，工作世界也在发生变化。由于融入全球市场，企业面临的竞争压力迫使它们裁员，寻找更廉价的劳动力，以变得更具竞争力。这反过来又给员工带来了压力，他们必须更努力地工作，以提高生产率并保住工作。此外，新通信技术的进步虽然促进某些类型的工作，但也有助于打破工作与家庭的界限。工作可以在家进行，员工也变得更容易接近他们的雇主。这些变化给双方都带来了压力。员工承受着更大的压力来保持和提高他们的工作，企业则承受着提高生产力和利润的压力。这些变化以各种方式与全球化进程密切相关。为了寻找更廉价的劳动力，组织机构已将工作转移至世界各地，开始依赖外包和分包工作。这一过程重新将人们的兴趣集中在工作与家庭问题上，无论是在工业化世界还是在发展中世界。

学术研究表明，与流行的观念相反，所有这些经济变化并没有从根本上削弱家庭的重要性和价值。事实上，克里德（Creed，

2000）表明，在许多地方，家庭制度似乎具有越来越重要的经济意义。某种程度上，由于全球化进程，有偿劳动正在各种环境中从工厂转移至家庭。例如在西方，远程办公是一种日益普及的现象，而在世界其他地区，跨国企业和本地企业，无论好坏，都在鼓励将生产转移到家庭办公环境中。一定程度上，这种现象是对更为廉价的生产成本和对低薪资劳动力的需求不断增长的结果。对员工的影响也是复杂的。根据经济和地区的情况，员工现在需要将雇佣劳动与维持生计的生产和其他经济活动结合起来。在全球化背景下，工作变得更加灵活，但可能会产生意想不到的后果。随着资本主义经济力量遍及全球各地，新收入的产生，使一些员工比其他员工更受欢迎，并使低收入员工有必要补充各种工作安排与多个收入来源，以作为预防不确定时期的保障。由于生存与经济之间的这种密切联系，当前的家庭可能比 20 世纪末期时更为重要。人们需要多重来源的收入来维持生计，而家庭是这些活动的核心。

第四节　劳动力的女性化

女权主义学者强调，全球贸易和生产扩张所产生的新兴经济体的新行业中，多数劳动力是女性。事实上，各项研究都证明了企业对女性劳动者的偏好。妇女继续在出口部门的低薪资生产，以及在低薪资、劳动密集型制造业的非正式就业中，占据很大比例。它包括较低层次的转包链、微型企业和自营职业。具体来说，妇女在服装和旅游业、电子元件、数据输入、金融服务、农场和果园工作（联合国，1999）。越来越多的妇女也在服务部门工作。这些工作包括与全球市场相关的服务，如邮购业务中的数据输入和数据处理、航空和铁路系统、旅游、信用卡供应商，以及银行等其他金融服务。在一些地区，如加勒比地区，服务业部门完全由妇女代表（联合国，1999）。

弹性生产制度主要依靠妇女的劳动，包括临时合同、兼职工作和不稳定的工作条件。萨森（2006）将这种现象称为全球经济中的工作非正规化。在这种情况下，雇主通过将工作从工厂转移到员工家中，从而降低工作的成本。妇女和移民工人是受此举影响的主要个体，因为他们通常更愿意从事这类工作，而且往往更容易受到伤害。有偿工作从公共场所转移到私人场所，那里的劳动力成本更低，工作条件更难监控。虽然受到严厉批评，但这类工作有助于全球市场的低成本生产，并且"与寻求最低成本地的全球资本流动的波动性相关"（Beneria，2003，第78页）。大多数在非正规部门工作的个人，在收入、工作条件和福利方面几乎没有安全感或议价能力（Pearson，2000）。这类工作与全球经济的发展关系密切，也意味着这些新的就业机会使员工更容易受到经济衰退的影响。如果经济中的一个部门崩溃，率先受影响的是其最脆弱的成员，包括那些在低薪资和非正规部门就业的人。

起初学术界强调，通过利用与女性劳动者相关的女性成见，并将其纳入低薪和非正式的工作，跨国工业对妇女进行着剥削。然而，这种"妇女是受害者"的做法被认为是过于简单的，已被一种新的理解所取代，即妇女不仅仅是剥削情况下的被动受害者（Ong，1987）。最近的研究重点是妇女在有偿劳动力中的就业机会和挑战，包括妇女在家庭单位内增加的独立性和议价能力。有些研究甚至表明，一些妇女日益增强的经济实力，使她们能够抵抗政治力量，并在更大的社区环境中为家庭挺身而出（Kabeer，2000）。

贝内里亚（2003）认为，全球范围内女性劳动力的快速形成，不应该仅仅被看作是结构和经济因素的反应。大量妇女参与工作，也是对新的性别结构的一种反应，这种结构强调妇女必须在经济上独立，并在生活中获得更大的议价能力。然而，令许多女权主义学者和活动家担忧的是，尽管女性人数众多，但她们仍然被限制在低薪资的工作岗位上。如前所述，全球化进程的一个重要方面是趋向更灵活的劳动，包括兼职和在家工作。根据联合国的统计数字，妇女在这些部门中的比例过高（联合国，1999）。此外，在许多发展中国家和农村地区，数量过多的妇女继续承担着大部分的家务劳动。无偿劳动包括农业家庭劳动、家务劳动和志愿劳动（Beneria，2003）。最近，孩子在家务劳动中的角色越来越受到关注。特别是在发展中国家，如果母亲在外工作，低龄孩子尤其是女孩，承担了大部分的家务和照护工作（Mensch 等，2000）。

世界范围内的劳动力迅速女性化是一种现象，它导致各种文化上特有的反应，这些反应既没有作为一个整体加以审查，也未足以充分理解它们。① 劳动力的女性化在多个层面是显著的。性别形象正在根据当地传统和全球趋势进行谈判、修订，有时还会得到重申。因此，女性在外工作引发了不同的反应，这取决于地区和阶级地位。发达国家的中产阶级或上层阶级妇女在全球经济中享有相对有利的地位，她们能够获得前所未有的教育培训和更高水平的就业。与此同时，在发达国家和发展中国家，受教育程度较低的妇女正在从事低层次的工作，这些工作往往利用她们的劳动来获取最低的经济回报。因此，我们不能一概而论地看待全球化带来的"妇女状况"。

一些研究表明，在某些领域，女性从事低层次的工作，如在东南亚，从长远角度看，女性参与劳动的比例很高，薪资有所改善，促成了更高程度的女性平等（Seguino，2000）。在其他女性劳动力充足的地区，如墨西哥，大型制造商利用这种情况，向女性提供低薪资，并扩大非正式部门的工作（Fussel，2000）。随着较贫穷国家公共部门的萎缩，妇女通常被期望在提供服务和寻找其他收入来源方面填补空缺。

作为帮助发展中国家低收入妇女的一种手段，小额信贷项目在过去几年越来越受欢迎。国际机构广泛认可小额信贷是减轻农村家

---

① 这方面的许多工作是基于大型的全国性调查，但这些调查没有充分捕捉家庭生活的细微差别。

庭贫困状况的一种金融工具，是使妇女参与主流经济的一种低成本方式（Eisenstein，2005）。① 小额信贷的支持者建议，妇女通过参与低成本的金融服务来学习创业技能和资本建设。传统上，小额信贷是指向个人发放小额贷款，然后这些人被组织成小的群体，可以从集团基金借款，并缴纳每月最低利率。② 虽然小额信贷项目已经变得非常流行，特别是在南亚和最近的非洲，但批评这一制度的人士认为，这一运动的中心宗旨是废除公共安全网项目。当减轻贫困的责任转移到私营部门时，"小额信贷的采用，标志着接受非正规部门的永久性和放弃任何真正的经济发展概念"（Eisenstein，2005，第508页）。这些批评人士还强调，人们主要是从贷款人的角度看待小额信贷，而不是从借款人的角度。人种学证据表明，许多参与小额信贷项目的妇女经常借款，然后由她们的丈夫使用。妇女承担信贷风险，被迫进入非正规经济以偿还债务。由于许多借款人处于极度贫困的状态，她们往往无法偿还经济债务，从而陷入反复负债的恶性循环。

这些关于工作、劳动力女性化和贫困之间关系的相互矛盾的观点，引发了有关女性收入、工作条件、出口导向型增长和性别平等之间相互关系的重要争论（Beneria，2003）。有些人乐观地认为，全球化正在减少两性在就业、教育机会和薪资方面的不平等（Dollar & Gatti，1999）。另一种观点认为，经济增长实际上是以性别不平等的持续和支持为基础的，这种不平等包括低薪资和妇女的恶劣工作条件。有几项研究表明，增长最快的亚洲经济体也存在最大的收入差距（Seguino，2000）。让这些讨论变得复杂的是，全球范围内女性户主家庭的崛起，以及她们在社会和市场中的角色。

---

① 小额信贷的起源主要归功于穆罕默德·尤努斯（Mohammed Yunus），他是一位经济学家，1977年在孟加拉国的格莱珉村（Grameen）开始了这一实践。到1999年，他的银行（格莱珉银行）有1000个农村分支机构，并扩展到45000个村庄，向200万名会员发放了超过10亿美元的贷款，其中94%是女性（Eisenstein，2005）。

② 一般情况下，集团的利率是固定的，年利率在12%—24%。

第五节　女性户主家庭

在世界各地，大约五分之一的家庭由妇女当家，15—65岁的女性中有一半是有偿劳动力（Ehrenreich & Hochschild，2003）。虽然在东加勒比这样的地区，妇女为户主的家庭由来已久，男性气质和女性气质的建立已经将这些思想纳入当地文化。但在世界大多数地区，妇女为户主的家庭被视为一种反常现象，并受到怀疑。

20世纪70年代和80年代的特点是，双职工家庭的显著增加和男性失业率的上升。这两个趋势突出了妇女对家庭经济做出贡献的重要性，并使人们对妇女取得的成就做出乐观的预测。海蒂·哈特曼（Heidi Hartmann，1987）就对女性户主家庭的增多表示了颂扬，因为她认为女性选择照顾自己的家庭，而不是依赖男性。她和其他一些著名的女权主义者，如凯伦·萨克斯（Karen Sacks）都认为，女性的经济能力让她们可以选择在家庭中抵制性别从属地位。然而，最近几年，虽然妇女为户主的家庭在全球越来越普遍，但她们几乎总是与高度贫困联系在一起（斯堪的纳维亚国家除外）。

为了加强家庭经济，妇女往往被迫整合越来越复杂的财政来源。尽管这主要是经济紧张的结果，但女性户主家庭仍在不断受到审查，往往被指责为社会一切弊病之源。[①] 然而，正如克里德（2000）所指出的，这些家庭的大多数成员实际上赞同社会所珍视的主流家庭生活观念。他认为，这种现象反映了一种新的"经济环境下的特殊家庭安排的价值，这一环境需要多重收入来赡养子女和（或）年迈的父母，而国家不太愿意提供帮助"（第344页）。然而，以女性为

[①] 这一点在20世纪90年代关于福利与工作的讨论中表现得最为明显。在这些讨论中，年轻黑人妇女抱着孩子的形象所代表的"福利母亲"，被强调为福利和社会服务的主要接受者。

户主的家庭违背了男女在社会中"适当"角色的观念。

全球化的趋势已在很大程度上改变了妇女与市场的关系。这导致性别角色和性别关系的变化，并改变了家庭内部和整个社会中男女的性别观念。但这些变化也引发了一些新问题："随着女性的有偿劳动时间增加，无偿劳动时间减少，她们会受到怎样的影响？"（Beneria，2003，第83页）具体而言，本奈瑞（2003）提出，传统上被认为"女性化"的行为，如合作、养育和无私，是否会通过女性更大程度地融入市场而转变。女权主义者认为，这些特征远非一成不变，而是社会建构的，并且受到变革的影响。因此，我们应该开始看到男性与女性的行为在劳动力中实质性地融合，最终也在家庭领域中融合。

大量的工作—家庭文献表明，参与有偿劳动的男性和女性最终趋于平等的趋势越来越明显。有了工作，女性就可以逃离受虐待的婚姻、稍晚结婚，并在人际关系中发挥更大的作用。但是，这种情况主要适用于受过一定程度教育和从事相对实质性工作的妇女。在世界上的一些地区，如原苏联的许多国家，参与劳动已经导致至少在公共话语中重新发生重男轻女的态度和行为。

在伊斯兰世界的许多地方，人们发现了一种不同的反应。妇女发展有了更多的机会，这导致人们对男性和女性在家庭与社会中"适当的""宗教的"支配地位产生极大的兴趣。例如，在埃及的中产阶级中，由于大量女性涌入有偿劳动力大军，角色正在发生变化。结果是，在家庭的亲密程度上，男性开始承担起职责来反对有关男女适当特质和地位的公众对话。"名人"在电视屏幕上大声疾呼，强调女性作为妻子和母亲的角色，以及男性作为家庭保护者和提供者的角色。但经济形势却是，大多数中产阶级家庭要求妇女在外工作。

为在（宗教话语幌子下的）意识形态和日常生活的经济现实之间的矛盾中穿行，许多中产阶级女性在公开场合戴上了头纱。通过佩戴头纱，这些女性公开表明她们是"保守的"，也是"现代的，可以走出家门"在外工作。可以这么说，这些女性已经找到一种在不同世界穿梭的机制。她们的丈夫也从妻子的适应中受益。他们可以把佩戴头纱的妻子作为美德的典范，而不是找借口说明他们为什么"允许"妻子在外面的世界自由行动和工作（Sherif, 1996; Macleod, 1993）。①

埃及中产阶级妇女佩戴头纱的现象是一个例子，提醒我们不要对工作的角色及其与家庭生活的关系作出普遍假设。在不同地方和社会各部门，为赚取足够薪资来生存和发展，男性和女性需要对家庭生活的基本家务进行协商。在对全球现象的分析中，我们总是需要注意社会地位以及它如何影响对他人行为的解释，特别是在非西方地区。正如埃及的例子所表明的那样，一些穆斯林妇女佩戴头纱，西方可能会认为这是对她们的"压迫"，但这对妇女本身却有着非常不同的含义。我们所看到的是，在意识形态和实践层面上就性别角色进行的谈判。某些情况下，妇女通过利用传统习俗但赋予其新的意涵来重新定义当代环境。

第六节　女孩的劳动力下降在哪里

一个关于工作与家庭的复杂且很少被讨论的主题是女孩工作的具体问题。特别是在发展中国家，年轻女孩往往承担着多重的家庭责任，这使得她们无法参加社区活动或上学。反过来，这限制了她们未来的选择和自我赋权的机会。例如，来自埃塞俄比亚的人种学证据表明，即使女孩有机会上学，她们也常常因做饭、照顾弟妹以及担负其他家庭责任而在学校缺席。很多时候，这些女孩需要承担母亲的责任，因为她们的母亲在外参与市场经济或社区工作（Wol-

---

① 也可参考笔者在《今日人类学》（*Anthropology Today*）（1999）上发表的这一主题的文章。有关伊斯兰世界中的女性角色及其佩戴头纱的原因已有大量的文献。详可参见 Moghadam, V., *Modernizing Women: Gender and Social Change in the Middle East*, Lynne Rienner Pub, 2003。

dehanna 等，2008）。有趣的是，即使在母亲受教育程度较高的情况下也是如此。在没有负担得起和可获得的托儿服务的情况下，妇女在家庭以外从事有偿活动时，尤其依靠女儿承担家务责任。但是，这些女孩的活动并未出现在研究和统计资料中。很多时候，女孩被归属为"儿童"，由于她们参加的是无偿劳动，其职责未被记录在案，也就因此而被忽视。

在艾滋病毒（艾滋病）肆虐的地区，随着越来越多的艾滋孤儿承担起照顾弟妹的责任，这些问题变得更加普遍。由于贫困对女性户主家庭的影响更大，劳动力参与的障碍更多，女性户主家庭的子女面临着将家庭劳动与学校教育相结合的更大压力。在男孩从事农业工作的地区，由于农业工作被认为是"男人的工作"，需要长时间的繁重体力，他们也可能被迫放弃教育机会。然而，总的趋势是，男孩的劳动需求比女孩少，主要是女孩被剥夺了改善生活的机会（Woldehanna 等，2008）。

许多实例表明，文化规范塑造了父母对孩子工作的看法。例如，对于发展中国家的许多父母来说，考虑到家庭经济和技能习得，孩子承担家务或参与有偿劳动被认为是自然的、不可避免的，而且往往是至关重要的。孩子被迫工作是为了养家，同时获得未来生存的技能。这些态度变化比较缓慢。然而，专门针对女童教育的新政策正开始改变这种看法。来自世界各地的多个例子证实，投资于女童教育可以降低生育率，推迟结婚年龄，改善年轻妇女及其子女的健康状况，增加社会和政治参与，提高社会生产力（Bouis 等，1998）。

许多旨在增强女童权能和改善她们生活的倡议，都是基于相对简单的想法。例如，加纳和孟加拉国等国家的一些新项目包括免费课后辅导和周末辅导，以及针对女孩的平等权利行动计划。该项平等权利行动计划提出，如果女孩完成八年级的学业，当地政府办公室会为她们提供优先的就业机会。这类举措正在改变父母对女儿受教育机会的态度。此外，附近有学校也有助于鼓励父母送女儿上学（Glewwe，1999）。如果学校离家较近，父母更有可能让孩子，尤其是女儿，同时承担家庭和学校的责任。

另一成功的例子来自布基纳法索（Burkina Faso）。通过家庭与社会福利部、卫生部、联合国人口基金会（UNFPA）和人口理事会（the Population Council）的合作，该国推出一项名为"年轻的女孩们"（The Milles Jeunes Filles，MJF）的创新项目。① 该项目的目标是教育年龄在 14—18 岁的女孩，以创造更强大的劳动力。起初，这个项目以一种有限的方式概念化，使女孩能够获得一些在农场和家庭中运用的工作技能。该项目的成功使其迅速扩大，目前已包括生殖健康、资金管理、识字和环境研究方面的培训。约 2000 名女孩参加了这个项目，并将所获得的技能和知识传播到她们的家庭和社区。家长们已经认识到培训给女儿带来的好处：拥有更好的、可在家中运用的技能，并且能够增加收入。这改变了关于生女儿及其社会价值的基本假设。针对该项目的外部评价，强调了女孩参加培训所带来的自我赋权和网络联系（Brady 等，2007）。名为"年轻的女孩们"的项目说明，在世界的非西方地区，工作与家庭问题如何密切交织在一起，并且可以通过相对简单的举措得到支持。

在南亚的相关案例中可以发现不同的方法，集体赋权被理解为挑战女性教育和压迫性性别工作条件的障碍（Gupta & Sharma，2006）。1988—1989 年，印度政府启动实施了一项名为"马希拉"（Mahila Samakhya）的发展倡议，这是一项农村妇女的赋权计划，目前已覆盖 10 个邦的 9000 个村庄和 60 个地区。这个项目的独特之处在于，它不是一个服务交付计划，其宗旨是通过增强女孩和妇女的意识与信心来提升她们的能力，向女孩和妇女提供有关其权利和权益的信息，并培训她们掌握获取这些权利和权益的技能。其根本的基础是，将女孩和妇女的声音纳入计划的实际发展，将有助于改善她们的地位和生活。参与的妇女将该项计划的成功归因于计划让她们"走出家门"（Gupta & Sharma，2006），发展出新的技能，如公

---

① 布基纳法索被认为是世界上最贫困的国家之一。

开演讲、领导培训讲习班、了解官僚机构以及与各级政府雇员互动。这些新的角色使女孩和妇女重新认识到,她们不仅仅是妻子、母亲和看护者,还具有多方面的生产力。今天,这些妇女能够动员妇女群体,认识到通过她们的参与,也许能够治理政府的腐败,并协助开展其他发展项目。她们也认识到,只有通过她们的工作,其他农村妇女才会意识到她们拥有获得食品补贴、住房补贴和就业机会的权利。

这些实例表明,在不同的区域,地域语境和文化背景很重要,需要采取各种方法来帮助女童和妇女发展新的工作角色,以及对她们自身、她们的才能和在全球化社会中的作用的新概念。来自印度计划的例子亦表明,试图将某一社会内部和不同社会之间的妇女状况相提并论,是存在挑战的。即使是比较几代人,情况也可能大不相同。此外,虽然国际发展方案的目标往往是妇女,但这种做法忽视了家庭的内部动力。当妇女被纳入有偿劳动力大军时,家庭的家务活动仍有待解决。女性要么承担她们的另一重担(艾莉·霍奇希尔德(Arlie Hochschild,1989)称之为"西方的第二次转变"),要么男性越来越多地参与家务活动,孩子特别是女孩承担新的责任,或将家庭工作分包给家庭以外的人。

第七节　照护工作与妇女

再次谈到女权主义经济学家的一些贡献及其对由于权力差异而造成的不均衡家庭内部资源分配的关注,这提醒我们,受到家庭领域学者和许多经济学家欢迎的"工作"的定义,常常混淆性别,因为它未考虑到家务和照护工作(Woldehanna 等,2008)。随着有偿劳动力中妇女人数的不断增加,照护工作问题变得越来越明显和有争议。特别是在西方,许多女权主义者与决策者发生冲突,冲突点涉及妇女在家庭和劳动力市场中的适当角色、她们与孩子的关系,尤其是托儿服务不足等。尽管许多家庭的照护工作包括照顾身体虚弱的老人、残疾人和其他生病的家庭成员，但这些话题并没有引起与托儿问题同等激烈的争议。许多工作与家庭文献集中于工作的父母，尤其是女性需要出现并参与孩子生活的程度。① 在大多数西方社会，家庭通常是核心的，没有来自大家庭或社区成员的支持，照顾孩子的工作主要落在父母特别是母亲身上（Pocock，2003）。

工业化世界的职业母亲已经制定了多项策略，以应对她们仍然负有传统责任的照护工作。有些妇女依靠母亲和姐妹等女性亲属以及亲密朋友的帮助（Spain & Bianchi，1996）。其他妇女，特别是中产阶级和职业妇女，越来越多地求助于低薪工人帮助她们照顾孩子和料理家务。学者们将这种持续性的照护工作描述为主要是"女性之间"的关系（Rollins，1985；引自 Mattingly，2001）。照护工作使我们深入了解家庭中的差异化角色，以及国家和市场在影响私人状况和困境中的作用。照护工作的增加，"标志着曾经由女性家庭成员无偿提供服务的商品化，以及照护工作的地点从家庭转向市场。在国家没有为职业母亲的家庭提供照护劳动的背景下，妇女的双重工作需要私人化的解决方案"（Mattingly，2001，第373页）。

有经济能力的妇女越来越多地雇用其他妇女来协助她们料理家务，尤其是承担照护工作。对劳动力的这种需求，促使妇女从发展中国家大量迁移至发达国家，以寻求作为儿童看护和家政工人的工作。来自菲律宾、斯里兰卡、墨西哥、厄瓜多尔、秘鲁和其他拉丁美洲国家的妇女正在美国、欧洲、加拿大和中东地区工作，通过赚取薪资来改善自己和家庭的生活。值得注意的是，鉴于这些安排中有许多是非正式的工作，显然缺乏这方面的具体统计数据。尽管如此，这种现象的重要性是毋庸置疑的（Ehrenreich & Hochschild，

---

① 越来越多有关父亲育儿的文献提及育儿对男性的好处，如帕科维茨（Palkovitz，2002）的研究。但许多文献停留在"成为父亲"的对话范围内，没有扩展到家庭研究、经济学、人类学等更广泛的讨论。

2003）。作为当代现象的一部分，发展中国家的妇女在国外找工作通常比男性容易得多。然而，这需要移民妇女离开家庭，将抚养子女的重任移交给大家庭或生活中的男性。由此，工业化世界的中产和上层阶级妇女，将孩子和老人的照护从核心或核心家庭转移至低收入的本地工人或外国工人，而发展中国家的妇女，则将孩子和老人的照护托付给大家庭、"其他母亲"、男性和年龄稍长的孩子。[①]

全球化加速了照护工作市场的发展。对于富裕地区的个人，由于可以找到低薪资的工人承担照护工作，特别是中产和上层阶级的妇女能够在家庭以外的地方工作。与此同时，较贫困地区的妇女现在能够找到工作，从理论上讲，由于她们有能力赚取薪资，这些工作可以赋予她们权力。不过，赞姆巴卡（Zarembka，2003）指出，照护工人往往处于不允许她们保护自身的位置。她们很容易受到剥削，可能不得不在自己无法忍受的条件下工作。尽管如此，有偿的家务劳动是新的国际照护劳动网络的重要组成部分（Mattingly，2001）。

为这种工作而迁移的人，可能会发现自己处于无能为力的地位，很难从中解脱出来。她们没有获得经济独立和扩大机会，反而可能发现自己从事的工作条件不受管制，薪资很低，有时还受到性剥削。萨森（2006）和常（Chang，2006）等学者进一步阐述了照护工作的问题，提出一个批判性的观点，即将照护工作从家庭领域中移除，正在鼓励一种更加高度分化和非个人的劳动分工。从这个角度来看，照护的商品化威胁到基本社会关系的结构（Zimmerman 等，2006）。

巴格瓦蒂（2004）驳斥了许多女权主义学者提出的假设，即从家庭中移除照护工作会导致剥削。他指出，对来自非常贫穷社会的女性来说，在国外工作所带来的机会要大于不利因素。出国的女性靠劳动赚取更多薪酬，接触到传统性别角色和父权制等问题的新的

[①] 海曼（Heymann，2006）指出，某些情况下，没有人帮忙照顾孩子，只能由自己照管。

思维方式,并且能够享受到更为"自由的环境"。巴格瓦蒂亦指出,艾莉·霍奇希尔德(2001)普及的"全球照护链"的论点,暗示核心家庭在其他社会中扮演了与在西方社会中同样的角色。社会科学文献明确描述了在许多地方,大家庭在育儿方面起着至关重要的作用,抚育孩子不仅仅是生物意义上的母亲的责任。值得注意的是,目前在美国尤为普遍的"集约育儿"(intensive mothering)模式是一种当代现象。比安奇等(2007)通过使用时间日记来说明,现在的职业母亲和孩子在一起的时间,与20世纪60年代的全职母亲一样多。这一发现意味着,如今在美国,母亲对孩子的投入要大得多。此外,在目前的模式中,男性应与女性一起高度参与照顾孩子的工作。因此,我们应该注意巴格瓦蒂的论点,特别是从跨文化的角度而言,关于家庭、性别和儿童角色的霸权意识形态,并不能统一适用于世界其他地区。此外,应该非常谨慎地根据西方模式,得出关于其他社会中妇女、男性和儿童生活的结论。

第八节　照护工作与儿童

在美国、英国和澳大利亚,学者、政策制定者和社会服务专业人员正在更加关注儿童在家庭中无偿的、非正式照料责任的范围与性质(Becker,2007)。令人感兴趣的是儿童的劳动,它超出日常家务的范围。部分程度上,人们越来越关注这一现象,可归因于由于撒哈拉以南非洲艾滋病毒(艾滋病)流行带来的危机,被迫从事照护工作的儿童人数不断增加。然而,对儿童照护工作责任的日益关注,使西方国家对儿童的政策反应与非洲不同。

在整个西方,家庭内部提供的照料很少被理解为工作。这是基于一种理解,即提供关爱是爱和义务的延伸,而不是需要财务支出的正式安排(Becker & Silburn,1999)。非正式的照护关系是地方、国家和国际政策制定者工作的关注点。家庭照护人员一年提供的护理替代价值约为 3060 亿美元，而美国正规家庭护理费用估计约为 430 亿美元（Arno，2006）。目前，没有关于西方或世界其他地区的统计数据，来详细说明儿童通过照护所提供的经济和社会贡献。儿童的照护工作没有被标记为工作，因此未被记录和确定。问题的一个方面在于，目前尚未就儿童照护工作的定义达成一致意见。为便于讨论，我们将运用贝克尔提出的定义：

> 年轻的照护者可定义为 18 岁以下的儿童和青少年，他们提供或打算为其他家庭成员提供照顾、协助或支持。他们经常定期执行重要的或实质性的照顾任务，并承担通常与成年人相关的责任。接受照护的人通常是父母，也可以是兄弟姐妹、祖父母或其他亲属。被照顾者有残疾，有慢性病、精神健康问题或其他需要照护、支持或监督的情况（Becker，2000，第 378 页）。

这一定义已被应用于分析西方国家的年轻照护者，特别是了解不同的非洲社会中家庭的情况（Becker，2007）。它还可用于理解世界其他地区儿童的照护工作，因为它指出了那些以从事日常照护工作作为日常生活一部分的儿童，而非某些情况下需要承担大量照护工作且通常年龄非常小的儿童。

由于全球性的力量突出了危机和在世界其他地方具有重要意义的话题，儿童与照护工作之间的关系正成为一个越来越有争议的内容。马尔凯和马丁（Malkki & Martin，2003）指出，《儿童权利公约》给予儿童权利的特权，削弱了世界上许多女孩向年幼的弟妹和他人提供照护的价值。① 《公约》还将儿童与成年人的关系以及从教育到工作的过渡视为唯一合适的途径，尽管过多的研究表明，对许多儿童而言，与成年人的关系需要视情况而定，而且教育和工作的过渡经常中断（Ruddick，2003）。

---

① 下一章将详细介绍《儿童权利公约》。

由于托儿工作在所有社会中都是"看不见的",因此很难收集到有关这一主题的准确统计数据。在西方,人口普查数据往往不具代表性,因为它们依赖父母的自我报告。在其他国家,照护通常不被视为劳动或工作活动的一种形式,因此不予承认。对美国的估算是,大约3.2%的家庭有130万8—18岁儿童正从事非正式的照护。澳大利亚和英国的统计数据同样引人注目,但由于所采用的定义和方法不同,很难比较各国的数据。例如,澳大利亚的调查将25岁以下的年轻人作为"儿童照护者"。① 我们没有撒哈拉以南非洲的准确数字,但根据对艾滋病毒(艾滋病)流行的估计,大量的猜测提出越来越多的人口需要照顾,特别是与西方国家相比时,照护工作将主要由儿童提供。联合国儿童基金会(UNICEF)估计,到2010年,将有超过1800万儿童失去患有艾滋病的父母,只有不到10%因艾滋病毒(艾滋病)而成为孤儿且处于危险境地的儿童将获得某种形式的当地援助(2006)。沃尔德汉娜等学者(Woldehanna等,2008)强调了这些问题,并主张任何旨在解决发展问题的社会政策,都需要考虑妇女和儿童正在进行的大量照护工作。由于其未被承认的性质,处于照护者位置的妇女和儿童往往无法拥有经济和教育机会,可能会导致他们的家庭继续在赤贫中挣扎,有时甚至遭受更严重的后果。工业化国家和发展中国家的多数社会政策未考虑到照护工作,当涉及工作与家庭问题时,往往导致家庭需求与规划之间的重大脱节。

第九节 援助家庭的政策

工作与家庭之间的关系是由一系列复杂的因素决定的,这些因素包括劳动分工的社会文化规范和价值观、每个家庭的代际特殊性

---

① 贝克尔(2007)对使用跨国数据和统计所涉及的问题进行了广泛讨论。

以及市场机会。然而，最终决定谁工作和为什么工作的最关键因素，是基于个人的财务状况和感知到的利益、机会与挑战。这使得工作与家庭政策的制定成为全球舞台上极具挑战性的主张。例如，在世界上的一些地方，教育孩子可能会给家庭带来沉重的负担，以至于上学甚至不能被视为一种选择。每个家庭成员的劳动贡献都是需要的。在发展中国家农村地区长大的儿童，特别是女童尤其如此。因此，试图提供教育和工作机会的社会政策，需要建立在"对社会关系的代际顺序"更细微的理解上（Alanen，2003）。此外，有益于某位成员或家庭一部分的因素，可能会无意中对另一成员产生负面影响。例如，某些部门为妇女开放工作机会时，可能会因家庭责任而承受过重负担的是儿童，特别是女童。

政策和规划必须将工作与家庭责任置于文化环境中。目前，美国独有的工作理念正被输出到其他地区，包括欧洲、澳大利亚、中南美洲、亚洲和非洲。这种输出有可能将强调高度个人主义家庭责任的美国价值观，强加于对家庭秉持更强烈集体主义方法的地方（Rapoport 等，2005）。随着全球化将"有偿"工作传播给发展中国家越来越多的个人，他们对家庭的其他贡献要么被贬低，要么无法维持。特别是妇女越来越多地承受着两三班倒的压力，这迫使她们在家庭以外的地方工作赚取薪酬，而性别话语又使她们仍然要履行所有家庭责任的期望合法化。正如我们所看到的，为了制定更强有力的工作与家庭政策，支持家庭作为一个整体，国家议程需要考虑到有偿就业、非正规的部门工作和照护劳动。

在当代环境下，劳动力参与性的变化以及随之而来的高生产率和工作不安全感的价值观，也影响着西方和非西方国家的男性。在美国，男性承受着越来越大的工作时间压力，同时也失去了以前赚取家庭薪资的保障。这种压力因重视"参与的"父亲和丈夫的新理想而变得更为复杂。通过对中产阶级美国男性的人种学调查，汤森德（2002）指出，尽管这些新理想被唤起，但人们仍主要根据男性作为养家糊口者的能力和作为父亲的主要价值来评判他们。这些趋势使得许多男性难以在家务劳动上真正参与更公平的分工，也很难利用陪产假等政策。

在西方和发展中国家的低收入家庭，男性发现自己的就业机会在减少。因此，他们面临双重困境：一方面，无法履行自己作为养家糊口者的传统男性角色；另一方面，不得不应对关于其自身角色以及女性在家庭和社会中的角色的新概念。有关证据表明，在这种情况下，一些男性会对令他们感到越来越脆弱和无用的世界做出负面反应。实际上，我们对发展中国家新男性气质的建构，以及全球化对不同社会经济和文化背景下男性角色的影响知之甚少。我们需要在这方面进行研究，以制定支持所有家庭成员的政策。随着工作世界的转变，家庭领域也发生了变化。随着女性角色的变化，其他人的生活也发生了改变。我们需要加深对这些转变的理解，并利用正在发生这种变化的全球平台参与跨文化对话。

一个经常在工作与家庭讨论中不被强调的积极发现是：总的来说，在西方社会和非西方社会，父母的就业都显示出积极的结果。例如，在西方，养育子女被认为是联系父母工作和孩子成就的关键变量（Bowes，2004）。一小部分研究关注孩子对父母工作的看法，得到了普遍的正面评价（Galinsky，1999）。父母的工作可以将新思想等积极影响带入家庭，一些研究也表明个人从承担多重角色中受益（Barnett & Hyde，2001）。因此，我们不应仅从经济利益和社会损失的角度来看待工作与家庭的联系，而是需要围绕如何支持个体工作来开展对话并采取行动，以平衡他们的工作和家庭责任。

这些关于养育的发现同样适用于发展中社会。在适当条件下为妇女创造新的创收机会的经济政策，可以改善儿童的生活。越来越多的证据表明，当女性有更多的收入时，她们会把它投资到孩子的福利上。但是，如果母亲得不到社区或政府机构的资助，她们对子女的投资就会减少，从而无法满足子女营养、保健和教育的需要。此外，如果家庭中的照顾责任增加，儿童可能会受到负面影响（Woldehanna 等，2008）。国际实例表明，社会政策可以在很大程度上缓解工作与家庭的压力。在发展中国家，可能的政策选择包括：现金转移，以鼓励儿童接受更高年级的教育，而不是"以工换粮"；劳动信贷，这样家庭就可以雇用劳动力取代儿童的劳动，以及直接针对学校教育成本的信贷项目。考虑到年龄较大的儿童，特别是女童广泛参与托儿工作，实施社区托儿服务将对释放女童追求教育机会产生重大的影响（Woldehanna 等，2008）。

在西方，特别是在美国，高质量的托儿补贴将极大改善工薪家庭工作时对子女福祉的担忧，同时减轻中低阶层家庭的巨大经济负担。灵活的工作时间和更慷慨的探亲假，也将帮助许多参与照顾老人或帮助残疾家庭成员的家庭。人们需要知道，他们可以从工作中抽出时间来履行家庭职责，而不会在工作场所受到惩罚。这就需要对工作在人们生活中所扮演的角色以及如何定义生产力进行文化上的重新认识。

对于全球性的企业，他们需要考虑如何在跨国和跨文化背景下进行更多的工作。全球化使员工有可能不断地流动——无论是出差还是实际的搬迁。企业需要找到机制来减少这些行动对个体及其家庭的影响。此外，远程通信的改进，有望将全球工作场所转变为一个越来越不依赖地理位置的领域。在规划过程中，需要考虑如何应用萌芽形式的创新技术来改善个人和家庭的生活。此外，越来越多的多元文化劳动力，预示着将会有新的不可预见的问题需要处理。在日益多样化的环境中，关于利润率、生产力、权威、等级甚至性别角色的不同意识形态可能会发生冲突。

每个人都应该关注工作与家庭问题，而不仅仅是工作效率问题。某种程度上，生产力是公正的工作条件和得到适当补偿的劳动力的产物。在世界各地，生活满意度的概念正越来越多地与工作需求结合在一起。跨国企业可以在向欠发达地区和贫困地区分配财富方面做很多事情，同时帮助个人找到更公平的工作与家庭的平衡。

第六章

儿童与童年的全球概念

目前，对全球化、儿童和童年的分析还处于初级阶段。从表面上看，儿童属于"私人"或家庭范畴，他们是局部环境的一部分，不受全球化的直接影响。在许多人看来，全球化是"公共"领域的一部分——它影响着宏观进程，并应对政治经济、新兴市场、政治和制度安排的变化。仔细研究后会发现，实际上，儿童、童年和全球化之间存在一种多维度的关系，在分析层面将儿童和全球化二分为公共与私人或国内与国际等类属是不正确的（Ruddick，2003）。同样有问题的是，目前，西方把儿童定义为一个特定年龄的群体，需要全世界同样的资源、促进因素和关注。用一位儿童和童年领域著名学者的话来说，在一个学术时期强调几乎所有类别的社会身份（突出地包括种族、民族、性别、阶级和国籍）的历史化和重构化（de-naturalization），童年仍维系着最持久的生物化和普遍化（Stephens，1998，第3页）。①

对儿童和童年采取普遍化与生物化的方法，否定了我们所了解的关于环境、获取资源的途径和人性可变的重要性。全球化已经产

---

① 关于"de-naturalization"一词的意涵，作者对其解释如下："我们认为理所当然的事情现在又被重新考虑了。如今天我们知道种族的概念发生了变化，40年前在美国，被认为是白人的人现在可能被认为是西班牙人，现在有些人不认为自己是男人或女人，而是介于两者之间。我们唯一没有改变的概念是童年。"（译者注）

生一个流行的观点,即关于什么是童年,以及儿童应该做什么(Kuznesof,2005)。从西方的角度看,儿童需要"受到保护",免受恶劣环境和复杂问题的困扰,他们需要"游戏",应该接受教育。然而,这种儿童和童年的概念与世界许多地区儿童的经历并不相符,从而引发关于儿童生活和权利的复杂问题。

儿童和童年的概念化是由文化决定的,历史化、政治化地在不同文化之间和文化内部传播。它们随时间和地点的不同而不同,在表现和再现方面受到激烈的争论(Malkki & Martin,2003)。然而,西方对童年、儿童本性以及他们所能建立的关系类型的霸权性表述正在传播。世界各国政府正在越来越多地研究、借鉴和调整西方儿童权利和童工法的各项内容。与此同时,全球市场正在跨越国界、地区和社会阶层影响着儿童的生活。跨文化接触正在影响身份的形成,而教育系统正受到教育年轻人的"适当"或"成功"教学法的普遍霸权描述的影响。通过研究全球化、儿童和童年之间的密切关系,我们不仅可以了解这一进程对家庭微观世界的影响,还可以了解信息和价值观的象征性流动,以及操纵图像和知识的可能性。我们还可以更好地理解地方、国家和国际力量之间的联系,从而更好地保护和改善全世界儿童的生活。

第一节 普遍的童年概念的传播

儿童是一个植根于生物学的普遍发展阶段。然而,童年是一个社会文化概念,源于特定的价值观、信仰、历史时刻和地理位置。为了繁衍后代和生存,每个社会都必须以某种安全的方式生养孩子,其对童年时期及相关经历的界定是不同的。作为一个阶段,童年扮演着战略性的角色——它是社会化的基础,是群体、社区和社会重现身份的舞台(Fass,2003)。童年的意义与地方、国家以及某些时候的国际信仰和规范密切相关。即使在家庭内部,童年的整体概念也可能随着性别、家庭规模、社会阶层、教育和地域而改变。无论儿童是在城市、郊区还是农村出生和长大，这些因素都很重要。就个别儿童而言，亲缘关系、宗教、父母教育和家庭收入只是决定童年经历的几个因素。此外，生理因素决定了儿童的出生时间，文化规定了儿童的童年结束时间。格鲁（2005）指出，童年也可根据具体情境提供各种保护、机会和危险。我们可以谈论一般意义上的儿童群体，但不能将其概括为即使在同一社会中也有共同的童年经历。因此，儿童作为一个抽象性、理想化和普遍化的群体概念，与儿童的生活经历始终存在着张力（Malkki & Martin, 2003）。

菲利普·阿里耶斯（Philippe Aries）经常被认为是最早提出童年具有不同含义的学者之一，童年的含义取决于社会历史时期。他将我们当代的童年概念描述为早期现代工业化时期的一部分。在他关于这个主题的关键性论述——《童年的世纪》（*Centuries of Childhood*）中，有一个引用得很多的短语，即"在中世纪的社会中，童年的观念并不存在"（1962，第 1 页）。根据工业化之前法国和英国的数据，他认为，在工业化之前，由于儿童死亡率较高，父母并没有通过今天在西方使用的同样的情感视角来看待孩子，而是将儿童视为微型成年人。虽然阿里耶斯的作品自出版以来受到了严厉的批评，但它的价值在于提醒学者注意童年社会建构的批判性（Aitken, 2001）。

然而，在当代的环境中，童年的社会建构开始失传。由于全球化的进程，从西方输入的童年的历史概念正在蔓延，它在儿童身上叠加了"普遍的生物学上不成熟的人"的形象（Stephens, 1994, 第 2 页）。这种概念化输出至全球各个角落，一并输出的还有关于儿童适当社会化和教育的假设。史蒂芬斯（Stephens, 1995）认为，这些概念与其他输出的观念，如性别、个性和家庭关系等紧密相连。西方的童年建构与关于如何培养未来有道德和讲文明的公民的辩论以及个人在生产中的角色密切相关。然而，地方层面如何诠释这些概念往往差别很大。

在西方，童年充满浓浓的感情——孩子受到尊重，被温柔地养育，并被照顾至成年。这种脆弱的珍贵儿童的形象在整个中上层阶级中得到维持、鼓励和培养。① 这种表述的一个重要特征是，假设儿童理应获得特殊、有别于成年人的对待。② 儿童需要与成年人隔离，需要生活在一个充满游戏和幻想的纯真世界里，他们应该远离生产和繁重的工作（Stephens，1998）。这种对儿童的理想化的霸权主义描述，正从西方传播到世界的其他地区，但那里却缺乏足够的资源来充分复制这种形式的童年。而且，即使在许多西方环境中，支持一种理想化的育儿方式的资源也在减少（Ruddick，2003）。③

第二节 儿童发展教育的关键作用

与儿童和童年有关概念的传播相联系的，是受西方主要是美国范式影响而引入的早期儿童教育、价值观、实践和规划模式。例如，世界银行在包括联合国教科文组织（UNESCO）、美国国际开发署（USAID）和联合国儿童基金会在内的12个主要国际机构的支持下，出版了一本"权威的"、被广泛使用的儿童早期规划手册（Evans等，2000）。

---

① 安妮特·拉罗（Annette Lareau）将此称为"精心栽培型"（concerted cultivation）。她在2003年出版的《不平等的童年》（*Unequal Childhoods*）一书中指出，美国中产和上中产家庭以严格的计划和有规律的方式抚养子女，以便为他们提供成功生活的工具，即"精心栽培型"。工人阶级和贫困家庭则让孩子享有更多的自由，即"自然放养型"（natural growth）。根据拉罗所言，"自然放养型"导致工人阶级和贫困家庭的孩子在社会上的表现不如以"精心栽培型"方式养育的孩子，因为"自然放养"阻碍了孩子们脱离所在的社会阶层。

② 这种表达方式在美国的法律领域变得非常棘手，因为在将儿童作为成年人或作为特殊类别来审判的问题上一直存在争议。

③ 事实上，有证据表明，特别是在美国某些非常贫困的地区，儿童的生活与发展中国家贫困家庭儿童的生活并没有太大不同。

这本手册借鉴联合国儿童基金会和其他此类组织的类似出版物，重点介绍了为美国儿童创造的概念和实践。它主要探讨了"发展适宜性实践"（developmentally appropriate practice）的概念，这是全美早期教育协会（NAEYC）创造的一个短语，该组织是专业儿童工作者的主要伞式组织。"发展适宜性实践"描述了儿童所经历的年龄和阶段，以及他们学习的家庭环境。儿童的经验被细分为几个领域，包括身体、智力、情感和社会领域。"发展适宜性实践"鼓励成年人采取某些类型的行动，帮助儿童度过这些阶段。它的一个基本前提是，儿童普遍经历了这些阶段，而文化在他们的经历中只扮演次要角色。因此，所有的儿童都经历了相似的阶段，尽管他们生活在非常不同的条件下，如在洛杉矶、加利福尼亚或蒙古农村。神经科学和发展心理学的研究，为这种对儿童需求的解释提供了理由（Penn，2002）。

现在，"发展适宜性实践"的概念出现在为全世界专业儿童工作者编写的书籍和培训手册中。这一观点的基础是，幼儿的基本方面是大脑能力及其发展。事实上，世界银行的手册指出需要承认文化差异，但儿童工作者必须克服违反"发展适宜性实践"的做法（Evans 等，2000）。佩恩（Penn，2002）指出，仔细检查这本手册和其他类似手册，可以发现，它们是她所描述的"挑选和混合"方法的产物。"挑选和混合"指的是利用研究中的某些方面来为自己的观点提供论据，而这些方面往往是相互矛盾的。她描述了一项由查加尼等人（Chugani 等，1987）实施且被广泛引用的大脑发育研究，该研究报告了 29 名癫痫患儿的正子断层扫描（PET）结果及其与 7 名"正常"成年人的比较。尽管这项研究的对象代表了高度非典型的样本，但它为"发展适宜性实践"的文本，包括世界银行的手册在内，提供了关于生命最初三年的"硬数据"的基础。

人们悄然批判了这种对童年早期的研究方法。批评者辩称，从有限的研究中做出的粗略推断，并不能为解释行为提供必要的理由，因为发展各不相同，且其取决于包括环境在内的不同因素（Richards, 1998)。发展是一种由遗传、环境和生物学相互作用所产生的复杂现象的总称。多种影响在不同层面相互作用,并以不同的方式影响着不同的儿童个体。这使得它充其量只限于将"发展适宜性实践"作为一种普遍概念。"发展适宜性实践"以对社会和儿童的具体假设为基础:它预先假定个人主义和利己主义是主要价值观,并且儿童是在一个拥有主要照护人的核心家庭中成长的。它还假设儿童将被教导从广泛的物质资源中进行选择(Penn,2002)。佩恩甚至将"发展适宜性实践"描述为"如何理解并把你的孩子作为一个英美人来抚养"(2002,第125页)。当然,问题在于,其假设世界各地的儿童都可以从相同类型的养育和教师干预中受益。其实,我们忽视了世界各地的儿童在诸如战争、极度贫困和艾滋病等众多复杂环境中被养育的现实。

"发展适宜性实践"没有考虑到极端的收入差距等问题,以及流行病和难民地位造成的破坏等可怕的社会条件,而是假设家访和家长教育将帮助世界各地的贫困家庭养育孩子。然而,正如我们所看到的,几乎没有讨论、争议,甚至没有承认这些问题的复杂性。反而是强调"发展适宜性实践"的西方儿童养育模式,正在迅速蔓延至全球最遥远的角落。

第三节 有问题的普遍概念

从更局部的角度来看,西方儿童养育技巧的适应和实施变得更为复杂。沃罗斯(Wollons,2000)指出,儿童养育理想在其价值观方面往往是全球性的,但在实施方面却是地方性的。声称西方理想正在全世界占据主导地位,将是过于简单化的。取而代之的是,西方概念正与当地的实践不断融合和重新规划。在这一过程中,与局部相关的概念和意义得到转换。在非西方社会中,关于向儿童传授个人主义和独立性的讨论可能变得越来越流行——但它们可能基于非常不同的假设。假设关乎的是，如与美国相比，这些意识形态和行为在当地背景下的实际意义何在（Hoffman & Zhao，2007）。我们发现，意识形态霸权有时会在地方层面受到挑战，这为地方机构和声音提供了空间。

　　早期教育方面的霸权性和混杂性，也带来了普遍性的问题。一种流行的观点认为，当谈论儿童的天性、发展和教育时，我们知道什么是对他们最好的，而不是因为西方化或美国理想的影响。这些想法和理想建立在从科学中获得的正确理解的基础上。从这个角度来看，现在，科学使我们能够理解适用于全世界所有儿童的普遍原则。这是"发展适宜性实践和教育"背后的主要假设之一，并可能解释这种方法在全球日益流行的原因。霍夫曼和赵（Hoffman & Zhao，2007）敏锐地指出，西方关于儿童发展和儿童养育观念的吸引力，可能也归因于将这些理想和实践与更"发达"的社会联系起来的某种全球竞争力。因此，至少对某些人来说，吸引力主要来自思想的起源，而不是思想本身。①

　　霍夫曼和赵（2007）认为，以美国为基础的早期教育模式流行的另一可能原因是，存在一种基本的民族中心主义偏见，这种偏见存在于普遍性价值观的概念中。普遍等同于主要由美国人发展、面向美国儿童实施的研究，由此，研究是基于这样的概念：我们知道什么是对孩子最好的。然而，这种观点忽视了儿童生活在广泛多样的文化、价值观和条件下。由于知识流动不一定是单向的，即仅从美国到世界其他地区，这种讨论因此变得复杂。霍夫曼和赵（2007）指出，瑞吉欧·艾米利亚（Reggio Emilia）的案

---

　　① 在中国，有关如何教育孩子以便他们能够在美国学习的一整套文本已经越来越流行。在一些最著名的书籍中，来美的中国游客回国时记录了美国父母为了让孩子接受高等教育而使用的所有"方法"。沃罗诺夫（Woronov，2007）报告说，诸如《美国人如何抚养女儿》《如何抚养孩子进入耶鲁大学》《美国学校的体育和艺术课》等书籍吸引了大量的中国读者。

例，作为一种项目模式，它已经成为全球性的现象。① 然而，情况可能是，美国和其他西方国家在儿童思想与实践的全球传播中，在普及、授权和传播信息方面发挥了巨大作用。这不仅仅是知识生产的问题，而且可能更重要的是控制和传播思想与实践的问题（Ambert，1994）。

关于儿童早期发展和保育的论述，也与各种社会的经济和政治议程密切相关。儿童的地位、福利和要求，有时可能会被强调或归入更主要的经济议程。目前尚不清楚的是，某些儿童发展和保育模式是否真正使儿童受益，抑或是进一步推动某项赋予全球市场经济以特权的社会议程。

特别是对西方民众而言，个人主义、独立性和发展适宜性等理想与他们产生共鸣并且具有吸引力。然而，一些学者认为，这些价值在多大程度上可能促进某些形式的西方市场经济还不清楚（Hoffman & Zhao，2007）。② 教养子女的概念本身依赖于一种特定的社会历史解释，即在行为和理想方面什么是恰当的。德卡瓦略（De Carvalho，2001）认为，在世界范围内，养育子女已经成为一种科学形式，父母根据规范化、标准化和专家驱动的内容，从孩子身上"创造"出一种产品。这个"产品"经过调整和塑造，以获得高社会地位。③

当代美国儿童发展思想占据了前沿和中心，即以儿童为中心的价值观和个人主义教育。然而，霍夫曼和赵（2007，第71页）认为，"社会地位、工具性、生产力和制度特权的基本概念是隐含的，而且一般来说仍未受到挑战"。例如，尽管提倡个人主义的价值观和实践在全世界越来越流行，但这个词的实际含义却因语境而大相径

---

① 瑞吉欧·艾米利亚是起源于意大利北部的一种以儿童为中心的早期教育方法。
② 参见霍夫曼和赵（2007，第71页）对这一问题的进一步探讨。
③ 在美国，让儿童和青少年进入精英大学的准备工作十分复杂，即证明了这一现象。现在，围绕"学术能力测试"（SAT）的准备、大学论文写作和大学面试的准备，已经形成一个完整的行业。这些服务只提供给精英儿童，因为其成本很高。

庭。一项针对美国主流育儿杂志的研究显示，父母非常重视培养"独立"的孩子。然而，这些咨询杂志将成年人与儿童的关系描述为权利斗争且需要父母"获胜"。贯穿这些讨论的基本假设是，儿童的意志需要被否定，它是社会偏差的根源之一，需要成年人干预才能符合更适合社会的行为标准（Hoffman，2003）。这种以儿童为中心的解释与中国培养儿童独立性的概念完全相反。一项跨文化比较研究表明，在中国人的理解中，孩子的意志被认为是坚强和自然的，这应该成为父母和照顾者的指南，成人控制被解释为不利于发展儿童的独立性（Lee，2001 in Hoffman & Zhao，2007）。

围绕儿童发展和养育实践的信仰与做法的标准化，忽视了世界各地许多儿童生活的日常现实。教育者和其他专家观点的"合法性"，现在越来越多地支配着父母、大家庭以及其他监护人和照护人与孩子的关系。具有讽刺意味的是，这种信仰与实践同质化的举动，忽视了它声称支持的视角，即儿童的视角。这一立场也没有包含和承认当地传统、价值观或环境的有效性。也许最重要的是，对话中缺少的是对"最佳实践"及其全球输出的批判性观点。

第四节　向成年过渡的变化

一些理论家，如亨斯特（Hengst，1987）、弗朗斯（Frones，1994）、坎宁安（Cunningham，1995）和艾特肯（Aitken，2001）等认为，在西方19世纪和20世纪初，被概念化的童年再次处于转变的过程中。虽然在19世纪和20世纪初，童年被认为是生命周期的一个独特阶段，值得特殊待遇和教育，并与成年人的世界特别是工作世界明确分离，但目前，这种分离变得越来越模糊。① 这种转变在

---

① 1929年，在美国大会堂（the U. S. Hall）首次确定青春期是生命周期中需要特殊关注的特定阶段之一。

某种程度上可能是由于制度化的教育控制的延长。因此，童年和成年的界限不再那么容易划分。这一观点可以从美国中产阶级家庭观念期望的历史中得到证明。例如，第二次世界大战之前，早婚和性关系的界限为从童年到成年创造了一条清晰的通道：一个人在结婚之前、有性关系之前，以及男性进入工作场所之前，都是孩子。所有这些事件都发生在相对有限的时间内（Frones，1994）。

在西方，一个人从童年到成年的界限越来越模糊，这取决于许多相互关联的因素，包括对父母的经济依赖、社会阶层、宗教信仰、种族、地域和教育水平。由于性行为已经从婚姻中分离出来（正常地说），并且由于教育的需要，经济依赖周期也延长了，年轻人什么时候被认为是成年人有很大的不同。① 越来越多的人倾向于把年轻人分成多种发展群体，包括比儿童略大的十来岁的少年（tweens）、青少年（adolescent）和年轻人（young adults），这使得这个问题变得复杂起来。在某些方面，西方人更难区分童年和成年的界限。

从全球的角度来看，被称为青春期或青年的人生阶段正在成为一个世界性的现象。在人口统计方面，大约有10亿10—19岁的青少年，其中85%生活在发展中国家（Bruce & Chong，2006）。虽然在许多地区，直到最近儿童才从童年立即过渡到成年，但我们正在目睹一种全球社会革命的形式，让儿童更长时间地待在学校并开辟出新的社会空间，这与20世纪初在西方发生的情况不同。某种程度上，这一现象可归因于对规定了童年结束于18岁的《儿童权利公约》以及《消除对妇女的一切形式歧视公约》的全球响应。这两份文件都强调人类发展与人权之间的联系，并主张保护年轻人的权利和能力，以及男女平等的权利。具体而言，《儿童权利公约》为跨文

---

① 有必要指出，在美国历史上，由于父母早逝、年幼的弟妹在经济上的依赖等，在婚姻等方面也存在很大的差异。事实上，像哈文（Hareven，2000）这样的学者认为，生命历程的时间安排在过去比在当今世界更不稳定。在第二次世界大战前的例子中，主要指的是主流的、公认的社会规范。

化关注童年晚期以及保护和培养青少年，为他们发展自己的能力提供了基础（Bruce & Chong，2006）。

1994 年的开罗国际人口与发展会议和 1995 年的北京妇女问题国际会议所签署的历史性协议，使得《儿童权利公约》和《消除对妇女的一切形式歧视公约》所提供的基础得到进一步发展。这些公约的内容以及国际会议上签署的文件，向政府和监督委员会提出正式建议，强调青少年、发展、健康和社会问题之间的关系。这些公约往往被认为是全球化的结果，是影响世界各地儿童和青年生活的最重要影响之一。

第五节 儿童权利的复杂问题

在西方，童年和成年之间界限的模糊，被一些人归因于对儿童合法权利的日益关注（Okin，1989；Archard，1993；King，1999）。在现代，社会第一次从学术上，有时是从法律上将儿童视为独立的人，而不是作为家庭、机构或国家的附属品（Reynolds 等，2006）。从全球角度看，儿童权利已经成为国际对话的主要特征，尤其是1989 年《儿童权利公约》颁布以来，联合国所有成员国都批准了该公约，但美国特别地将儿童权利等同于人权，引发了对减少社会不平等和改变现有权力结构运动的有效性的激烈争论。支持者和反对者都倾向于认同普遍儿童权利的简单概念，而这些概念并没有考虑到当地的复杂性、差异性和共同性。权利是在特定的环境和社会历史时期以多种方式实现的。此外，以特定方式适用儿童权利的结果，往往不一定符合公约的最初目标（Reynolds 等，2006）。作为公约重点的"儿童"，其童年是以西方语言描绘的。在这些描绘中，他们需要为成年角色而社会化，但还不是从生活中建构意义且履行了某些责任的社会行为者（social actor）（Ennew & Morrow，2002）。

思考这个问题，需要简要地研究什么是"权利"，这是很有意义的。①《儿童权利公约》提出的普遍性权利概念是基于"自我建构"，即"假定儿童是与国家有直接的、无中介关系的自主的自我"（Joseph，2005，第122页）。这个概念假定个人利益是最重要的，权利可以不断地重新谈判。这种假设伴随这样一种观念，即儿童与成年人是分开且平等的。公民、权利和责任的概念源于西方赋予公民特权的历史模式。公民将其选择建立在理性决策的基础上，并在此过程中努力使回报最大化和损失最小化。女权主义者和有色人种学者的批评表明，这些自我和公民身份的概念源于特定的西方民主传统，并不适用于世界上的大多数公民（Joseph，2005）。同样的理由也可延伸到妇女权利的表征问题。对世界各地的许多妇女来说，自我赋权和自身利益并不是她们的首要目标。对于这些妇女来说，自我表现与群体利益，通常与她们家庭的利益交织在一起。她们不追求联合国公约或各种妇女运动所规定的那种意义上的"平等权利"，而是需要物质和教育援助，以确保自身、子女和其他家庭成员的生存。

必须指出，不同的社会群体在执行儿童权利议程方面有不同的解释，采用不同的战略。国际组织、地方政府、发展机构和基层组织利用儿童权利的概念来推进它们的具体目标。例如，在关于童工（child labor）的争论中，不同的团体以强调儿童权利来证实他们相互竞争的主张。国际劳工组织（ILO）以儿童权利为基础反对童工，而由工作的儿童组成的组织则越过篱笆的另一侧，主张儿童享有有尊严地工作和在受雇中参与决策的权利。虽然使用相同的语言，但含义和解释是完全不同的。

对儿童权利的关注与20世纪90年代和21世纪前10年中全球互联性的加强是同步的。特别是某些问题在国际上越来越突出：利用

---

① 本章有意地讨论有关儿童权利和妇女的问题，因为这些论述几乎总是分开的。虽然从西方女性主义的观点来看，这是可以理解的，但如果把它应用到世界其他地方，就会导致错误的结论。

儿童作为血汗工厂的工人、妓女和士兵。西方中产阶级关于儿童在家庭和社会中的角色的观念，与来自肯尼亚的内罗毕、印度的孟买和墨西哥的墨西哥城等地的儿童形象发生激烈的冲突。这些图像带来了关于儿童在当代社会中生产和再生产角色的复杂问题，并突出了极端的经济差异，这种差异可能会使同一社会和不同社会之间的儿童产生隔阂。今天，西方人对于年龄很小的孩童在工作或战争中战斗感到愤怒，但正如保拉·法斯（2003）指出的那样，西方的感受是通过复杂的奴隶制历史、对童年的情感美化，以及更加致力于个人的愿望和自我赋权而形成的。这种变化在很大程度上可以归因于市场经济的兴起和蔓延，以及与之相伴的对敬业员工的需求。值得注意的是，这些情感并没有立即在美国和欧洲扎根，而是随着时间的推移而发展，并缓慢地从上层社会传播到社会的其他地方。以美国为例，目前对童年的概念是由早期美国加尔文主义的儿童（American Calvinist child，被认为是原始和不可救赎的）转变为天真无邪的儿童，是上帝之爱的表达。这种形象加上儿童市场价值的丧失，使当代的儿童形象进入情感领域，与这些形象发生冲突的表现，令许多西方人难以接受。

对西方许多当代人来说，孩子不提供劳动或养老保险，他们的价值在于给照料者带来情感上的满足。孩子的情绪健康和社会准备给他的监护人带来快乐甚至是地位。由于孩子为家庭带来的内在品质，他们是幸福的源泉，被视为未来的守护者（Fass, 2003）。这种对童年的概念化，是一系列特定历史和经济环境的产物，并引出儿童和童年在世界其他地方是如何以及将如何被看待的问题。

对廉价劳动力的需求、对新劳动力市场的不断追求以及对资源的需求，仍然是全球化不可或缺的组成部分。这些力量正在给儿童带来更多的工作，并从一个角度帮助他们获得经济资源。这些力量也让西方人能够更深入地了解其他地方儿童的生活。从西方的视角，儿童应该无忧无虑，应该在学校而不是在工作。他们希望儿童能游戏并接受教育，且在想到他们受到剥削时会感到生气和震惊。尽管如此，就业对儿童生活的实际影响、把需要工作的儿童带离工作岗位可能产生的有害后果，以及他们对自身处境的看法，很少成为关于儿童福利和童年分析或讨论的一部分。

《儿童权利公约》的一项创新贡献，是承认儿童通过表达其主张参与社会生活的权利（Ennew & Morrow，2002）。鼓励儿童参与代表他们利益的决定，表达他们的意见，享有思想和宗教自由，并与他人建立关系。这种解释使人们了解，儿童不仅在家庭和社区生活中的参与，而且还在国家和全球进程中发声。然而，由于西方将儿童概念化为"无辜的"和"白板"，他们的声音经常被成年人的行动（apemda）弄得模糊不清（Stephens，1992）。成年人可能会组织一场"全球反童工游行"（1998—1999），但童工拒绝参与其中，因为他们认为自己的利益并没有得到准确的代表。尽管有口头声明，但儿童往往不被认真对待，也没有被纳入与其生活相关的决策过程（Stephens，1992）。

当代民族国家在全球政治经济舞台上扮演着重要的角色。然而，对于它的公民，包括孩子，它也是一个高度复杂的文化认同来源（Ennew & Morrow，2002）。在广泛的层面，签署《儿童权利公约》的国家默认了一种相对统一全球化的儿童概念。基本上，它赞同所有儿童都是"一样的"，人类的身份是共享的。在第二层次上，民族国家传递着国家身份（national identity）的概念。有趣的是，国际人权法一致主张，国籍权是一项基本权利。在第三层次，土著、少数民族或土著群体的儿童被允许在单一民族国家内享有非民族亚群体身份的权利（Ennew & Morrow，2002）。

在关于儿童权利的讨论中很少探讨的是，儿童及其身份有时可能成为文化较量谈判和斗争的场域。他们被视为当地文化元素传播和保留的重要因素。有时，儿童被教导禁忌或古老的语言，在特定的仪式和信仰中长大，是试图保留当地传统的重点。这种情况经常发生在与学校正规教育的二元对立中。学校越来越多地从地域和文化上遥远的地方引进价值观与教学技术。儿童——他们的思想和身体——在关于根本性的文化价值观、种族纯度、少数民族自我表达和其他类似问题的争论中受到利用（Stephens，1995）。

第六节　将儿童权利与妇女权利联系起来

有关儿童权利的观点往往忽略了儿童权利与妇女权利的联系。马尔基和马丁（Malkki & Martin，2003）通过引用莎朗·斯蒂芬斯（Sharon Stephens）的观点强调了这一点。莎朗·斯蒂芬斯是一位致力于儿童福利的文化人类学家，她把妇女权利和儿童权利之间被忽视的关系放在首位。斯蒂芬斯强调，当比较联合国《消除对妇女的一切形式歧视公约》和《儿童权利公约》时，关于妇女权利的公约，提请人们注意家庭对妇女的潜在压迫性以及使妇女摆脱传统社会角色的价值。这些角色被认为是对妇女各种歧视的基础。有趣的是，《儿童权利公约》提出了相反的观点：应该强化家庭，因为它为儿童提供了一个保护范围，代表了作为儿童身份和社会化基础的文化传统。我们发现的情况是，许多女权主义者担心，对儿童权利的关注，将会削弱女性抵抗文化支持的、有关她们在家庭和社会中适当角色的霸权话语的能力。

还有一个潜在的问题是，《儿童权利公约》将家庭作为"儿童福祉的理想保护框架"（Stephens，1995，第35页）。这类普遍化的话语，不允许考虑家庭生活不理想或甚至可能对儿童有害的情况（尽管妇女权利运动承认这可能是妇女的情况）。它也不承认其他形式的照顾、养育和责任由其他安排，如为儿童提供服务的社区网络所接管的情况。例如，针对芝加哥低收入非裔美国家庭的人种学研究（Stack，1974），描述了非亲属以养育方式保护和照顾儿童的具体规定。人种学的例子提供了一个对比鲜明的实例，说明在同一社会中，家庭和性别表征是如何被完全不同地建构起来的，这让我们远离了那种认为所有儿童都面临相似环境的普遍范式。

妇女权利与儿童权利之间的争论，突出了一个普遍框架中界定权利的复杂性。儿童权利与成人权利在错综复杂的关系中交织在一起。此外，正如斯蒂芬斯所指出的那样，虽然"妇女"这一类别已经变性化和政治化，但"儿童"这一概念却没有发生同样的变化。她认为，通过保持沉默，女权主义者促进了儿童的普遍化和性别取向的绝对化（heterosexualization）①。注意这一点很重要，因为它是引人注目的，是女权主义文学和妇女运动在解构、重新定义性别和家庭（denaturalizing gender and families）方面取得的巨大进展。然而，在大多数情况下，儿童在这些讨论中被推到一边。此外，关于家庭的争论有很大的分歧，这取决于争论的焦点是谁：妇女、男人还是孩子。②这种脱节有时会导致话语、分析和政策走向冲突。一方面，为了确保儿童的安全和照顾，有一种"强化"家庭的力量；另一方面，为了赋予妇女权力，家庭也要被解构。最有可能的是，这两种途径对妇女和儿童以及与之相关的家庭来说，都不是普遍有效的。我们需要了解环境、生命历程和个人情况，以便为弱势的儿童以及男性和女性创造支持。

第七节　性别和代际在儿童生活中的角色

普遍化的话语可能会产生更大的问题，因为它们假定全球的青少年都在以一种同质的方式受到看似相似现象的影响。个体之间存在巨大的区域、阶级、民族、种族和社会差异，以及获取资源、思想和商品的能力差异。性别也在青少年的生活中起着至关重要的作用：在许多地方，特别是发展中国家，男孩比女孩在文化上更受重

---

① 关于"heterosexualization"一词的意涵，作者解释如下："儿童的异性恋化指认为所有的儿童都是男孩或女孩，但现实却是，儿童的性别取向有些可能介于两者之间，或是并不认同这两种性别类属。"（译者注）

② 重要的是注意大多数针对儿童工作的无性别特质（ungendered）。

视，这就转化为获得机会、资源和教育的差异。人们鼓励男孩接受教育，并提供必要的资源和时间供他们上学，而女孩往往被迫在家庭中承担广泛的责任，并且根据文化背景在很年轻时就结婚。

青少年通常被定义为青春期开始的时间，可能对年轻女孩特别不利。在一些"保护伞"下，家庭和社区限制女孩离家外出，这可能日益限制她们的机会。一项对16—19岁埃及女孩的调查显示，68%的年轻女孩参与家务劳动，而男孩只有26%（Mensch等，2000）。特别是在农村和低收入地区，女孩承担的家庭责任越来越大，她们可能被迫辍学。在一些地方，现在女孩被说服或被迫早婚和早育。例如，南亚的例子表明，家庭可能鼓励和支持男孩的教育，但农村地区的女孩往往背负过多的家务劳动。从性别角度看待青少年的生活，突出了女孩即使在全球范围内也可能面临的脆弱性，这鼓励性别意识形态以及家庭和社会中性别角色的转变。在同一家庭，孩子可能处于不同的社会地位，这有可能限制他们的个人和社会发展，从而使人们难以谈论普遍的"青年文化"。

然而，当代西方学者将青年文化视为一个独特的舞台，它与周围的环境有一定的隔离，但又起着工具性的、有影响力的作用。相比早期哲学著作将年轻一代等同于一种时代精神或哲学，如美国20世纪60年代的"鲜花儿童"（flower children），今天的分析关注的是他们的全球性，他们被认为对某些商品有着相似的热情（如在技术领域），并且认同国家之间而不是社会内部的共同价值观。

当前的许多想法表明，对青少年来说，由于他们现在必须在迅速变化的全球环境中做出决定，他们父母的传统价值观和选择越来越无关紧要。用一位学者的话说，通过增加跨文化和地理空间的接触，青少年受到多种力量的影响，从而形成双重的文化身份。这种身份融合了当地环境的元素，并接触到更广泛的全球文化（Arnett，2002）。认为青少年更有可能接受新思想，更有能力将变化融入传统思想的观点很有吸引力，因为它将个人的、生理时间与更广泛的历史现象联系起来，并为社会变化的过程提供了一种解释（Elder，

1999)。从历史上看，这种概念化是有一定道理的——大规模的社会运动往往以青少年占主导地位为特征，无论是铁幕的倒塌还是美国的民权运动。

有时，青年文化的传播导致与政治立场的联系，而这些政治立场似乎与西方，尤其是美国的主流理想并不同步。因此，要理解原教旨主义在美国和其他国家的兴起，人们必须理解，有时这是对某些青少年群体身份威胁的回应（Smith & Johnston，2002）。重要的是，对于一个国家、社会或社区来说，青少年代表着未来。从生物学和社会文化的角度来看，他们是人类连续性的纽带，这使得他们的福利和社会化成为如此有争议与重要的问题。

第八节　全球化对儿童和青少年的影响

全球化对儿童和青少年的影响日益明显。弗朗斯（1994）认为，西方家庭日益民主化，使得儿童现在可以以先前无法想象的方式发出自己的声音。例如，要求儿童在某些生活领域表达意见和愿望，这种情况正变得越来越普遍。这有时也被称为儿童生活经验的日益民主化。在西方，社会鼓励儿童，有时是强迫他们参与影响其生活的决策（如在离婚诉讼中），允许他们增加自由的思想和选择（如对宗教），并且他们还可能与不一定在父母社交圈中的他人建立关系和友谊（如通过互联网进行的社交网络）。这一普遍趋势，伴随着以儿童为目标群体或消费群体不断增长的媒体存在、家庭结构和组成的变化，以及关于养育和教育的新设想。事实上，奥德曼（Oldman，1994）警告说，儿童现在被视为被剥削的群体，他们已经成为资本主义不可分割的商品化的一面（也见于 Aitken 于 2001 的研究）。

儿童和青少年作为消费者的力量越来越强大，这在西方尤其如此。然而，这一现象在世界其他地方也变得越来越重要，因为更多的儿童不仅接触到传统媒体，如电视和电影，而且还拥有使用互联网和短信的能力。这一讨论绝不意味着全世界的儿童和青少年都能统一获得消费品和通信技术。事实上，情况恰恰相反。那些能够接触到通信技术和消费品的儿童和青少年，与那些不能接触到的儿童和青少年之间存在越来越大的差距。在西方和发展中国家，越来越多的儿童和青少年有更多的机会获得用他们的津贴或收入能够获得的金钱和商品。有了可用的现金（无论多么少），加上对西方商品和习惯的接触越来越多，他们能够获得各种形式的音乐、通过多种媒体向他们推销的服装，以及各种形式的技术。从市场的角度来看，他们被视为一个需要迎合的群体，因为可以对家庭消费产生重大影响。此外，玩具等消费品的积极营销不再只关注圣诞节和生日等节假日，因为这是大宗采购的时间。针对儿童的新产品源源不断地出现，并通过卡通和名人广告引起他们的注意（Ruddick，2003）。在美国和英国，市场研究都发现，儿童对父母的购买行为有很大的影响（Rust，1993）。儿童在家庭的购买行为中起着重要的作用，即便是日常用品，如洗涤剂和食物。

罗布森（Robson，2004）指出，在当前的话语中，儿童被二分为北方国家的积极消费者和南方国家被剥削的、过度劳累的无辜消费者。[①] 这提出一个基于当前儿童发展、现代化、进步和全球化概念的观点。它强化了这样一种观念：在过去，西方的儿童没有得到像今天这样的善待，他们的生活更加野蛮。这种说法忽视了这样一个事实，即在工业化世界中，有那么多儿童生活在恶劣的条件下，医疗保健不足，未来前景黯淡。无论在西方还是发展中国家，对许多儿童来说，一个无忧无虑、充满消费的童年与他们的日常生活现实并不相关。

---

① 北方和南方经常被用作工业化国家与发展中国家的同义词，社会科学中未能就此达成一致，并且该术语存在很多歧义。

第九节　童工问题

　　全球化的一个复杂且鲜为人知的方面是童工所扮演的角色，特别是在发展中国家。广泛的指标表明，尽管国际社会谴责这一现象，童工现象仍在增加。国际劳工组织（2002）估算，全球约有 3.52 亿 5—17 岁的儿童参与某种生产活动。在这个群体中，大约三分之二的年轻工人被定义为"童工"。这些儿童中的大多数，要么在家庭农场工作，要么在家庭中工作，要么在小型制造公司、采矿业或种植农业中工作。儿童经常参与地毯、服装、家具、纺织品和鞋的制造（French & Woktuch, 2005）。一小群儿童生活在街上，从事各种合法或非法的活动，或者卖淫，但他们的身影却非常显眼。

　　许多西方人认为，发展中国家宽松的标准鼓励使用童工，以便在商品生产方面进一步促进经济发展。儿童在恶劣条件下干杂活的形象，在西方许多活动家中引起广泛的反响。即使是那些通常对社会正义问题不那么感兴趣的个人，也公开发表言论，领导了禁止"第三世界劳工惯例"（third world labor practices）的运动，甚至抵制某些依赖这种剥削行为的品牌或公司。然而，对这一现象的进一步研究表明，争论和问题远比流行的表象所掩盖的要复杂得多。例如，一个流行的测量方法，世界银行的发展指标使用 10—14 岁的个人参与率。但是，奇诺等人（Cigno 等，2002）指出，世界上有许多 10 岁以下的儿童从事全职或兼职工作。围绕童工一词本身的定义问题，使年龄问题更加复杂。

　　一个重要问题是，在什么是童工的问题上，目前的文献几乎没有达成一致。国际劳工组织和国际消除童工组织（IPEC）等介绍了儿童工作（child work）与童工之间的区别：

"经济活动"是一个广泛的概念，包括由儿童从事的大多数生产活动，不论活动是否为了市场，是有偿还是无偿，是部分时间还是全职时间，是临时还是定期，是合法还是非法；它不包括在儿童自己的家里和学校里做的家务。要算作是从事经济活动，儿童必须在七天参照期内的任何一天，每天至少工作1小时。"从事经济活动"的儿童只是一个统计上的定义，而不是法律上的定义，它与废除童工时所说的"童工"不同（国际劳工组织，2002）。

这个定义源于费菲（Fyfe，1993，第4页）的著述，它为许多关于这一主题的著作提供了基础。在他看来，童工是有害于儿童健康和发展的工作，而儿童工作则有损于童年活动，如游戏和学习。他认为，儿童工作和童工对儿童都是不健康的，它反映了一个国家的发展状况。

在这些关于定义的争论中，一个悬而未决的问题是，在家庭中工作的儿童的状况如何。人种学资料显示，数百万儿童广泛地从事着家务活动，年幼的儿童不工作通常不是真的。对许多家庭来说，儿童的工作是照顾年幼的孩子、提供生活必需品和收入的主要来源。然而，这种语境方法往往不是分析这一现象的主要部分。相反，我们面临的形势是，特别是来自西方的强烈呼声正在寻求发展和实施有关儿童工作或劳动的国际标准。与此同时，出现一种强烈的反对意见，主要来自非西方，认为我们不能强加普遍性的标准。他们指出，背景很重要，我们需要对工作是什么，以及工作在儿童和家庭生活中所扮演的角色更加敏感。这些论点强调了对儿童能力达成普遍定义的复杂性，并指出儿童概念的广泛变化。它们还突出了家庭、家庭与劳动力市场和生产形式之间复杂关系的多样性。

第十节　回应童工问题

大多数批评儿童工作的人,将这种现象归咎于家庭的恶劣环境。家庭将儿童带离学校,并以任何需要的方式使用他们来帮助维持家庭。批评者谴责这种对待儿童的方式侵犯了儿童的权利,破坏了他们的发展潜力。这一论点可以概括为:虽然家庭贫困可能是事实,但这并不意味着应该"利用"儿童来拯救父母和(或)兄弟姐妹以及其他亲属。所有儿童都有权利拥有"真正的"童年,包括游戏、休闲和接受教育。儿童需要受到成年人的保护和养育,所有其他的童年定义都被认为是不可接受的。这使得西方批评者和非西方改革者基本上认为,所有形式的童工都是不可接受的,需要废止(French & Woktuch,2005)。这些讨论中,有许多使用广泛的经济标准作为改善儿童生活建议的基础。

根据这一思路,将费菲的研究当作基础平台,国际消除童工组织(2004)的一份报告确定,到2020年,消除童工并以"全民教育"取代之,将在全球产生22.2%的净效益(Aitken等,2006)。这一统计数据进一步细分为:撒哈拉以南非洲54%的净经济效益和拉丁美洲9%的净经济效益。分析得出的结论是,用教育取代消除童工现象,将给南半球国家带来可观的经济利益,并伴随其他"社会和内在利益"(国际消除童工组织,2004,第4页)。

然而,一系列人种学和观察性研究提出不同的结论,如艾特肯等人(2006)在墨西哥的工作、卡兹(Katz,2004)在苏丹的工作,以及庞琦(Punch,2004)在玻利维亚的工作。他们认为,童工需要以一种更加语境化的方式来理解,而且不容易被"全民教育"所取代。反对童工的运动和抗议是值得称赞的。鲁迪克(Ruddick,2003)警告说,不考虑当地环境的复杂性而完全废除童工政策,可能会对儿童及其家庭产生意想不到的后果。

还有其他的声音，如列维森（Levison，2000）和迈尔斯（Myers，2001），他们主张推广普遍的儿童教育，并提出理解和处理儿童工作的普遍方法。他们认为，目前的西方人类发展观可能存在缺陷或不正确，并提出了一个具有挑衅性的观点，即从最低龄开始，整个人类经历都可能是富有成效的。从这个角度看，儿童在任何年龄都应该有权利参加有意义的活动，他们从获得技能和责任中获益，纯粹的免税存在可能不是抚养儿童的适当基础。

根据各种社会科学的证据，儿童工作的倡导者认为，儿童的就业实际上可以有益于他们的长期身心健康。他们还指出，有很多儿童工作，他们这样做，不仅是因为家庭经济条件，而且是享受收入带来的独立性。对儿童的普遍概念持批评态度的人还认为，有关童工问题的争论和抗议的焦点，需要从计算劳动力市场的工作时间转变为对儿童从事工作活动类型的认识。针对儿童工作的另一种方法是，确定某些类型的工作是否构成健康风险或心理伤害，而其他类型的有偿工作可能被公认为是可以接受的，甚至可能是有益的（French & Wokutch，2005）。然而，不同的观点需要同时认识到，某些类型的无薪工作，如某些女孩承担的繁重的家务责任，实际上对她们的身体和长期发展是有害的（Nieuwenhuys，1994）。

虽然关于童工和儿童工作的争论是一个有用的起点，但在实践中很难分析出它们的区别。某些类型的工作，如采矿和工业，对儿童构成明显的危险（实际上视工作条件而定，这对成年人也有危险），在这一点上，确实存在关于"最恶劣形式的童工"的普遍协议，其中包括卖淫和从军。各方一致认为，这些活动是如此繁重和潜在有害，任何儿童都不应触及（French & Woktuch，2005）。

还有其他类型的劳动对儿童并没有那么明显的危害。如果某些基本条件得不到满足，几乎任何工作（农业、机械等）都有潜在危险。①

---

① 目前的9个月上学模式是农业时代的残余，那时人们期望孩子协助农业工作，尤其是收割。尽管有这些知识，但美国的学校校历尚未适应大多数父母全年在外工作的当代现实。

但这也表明，在适当的条件下，儿童可以参加这些活动而不会对自己造成伤害。这种模糊性使得参与讨论什么是可以接受的、什么是不可接受的工作"类型"变得极其困难。怀特（White，1996）提出了一个潜在的分类方法来解决这个问题。他建议将工作分为几类，这取决于一项工作即使目前可能对儿童有害，是否可以通过某种方式改革，以便使儿童能够继续工作，或这项工作的效果可能是中性的，以及（或者）一项工作实际上对参与其中的儿童是有益的。

正如艾特肯等人（2006）所指出的，随着西方和非西方文化的相互作用，新的童年可以而且可能无视西方的概念化而出现。儿童积极地与环境互动。一方面，他们的生活受到当地生活和工作条件的影响；另一方面，儿童也会影响他们所处的环境——他们的声音和行为，有时会导致意想不到的变化。因此，不断审视儿童的各种角色以及由于他们的日常交往而产生的变化和谈判是有益的。

第十一节　全球化环境中青年人的脆弱性

青年人的经历，从来没有，也肯定不是千篇一律的。然而，全球化以特定的方式影响着青年人。正如我们看到的，童工可能是一个复杂而有争议的问题，而为薪酬工作的青年人也可能遭受全球化的完全不同的影响。从世界范围来看，全球化给青年人带来了复杂的经济福祉。在印度、中国和亚洲部分地区，人均国内生产总值大幅增长。然而，在世界其他地区，如撒哈拉以南非洲、原苏联部分地区和拉丁美洲，经济形势已经停滞或恶化（Wade，2004）。通过经济结构调整带来的新机会，把工作带到以前可能被忽视、利用不足或离权力和生产中心太远的地方，但这种流动性也让工作变得更加不稳定。当企业决定将业务转移到更有利可图的地方（如更廉价的劳动力地点），青年人是第一批被解雇的，失去经济稳定的机会。资本流动可以很容易进入某个地区，就像它们可以很容易流出某个地区一样，这导致了当地经济的普遍不稳定（NRCIM，2005）。然而，即使在以繁荣和增长为特征的地区，农村和城市部门之间常常存在巨大的差异。因此，世界上有许多地区的青年人的生活与他们的祖辈非常相似。这是令人担忧的，因为全球化正在那些与全球经济有联系的人和那些没有联系的人之间制造越来越大的差距。

进入劳动力市场的青年人不受资历和经验的保护，常常被视为职场的局外人。青年人往往获得固定期限合同或兼职工作，在经济危机或不确定时期，他们往往是第一批面临失业的人，尤其是对那些处于经济阶梯底层、面临最大风险的青年人来说。这种定位会对他们未来的家庭地位产生影响：那些处于不稳定经济地位的人，更有可能推迟或放弃永久的伴侣关系和父母身份（Blossfeld & Hofmeister，2005）。在西方社会，由于越来越需要接受更高层次的教育和培训来获得能够独立生活的专业职位，来自社会中上层的青年人正在推迟结婚和为人父母的时间。换句话说，全世界的青年人仍然想要结婚生子，但这样做在经济上越来越不可行。因此，我们发现，童年和青年的经历非常不同，这取决于众多的个人、环境、历史和社会因素的相互作用。

第十二节　儿童与公共空间

关于儿童和青年的适当角色与权利的讨论也和复杂的空间问题交织在一起。例如，公共空间的使用是一个在儿童和童年的讨论中没有得到太多关注的领域。家庭、学校和其他几个以青年人为导向的空间，如操场，被认为是儿童唯一可以栖息的公共空间。对陌生人、恐怖主义和暴力的恐惧，导致许多西方父母避开大多数被认为"不够安全"的地方。越来越多的西方父母花钱让孩子在"公共"空间游戏，比如婴幼儿看护中心或探索区，这些地方被认为是适合孩子的，不让孩子受伤害的，和"远离"街道的地方。卡兹

(1993)和戴维斯(Davis,1997)认为,这些类型的活动实际上是儿童生活的商品化,通过在父母中制造恐惧而使其合法化。与此同时,穷人和少数族裔青年要么被迫露宿街头,要么被禁止在公共场所集会。

在并行的现象中,世界其他地区的街头儿童因其高知名度而受到国际援助组织的关注和宣传(Burr,2002)。他们因表现出独立性和悟性等这些被认为"不像孩子"的特质而受到鄙视。[①] 相反,在有关儿童和儿童权利的国际争论中,街头儿童的声音往往得不到承认。史蒂芬斯(1995)指出,街头儿童被西方人以怀疑的眼光看待,因为他们破坏了西方人认为儿童需要成年人照顾的观念。她进一步指出,一些西方人现在把儿童本身视为一种风险——一种需要控制和重塑的风险,以加强社会控制。

人种学证据表明,尽管联合国《儿童权利公约》具有广泛的国际关注,并强调"倾听儿童的声音",但这在现实中并没有发生。其第12条规定,必须根据儿童的年龄和成熟状况来承认与衡量他们的意见。但以当代西方对儿童的理解为基础的全球儿童模式创造了一种国际议程,认为儿童高度独立、工作或执行其想法是错误的(Boyden,1990)。然而,现实地说,在许多发展中国家,儿童除了捍卫自己和工作之外别无选择。儿童常常离开贫困的农村地区,到城市寻找工作。例如,一项对河内街头儿童的研究表明,通过离家在街头工作,儿童能够积累少量收入,这使他们能够接受进一步的教育并汇款回家。与西方的观念相反,作为一群流浪儿童中的一员,他们也得到了保护,建立了友谊,并在生活中形成一定程度的稳定性(Burr,2002)。来自拉丁美洲的证据揭示了类似的现象。在对街头儿童的研究中,当被问及他们为什么住在街头时,大多数人回答说,他们是在帮助家人(Kuznesof,2005)。

---

① 事实上,在以英语为母语的社会中,"街头智慧"(street smarts)往往带有"低阶层"的含义。

虽然在相当长的一段时间里，街头儿童一直是世界许多地区社会景观的一部分，但直到最近，这些儿童才受到诋毁并变得可怕。街头儿童的"流行病"，在很大程度上源于政府未能为其人口提供足够的住房、最低薪资、医疗保健和教育。为了寻找资源，孩子们要么离开，要么被赶出家门。儿童流落街头的真正原因，是家庭资源不足或他们是暴力的受害者。从一个更独立的角度，我们可以看到儿童利用他们的创造力来生成对所处世界的理解（Smith，2004）。当我们看到那些受害的儿童，看到他们如何应对世界，这种观点尤其重要。他们的反应和回应将有所不同，这取决于环境和自身的经历，以及理解发生在他们身上事情的不同能力。为了理解和抵制，儿童可能会创造自己的世界。博登（Boyden，1997）令人信服地指出，即使在危险的环境中，儿童也有能力创建自己的社区和经济。

> 流落街头的儿童通常组成团体，通常有明确的内部等级制度和对某个地区的强烈依恋。集体团结延伸到分享食物和其他物品，以及在危机中提供保护和支持（Boyden，1997，第196页）。

反对街头儿童和儿童工作的国际机构的干预收效甚微，如果试图强加与情况不符的议程，实际上可能造成损害。将孩子送回家，因为这是他们"最好"的地方，但在那些极度贫困的地区，在那些孩子和父母完全没有机会的地方，并不能带来他们想要的结果。用赫克特（Hecht）的话来说：

> 防止儿童在街头工作的努力，威胁着城市贫困儿童在家中的地位。儿童越难把资源带给那些不仅迫切需要童工劳动成果，而且在道义上也期望得到这些成果的家庭，他们的地位就越脆弱……宣布街头为禁区，只会使这些家庭变得不那么可行（1998，第198页）。

回到越南的例子，伯尔（Burr，2002）描述了一个有趣的案例：两个基督教美国援助机构与街头儿童合作，但没有试图改变儿童的生活方式。这些机构设立了非正规的夜校，忽略了孩子们的非法身份。[①] 孩子们能够继续接受教育，并在白天维持收入。在孩子们的建议下，还建立了其他类型的教育培训项目，如力学。这为孩子们提供了一个学习技能和谋生的机会。伯尔阐述了一件事：来自联合国儿童基金会的一位访问者在参观其中一个培训设施后，指责该援助组织"鼓励童工"并侵犯儿童受教育的权利（Burr，2002，第59页）。但是，《儿童权利公约》实际上规定，应酌情提供职业培训。在她的人种学研究结束时，伯尔描述了作为她的线人并参加过培训的一个街头男孩，最终在一家车库工作，租了一间带书房的房间，大体过上了比以往任何时候都要好的生活。伯尔的实例说明，改善人们的生活需要了解他们生活的环境，笼统地概括个人的需要、信仰和权利，可能会产生意想不到的后果。这不仅适用于成年人，也适用于儿童。

关于谁是儿童、什么是童年的争论，越来越多地在一个意识形态空间中进行，这个空间被西方的年龄分级系统概念所主导。在这一系统中，年轻的社会成员需要父母的保护，需要在家庭和学校的物理空间中养育。与之相对的是非西方的现实，包括贫困的家庭和社会条件、贫穷或不存在的学校，以及对儿童工作价值的文化信仰。在某些情况下，儿童对家庭经济贡献的价值，实际上可能超过了他们求学的价值，因为可以与家人待在一起，或者改善他们的经济状况。根据不同的活动类型，儿童也可通过工作学习技能，而这些技能是他们在学校里学不到的。正如福朗齐和沃克图齐（French & Woktuch，2005）在对巴西制鞋业的分析中所指出的那样，不是让儿童脱离劳动力市场，而是改变他们工作的条件，使工作条件

[①] 在越南，所有孩子都必须正式登记。一个孩子出生在农村，他可能只能生活在当地，不能搬到其他城市。详可参见伯尔（2002）的研究。

通常符合儿童的最佳利益。将儿童带出劳动力市场可能会产生一系列意想不到的后果，包括危及他们未来为教育提供资金的能力，为他们提供工作经验，迫使他们进入更不理想的就业形式、通过非正式部门的工作来恢复薪资损失。从长远来看，与其试图强制推行无工作童年的普遍概念，不如尝试制定旨在消除对儿童的剥削、改革儿童在某些地方和产业的工作条件的政策，可能会更有成效。

第十三节　强调儿童和童年的各个维度

虽然我们现在面临着令人印象深刻的学术研究，它们涉及儿童的概念，育儿对儿童、社会化和养育的影响，以及父母工作对育儿的影响等，但关于儿童如何自我接收、内化和使用这些信息和行动的研究却很少。在 19 世纪的西方，养育孩子被转移至家庭这一私人领域。这个场所是社会繁殖、规训和养育社会化的场所。当时盛行的意识形态的重要内容之一，是建立一个新的受过良好教育的劳动力队伍，以便能够在适当的时间接手。全球化的一个重要方面是，这并不一定或者至少不再是一个重要的社会目标。没有特定的劳动力需要被复制（Aitken，2001）。相反，根据需求和费用，劳动力可以在世界各地找到。这改变了儿童的价值、教育需求以及童年的本质。

也许，最引人注目的是，一台巨大的儿童发展"机器"已经专门在美国建立起来。关于什么是"最好"和"最适合"儿童的书籍与节目越来越受欢迎。这些产品也被出口到世界各地，影响教育、儿童养育、规划和社会政策。在这一努力中，所失去的是对环境重要性的理解，以及对儿童处境的理解。而且，即使是在我们的社会中，儿童的处境也可能与学术、媒体和实践所宣传的截然不同，甚至更为复杂。一旦我们转向全球的其他地方，就会发现，儿童和童年的不同看法，有时与我们所认为的养育孩子的最佳方式完全不一致。

"无性别"儿童是另一个在学术工作或政策和规划中都没有得到及时处理的挑战。由于男孩的文化价值，世界上有许多地区的女孩处于特别危险的境地。她们可能被迫早婚，被剥夺受教育的机会，承担不成比例的照顾责任。在美国，我们实际上有相反的问题。人们越来越关注年轻男孩的情况，尤其是他们的学校教育状况。一些人认为，给予女孩特权和关注女孩的成就，已经把男孩抛在了后面。这体现在目前的大学入学上，大约60%的大学生是年轻女孩。在讨论和分析儿童问题以及如何普遍提高儿童地位时，我们需要考虑到当地环境的复杂性。更广泛的跨文化对话，开放地理解其他环境、文化和传统如何影响儿童，不仅对其他地方的儿童有益，而且对本国社会的儿童也大有裨益。

随着联系网络的发展，非正式交流和非主流机构的影响也在增加。因此，我们面临着一个类似的过程：占主导地位的机构和组织正在传播知识与价值，而非正式的方法则在不断壮大。两者都会影响儿童及其经历。参与不限于家庭和社区生活，而且还包括更大的民主进程（Ennew & Morrow, 2002）。然而，史蒂芬斯（1992）指出，儿童的意见和声音常常被用于成年人的目标，孩子们正意识到这个问题。纯弱势儿童的象征，很容易被操纵和用于进一步的政治议程（Kjorholt, 2002）。随着继续将关于儿童和童年的想法从工业化世界输出到发展中国家，我们需要注意，利用儿童的表现来促进成年人的议程是多么容易，这不一定是以儿童自身的最大利益为目标的（Levison, 2000）。我们还需要承认，成年人和儿童之间的权力关系与动态，以及建立谈判框架的必要性，以便将他们对自己生活的声音纳入决策过程。

第 七 章

全球老龄化的关键问题

全球人口老龄化是人类历史上前所未有的,并将在全球化进程中发挥关键作用。根据联合国的预测,到2050年,全球老年人口的数量将首次超过儿童人口。在一些工业化国家,这种历史性转变已经发生(联合国,2002)。老年人和年轻人的这种比例逆转,已经直接影响到代际关系和代际公平。使这一问题更加复杂的是,不仅长寿的人越来越多,而且在过去50年中,全球预期寿命的增长超过过去的5000年(Peterson,1999)。在工业革命之前,2%—3%的人口活到65岁。今天,在工业化国家,这一比例达到12%—14%。① 人口统计预测显示,到2030年,一些国家的老年人口将猛增到25%甚至30%。根据对世界人口的图表预测,到2050年,老年人的数量预计将达到约21%,要高于2000年的10%。

伴随全球老年人口增长而来的还有其他几个值得注意的趋势。与过去相比,老年人成为有偿劳动力的可能性降低了。例如,在1950年,每三位65岁以上的人中就有一位可能在工作。如今,这一比例不到五分之一。然而,这一趋势并没有揭示出性别差异:1950年,在工业化和发展中世界,65岁及以上的员工中,大约有26%是女性。到2000年,这些数字发生了巨大变化。在发展中国家,65岁

---

① 瑞典以18%的老年人口位居工业化国家之首。

及以上的妇女中，约有29%在工作，而在工业化国家，大约41%的同龄女性在从事有薪劳动（联合国，2002）。这些统计数据反映出，全球在不断鼓励年长的妇女工作。然而，它们更多地指出，妇女在外从事有偿工作在经济上是必要的。这些统计数字也没有反映出这样一个事实：在发展中国家，由于缺乏政府对老年人的社会支持，很大比例的男性和女性必须工作更长时间才能生存。

全球化日益提高了我们对正在深刻影响世界的人口变化的认识。但它也引起人们对不同文化之间差异的关注，这些差异涉及老龄化、老年人及其社会角色的概念化。越来越多的人认为，年龄和老龄化是通过全球化进程在社会上被建构、被告知和被改变的。年龄和老龄化是一种承载文化意义和象征意义的经历，它可以被解释和改变。然而，无论是在大众的想象还是学术的世界中，一般都认为实际年龄反映为自然生理年龄是可以接受的。实际上，大多数关于老龄化的研究都有"什么是老龄化"和"谁是老年人"的基本假设。公共政策和规划以类似的自然方式处理老龄化问题。老年人被认为是一个同质的群体，他们面临相关问题的挑战，只是在经验上略有不同。但如前所述，人类经验的其他层面，如性别和童年并不是自然建构的。个人如何定义自身及其在这个世界上的位置，是一系列复杂因素的产物。因此，为了更好地理解全球化、老龄化和家庭问题之间的关系，"重新定义"老龄化就显得尤为重要。

与老龄化和老龄化相关的担忧，不仅是生理现象的结果，而且是文化、社会和环境过程中一系列复杂相互关系的产物（Baars等，2006）。① 关于全球化，世界各地的老年人本身就处于全球、国家、区域、地方和家庭力量之间不断相互作用的过程中，这影响着他们的认知和对现实的体验。关于老龄化的这一相对较新的观点，被一

---

① 例如，一小部分新的文献从跨文化的角度研究了更年期，发现不同文化中的女性对这一阶段的体验非常不同。在美国，人们倾向于对女性进行"医学治疗"，直到最近才给她们开激素治疗处方，而在其他地方，女性可能很少注意到更年期的症状。

些人称为"破坏稳定"的力量:"它扰乱和重构了关于变老的意义的传统叙述。"(Philipson, 2006, 第 48 页)

全球化还与老龄化的特定层面联系在一起,即有关人口变化的、基于国家和国家政策之间的紧张关系,以及全球行为者和实体(qlobal actors and entities)制定的政策之间的紧张关系(Philipson, 2006)。虽然人们认识到老年人数量的增加,将影响工业化国家和发展中国家的变革,但包括经济和政治信息以及通信技术的全球化进程,也正在影响老年人的生活和经济。当全球社会通过大规模移民变得越来越多元时,这些国家也面临着一个新的复杂现象,即多元文化老龄化(multicultural aging)。稍后我们将在美国的案例中看到,关于老年人口多样性的数据是惊人的,甚至有人预测,不久的将来,过去被概念化的老龄化将不可逆转地发生变化。这种重要的转变也可归因于全球化进程的另一方面,即现象、图像和表象的"全球本土化"(Robertson, 1995)。当西方的图像和产品在世界各地自由流动,它们也在本地环境中被吸收和改造。老龄化及其伴随的图像、关注和实践,是这一进程不可分割的方面。

第一节 "老龄化"的概念重建

全球化进程的加速,突出了老龄化这一超越国界的现象。在其历史的大部分时间里,老龄化的研究都集中在工业化国家。事实上,在现代化理论最后残余的精神中,西方的老龄化概念被认为是跨文化的传播,并最终创造出一种统一的变老体验。信息和通信技术已将全球老龄化的问题提到最为重要的位置,并揭示出,与其他现象一样,老龄化也是在当地语境下被诠释的。因此,全球化突出了世界某些地区老年人的苦难,如受极端贫困困扰的撒哈拉以南非洲地区或战争地区。但是,全球化也传播了关于老年人在活动和生活方式上可能出现的新观念。重新创造老龄化的概念是有争议的。菲利普森（Philipson，2006）指出，人们日益认识到，老龄化不仅是一个国家内部需要解决的问题，而且是一个全球性的现象，它会对世界秩序产生深远影响。承认老龄化是全球关注的问题，已经导致人们越来越担心全球关系的加深，而这可能导致老龄化的"政治化"。这些担忧与新自由主义及其立场有关，即私人条款比通过国家制定和合法化的政策更为有利（Dannefer，2000）。

全球化和老龄化也与对风险的新的理解相关联。特别是在西方，随着变老与富裕和休闲联系在一起，如何实现这种形式的安全感也成为人们的担忧。菲利普森（2006）认为，人们在为他们的未来做打算的时候，这种对风险的恐惧现在不仅转移到老年人身上，而且也转移到年轻人身上。风险曾经是政府、工作场所和社会机构的职权范围，现在则属于家庭和个人。例如，工业化世界中的大多数工作场所已不再向员工提供终身就业的希望。相反，人们期望公民通过投资私人养老金计划来照顾"自己"。理由可以这样描述：如果发生灾难，应由个人制定老年保障措施，而不是依赖公共机构或其他援助来帮助他们摆脱困境。这种将老龄化重新定义为"风险"的做法，正日益影响着人们对老龄化过程本身的看法。为了避免任何潜在的依赖性或不幸，人们总是尽可能地保持年轻和健康。

早期社会学研究的一个重点是，把老年看作伴随特定生理过程的"自然"阶段，或者是指个人无法适应生活的新阶段。在当代，重点已经转移到国家和经济力量在影响老年人的状况和地位方面的作用。汤森德（2006）解释了老年人的依赖是如何通过退休、贫困、制度化以及社会和社区角色的限制来建构的。他说这是"人造的"结构，取决于领取养恤金的固定年龄、最低养恤金所能维持的低生活水平，以及社会为许多不需要这种照顾的人建立的退休设施。虽然老龄化主要被认为是一个静态、与依赖相关联的实体，但依据卡斯特尔斯（2004）的观点，直到最近，福利国家才被认为是掌控和帮助老年人的关键。福利国家在为老年人确定身份方面发挥着作用：福利一方面是对老年人的一种控制形式，另一方面是一种报偿，毕生的辛勤工作使年长者得到照顾（Philipson，2006）。

　　森（Sen，1995）还强调了这样一个事实：在西方，依赖一直是老年人社会建设的主要方面，老年人对社会没有任何有价值的贡献的假设也是如此。在占主导地位的资本主义模式中，生产率是由市场价值来衡量的，老年人被视为无生产力，因此没有价值，从而进一步强化了依赖模式。[①] 她指出，60 岁或 65 岁是假定的"老年"开始的时期，并建议现在应该重新评估依赖的概念，即依赖取决于生理年龄。将老化视为所有个体都开始衰退的陈腔滥调，并没有抓住人类经验的复杂性。许多学者认为，全球化正导致老龄化的概念变得更加不固定，而福利国家不一定会维持这种观念。实际上，近年来，能够通过护理社区和养老院来照顾自己的老年人，与那些老年人（如贫困妇女和少数族裔老年人）之间的差距更大，除了国家或家人提供的资源和安全外，后者几乎没有其他。

第二节　对老年人的日益关注

一　重要的人口统计数据

　　在今后几十年里，60 岁以上的人口数量将出现前所未有的增长，而在工业化国家，儿童数量将出现前所未有的下降。为了理解全球老龄化的复杂性，有必要先看一看与美国相关的一些具体统计数据，然后再把它们放在全球背景下分析。美国人口普查局（2005）的报告显示，2003 年，这个国家有 3590 万人年龄在 65 岁以上，约占总人口的 12.8%。在这些老年人口中，有 1830 万人年龄在 65—74 岁；年龄在 75—84 岁的有 1290 万人；有 470 万人在 85 岁以上。这些数字令人震惊，尤其是考虑到美国的老龄化人口正处于一个大繁荣的开端。美国人口普查局的数据显示，在未来 20 年里，老年人口

[①] 森（1995）将老年人贡献价值的缺乏与妇女家庭贡献价值的不足进行了比较。

的数量将大幅增加，这将与第一批婴儿潮一代在2011年达到65岁相吻合。到2030年，美国老年人口预计将是2000年的两倍，从3500万增长到7200万。因此，在未来的20年里，美国几乎每五个人中就有一个人年龄在65岁或以上。更令人震惊的是，百岁老人（年龄在100岁及以上的人）是人口增长最快的年龄段。根据美国人口普查局（2005）的数据，这一群体的人数在过去几年有所增加，从1990年的37000人增至2000年的50000多人。2005年，美国百岁老人的人数急剧增加至约67000人；预计2040年，百岁老人的人数将达到惊人的580605人（美国人口普查局，2008）。仅在美国，这一年龄群体的急剧增长，就足以引起老龄化学者和实体对老年人的地位与照料问题的特别关注。

美国人口老龄化的一个重要方面是其性别特征，因为妇女的寿命往往比男性长。根据美国人口普查局的一份报告（2008），在2000年，85岁及以上的人中，每100名女性中只有50名男性。根据这一趋势，即能理解寡居在老年妇女中比在老年男性中更为普遍。2003年，65岁及以上妇女丧偶的可能性是同龄男性的3倍。这一比例在老年人中较高，而且女性的比例仍然高于男性。年龄较大的男性比年龄较大的女性更有可能与配偶生活在一起。此外，老年女性独居的可能性是老年男性的两倍多。随着这个国家老年人口的增长，其多元性也在增加。这些变化反映了过去几十年美国人口总体上的变化。老龄化社会中，外国出生人口的比例有所增加。美国人口普查局（2008）报告说，2003年，11%的老年人口是外国出生的，来自欧洲和拉丁美洲部分地区的人口约占35%，来自亚洲的人口约占23%。此外，在2000年，13%的老年人在家说英语以外的语言；在这些人中，超过三分之一的人说西班牙语。预测显示，到2030年，老年人口的构成将更加多样化。根据美国人口普查局（2005）的数据，美国老年西班牙裔人口将从2003年的200多万人迅速增长至2030年的近800万人。这一预期的增长，将使美国老年的西班牙裔人口超过老年的非裔美国人口。美国的亚裔人口预计也将迅速增加，从 2003 年的近 100 万人增加到 2030 年的 400 万人。

美国人口普查局（2008）的报告指出，在社会经济条件和生活安排方面，老龄化人口存在种族和族裔之间的差异。2003 年，有欧洲血统的老年美国人（在人口普查中被列为非西班牙裔白人）生活在贫困中的比例为 8%，而非裔和拉美裔老年人的贫困率则达 24%、20%。欧洲和非裔妇女的这一比例高于男性。此外，非裔、亚裔和西班牙裔美国妇女，比欧洲裔美国妇女更有可能与亲属生活在一起。美国老年白人妇女和非裔妇女独居的可能性（各占 40%）要高于亚裔和拉美裔妇女（约占 20%）。这些统计数据指出了人口内部日益扩大的差距，如在美国，这一事实往往被全国范围内的老龄化统计数据所忽视。人口老龄化、族裔和种族群体之间的严重不平等，以及老年妇女日益贫穷，都将挑战人口老龄化的主导形象，即老年人是一个同质的群体，需要统一的政策和规划。

尽管人们对美国人口老龄化趋势的变化感到担忧，但目前欧洲和日本面临着更大的危机。在这些国家，老年人所占的人口百分比更大，他们的公共养老基金比美国更为慷慨。在这些工业化国家中，老龄人口的增长引起人们对政府资助的医疗保健和养老金计划可持续性的极大担忧。例如，85 岁以上人口的最大增长，预计将出现在日本，到 2030 年，日本老年人口的 24% 将由 85 岁以上人口构成。然而，在西方的老龄化预测中通常没有承认的是，发展中国家的老年人口也在加速增长。根据联合国对人口的估计，到 2025 年，大多数老年人实际上将生活在发展中国家，而不是在工业化国家（Polivka, 2001）。

人口老龄化不仅在数量上有显著增长，而且个人寿命也在延长，这引起人们对其生活质量的担忧。目前中国有 1200 万 80 岁以上的老年人，而美国有 900 万。[①] 到 2050 年，预计有 6 个国家 80 岁以上的老年人口将超过 1000 万：中国将有 9900 万，印度有 4800 万，美

[①] 紧随中国之后，印度有 600 万人，日本有 500 万人，德国有 300 万人。

国有3000万（联合国，2002）。虽然大多数80岁以上的人目前生活在工业化国家，但到2025年，57%的人将生活在发展中国家。到2050年，这一比例预计升至70%。此外，百岁老人的数量预计将大幅上升。到2050年，大约1%的日本人口预计将达到100岁或以上。

在全球人口统计方面，也存在显著的性别差异。女性比男性预期寿命更长：到2000年，60岁以上的人口中，女性与男性的比例是100∶81。[①] 但联合国的预测估计，未来50年中，工业化世界中男性的预期寿命将增长，60岁以上人口中，女性与男性的比例是100∶85。在欠发达国家中，男女的预期寿命差异不如工业化国家那么大。目前，在60岁及以上人群中，女性与男性的比例估计为100∶88。各国的性别比例差异很大，这取决于战争、饥荒和健康等一系列因素的影响。其中，一些变化预计将在今后半个世纪内减少（联合国，2002）。然而，性别差异影响生活的各个方面，包括健康、家庭照料、生活状况、经济地位和劳动力（Kinsella & Phillips，2005）。

二 老龄化与生育率下降的关系

必须在生育率下降的情况下，特别是在工业化世界中，了解人口结构对老龄化的重要性。目前，生育率继续下降至1.56，远远低于人口置换水平2.06（Castles，2003）。[②] 生育率的下降是医疗卫生条件改善和疾病减少的直接后果，这使得妇女生育更少的孩子成为可能，也就更少有人会死于疾病和死亡。但是，生育率的下降对西方社会未来的人口水平有着严重的影响。例如，如果生育率在未来100年内稳定在1995年的水平上，德国的人口将大约是1995年的17%，意大利约为1995年人口的14%，日本约为1995年人口的28%（Castles，2003）。为了应对这场危机，各国将不得不增加移

---

① 女性长寿似乎既有生理原因，也有社会原因。可参见胡曼和基雅克（Hooyman & Kiyak，2006）的研究。

② 卡斯特尔斯的数据是基于他对经济合作与发展组织（OECD）（成员国）统计数据的分析。

民和劳动力。然而，这只能部分遏制人口急剧减少带来的经济后果。分析人士指出，要贴补不断增长的老龄化人口的社会支出，需要大量移民进入劳动力市场。如此大规模的移民反过来又会造成一系列新的社会问题，其中许多问题在欧洲已经出现。此外，人口的急剧减少将对各国在世界秩序中的地位和经济重要性产生影响。

三 依赖与社会福利

上述统计数据需要在各国政府关于依赖的表述框架内加以评估，而世界各地政府对依赖的表述方式大不相同。目前，全球劳动力中，只有十分之三的员工领取任何形式的养老金，这意味着有很大比例的男性和女性需要工作更长时间才能生存（King & Calasanti, 2006）。例如，在尼日利亚，只有1%的劳动力得到社会保障，而在工业化国家，大约90%的员工得到社会保障（King & Calasanti, 2006）。因此，在工业化国家中，通过雇主与雇员之间的关系以及国家的支持，人们可以享受到有保障的老年生活。发展中国家的情况不一定如此，世界各地的许多妇女也不一定如此。由于妇女和其他弱势群体在大多数地方不是有偿劳动力的一部分，或者她们主要从事的是报酬较低、较不安全的工作，因此通常也无法获得一段时间的劳动报酬所提供的保障。

第三节 不平等与生命历程

在工业化国家，许多关于老龄化的研究，都建立在个人遵循传统生活轨迹的假设之上。从原籍家庭到学校、婚姻、生育和工作（特别是男性），最后到退休，人生的不同阶段最终达到"有序"的过渡（Dannefer, 2003）。然而，菲利普森（2006）认为，全球化已经转变了这种个人生活的线性模型。他指出，金融全球化和资本流动导致终生工作保障的丧失，从而导致个人生活风险的增加。与过去几十年的大迁移相结合，个人的传统生活轨迹已经演变成新的非线性的老化过程。"正常的"衰老标志，如退休，现在出现在生命的早期或晚期。此外，随着社会变得越来越多样化，大量移民的涌入，加上全球化的网络，新的概念和价值观渗透到主流社会，包括对老龄化和老年人的不同看法。菲利普森（2006）预测，"关于老年的意义，什么时候开始老龄化，以及对以后生活规范行为的观点，在任何一个社会都会较历史上的社会显示出更大的差异"（第51页）。对发展中国家的老龄化公民来说，其中一些现象也是适用的。

在世界各地，穷人和许多老年妇女的特征是年老时极端脆弱。这源于不平等的社会生产在老年人身上表现出来的问题。丹内弗（Dannefer，2003）强调了在个人的一生中，优势和劣势是如何累积，特别是通过国家的影响来调节和复制个体的不同生活机会的。如果将这与系统性的歧视和偏见、性别、种族和族裔以及缺乏教育机会等因素结合起来，则老年对个人来说可能是相当广泛的经历。当公民进入生命的后期，社会不平等成为决定性的差异。我们尤其在老年贫困女性现象日益严重的情况中看到这一点。① 在大多数社会，老年人的经济安全取决于个人一生中所赚取收入的储蓄积累以及对金融资产的控制（Sen，1995）。正如巴尔（Baars，2006）所解释的那样，我们不能把这种现象归因于女性缺乏努力，而是必须从社会排斥、贫困、劳动力市场和养老金制度等各种形式的不平等影响的角度来看待它。

对"工作"和"报酬"的狭隘定义，使许多妇女的劳动得不到经济上的重视。即使在发展中国家，妇女的许多工作直接关系到家庭的生计和生存，她们的劳动仍然得不到承认和补偿。在西方，制造业转移至服务领域的过程已经转变，特别是兼职工作的增长，这是一个主要由女性主导的工作领域。而在西方，兼职工作通常没有

---

① 有关这一问题的精彩实例，可参见英格丽·康尼迪斯（Ingrid Connidis）的研究。

养老金计划和老年保险等福利,这让从事这类工作的女性随着年龄的增长越来越处于不利地位。除了职业女性群体,大多数女性都难以为退休计划做出贡献,也没有能力积累财务资源。① 在发展中国家,人们对许多女性劳动力的认识不足,贫穷的妇女和农村妇女承受着更多的文化压力,必须生育尽可能多的男孩,以提高自己的地位并为她们及其丈夫提供养老保障。尽管在这些社会中照顾老人的通常是女儿,但这种压力仍然存在(Sen,1995)。对许多妇女来说,生育是她们在老年时可能受益的一种安全保障。然而,全球化的力量甚至正在影响这一非常基本的关系。

第四节　照护危机

全球人口结构使人们对工业化国家和发展中国家老年人的未来产生极大的担忧,这些国家的老龄人口在不断增长,但可供利用的公共资源却越来越少。波利夫卡(Polivka,2001)指出,发展中国家的资源占工业化国家当前消费的不到10%,由于收入和支出的削减,这些资源甚至比以前的水平有所下降。与欧洲国家相比,所有这些国家都没有社会保障和医疗保险等项目,也没有慷慨的社会规划。使这一问题更加严重的是,发展中国家的老年人口不仅数量更多,而且更为贫穷,其健康状况更差。他们和西方的老年人一样患有慢性疾病:关节炎、高血压、心脏病、胃溃疡和肺病。事实上,统计数据表明,发展中国家患有以上慢性疾病的老年人口所占比例远远高于美国。一项跨文化的健康研究表明,泰国60%的老年人和印度尼西亚49%的老年人患有关节炎,而在美国,这一比例约为40%。使这一问题更为复杂的是,大多数位于发展中世界的国家,

---

① 这些讨论中经常被忽略的是,即使是从事专业工作的妇女,通常也要抽出时间来生养孩子,这不利于她们未来的收入潜力。

其公民获得卫生保健的资源有限，获得卫生服务的机会有限。为了提供急需的服务，他们需要来自西方的资源，否则，数以亿计的老年人将得不到医疗服务。这些地区的另一个担忧是，年轻人正在向城市地区迁移，导致更多老年人独居于农村社区。这种情况表明了照护的危机，其影响，即使没有比工业化世界更加深远，但也同样巨大。

一些人对新自由主义全球化政策对发展中国家的负面影响日益感到担忧，这加剧了照护危机。许多情况下，由于脆弱的安全网消失，这些国家无法对其最脆弱的人口做出反应。虽然欠发达国家和国际组织关注儿童与劳动人口薪资下降，但很少有人关心老年人的地位。这种兴趣的缺乏，或者说是善意的忽视，在某种程度上可以归因于对惊人统计数据的不熟悉，以及对老龄化和老年人在社会中所扮演角色的不熟悉。老年人的"隐形"及其对"家庭"领域的归属，使他们远离政策、规划和财务支持等公共领域。特别是在许多发展中国家，老年人被认为是由近亲照顾的。然而，随着家庭关系和结构通过迁移、工作和角色的重新安排而改变，许多老年人处于无人照顾其需求的状态，这从根本上恶化了这种情况。

在工业化国家，正在出现一种有些不同的发展轨迹。由于公民在社会中面临着越来越大的不平等，而国家对老年人口的社会支持也在逐渐减少，使家庭和社区援助成为必要。这引起了广泛的猜测，即在相对较短的时间内，工业化社会和发展中社会都将就老年人在社会的作用和地位进行相对类似的对话（Kim等，2000）。但是，获取资源方面的差异使这一主张遭到质疑。此外，家庭照护往往等同于"女性照护"。鉴于前几章所强调的家庭和性别角色的动态，这就引出了一个问题，即将来如何以一种可行和公平的方式处理老年人的照顾问题。

第五节 中国的例子

中国在照护问题上提供了一个有趣的研究案例。尽管它在过去50年里社会、经济和政治发生了重大变化，但家庭照料的模式仍然相对地植根于古老的传统。在中国，子女尤其是儿子，有责任传承姓氏并为父母提供经济上的照顾，这被称为"孝"（Zhan & Montgomery, 2003）。作为父系社会制度的一部分，女孩一旦结婚，就必须在她们的姻亲年老时照顾他们。尽管家庭法有所改变，但直到最近，关于照顾老人责任的家庭制度仍然没有改变。然而，新的研究表明，越来越多的女儿在照顾着父母，尤其是在城市地区，那些年迈的父母也依赖她们的经济援助（Zhan & Montgomery, 2003）。虽然这种转变可以部分归因于20世纪70年代实施的独生子女政策带来的家庭结构变化，但这似乎也是全球化的产物。

这表明，在社会缺乏针对老年人和年轻女性的最低限度安全网，如社会保障和医疗补助计划等情况下，老年妇女面临的危机越来越大。詹和蒙哥马利（Zhan & Montgomery, 2003）指出，虽然一些年轻女性可能从融入全球经济中受益，但年长和失业的女性，或是承担大量照顾责任的女性，却处于越来越脆弱的地位。与西方不同的是，中国女性不能要求丈夫的养老金。随着她们的年龄增长，孩子通过鼓励更大流动性的全球化进程而离开，这些妇女可能会发现，除了其他一些妇女，她们没有人可以求助。① 在中国的案例中，我们发现了家庭、经济和性别结构的交织对意识形态和传统产生的巨大影响，这些意识形态和传统被认为是相对固定的，不受全球影响。虽然孝顺责任的文化规范并没有减少，尤其是在照顾老人方面，但

---

① 重点之所以在妇女身上，是因为在现行制度下，男性仍然具有获得养老金的优势。此外，鉴于当前中国社会的意识形态和结构，男性更容易找到全职工作。

经济和社会压力正迫使年轻人追随就业机会，离开年迈的父母，让父母独自生活。我们还再次看到，在今天的情况下，穷人和妇女（这两者往往结合在一起）也许是最脆弱的。然而，也许最令人担忧的是，我们仅仅处在即将发生的变化的边缘，特别是在家庭关系、性别以及发展中国家的老年人等问题上，几乎没有就这些问题进行对话和采取行动。

第六节　三明治一代的压力

照护工作及其影响以各种形式表现出来。例如，美国的人口和社会研究越来越多地指出，"三明治一代"（sandwich generation）是工作压力最大、工作过重的一代。[①] 随着员工越来越多地照顾孩子和年长的亲戚，他们自己的健康和幸福也受到了影响。家庭与工作研究所（Families and Work Institute）的一项"全国劳动力变化研究"显示，员工中照顾老人的比例从1997年的25%上升至2002年的35%（Neal & Hammer, 2007）。随着个人越来越推迟生育、人口老龄化以及越来越多的妇女参与有偿劳动，一个日益普遍的现象是，女性和男性发现自己要同时照顾孩子以及年迈的父母和亲属。由于照护主要是一种女性现象，照护危机不成比例地影响到妇女。[②]

加上人口和社会因素，老龄化、全球化和性别移民的全球趋势，突出了美国与其他工业化国家对照护劳动力需求的日益增长。有些人将此称为"照管的国际转移"（Parreas, 2001）。随着家庭，特别是妇女越来越多地将全职工作与家庭责任结合起来，家庭照护正以薪酬的形式外包给受雇者。引人注目的是，照护工作对家庭和社会

[①] 在其他西方国家和发展中世界，都严重缺乏这方面的研究。

[②] 然而，这一讨论必须指出的是，不同的研究对照护的界定常常是不同的。有证据表明，男性也参与老年人的照护，但方式与女性不同。他们可能会提供金钱或交通等工具性护理，而女性则倾向于承担日常工作。详可参见哈文（2000）的研究。

来说仍然是至关重要的，但也被忽视和低估了（Zimmerman，2006）。为了应对照顾受抚养的家庭成员这一日益增长的需求，世界工业化地区越来越依赖移民妇女。这些妇女为儿童以及日益虚弱的老年人提供照顾（Browne & Braun，2008）。然而，通过提供照顾而充当家庭劳动者的妇女特别容易受到伤害和压迫。很多家政服务是私下支付的，不考虑劳动法，而且还涉及剥削的因素。大多数情况下，移民妇女所在的母国政府由于社会对汇款的依赖，一般不会介入这些移民妇女的处境。与此同时，东道国社会也收紧了移民和居留法，防止这些妇女中的许多人永久留在自己的国家，因此便有了母国政府和东道国政府都不干预在国外工作的移民妇女的情况。布朗和布劳恩（Browne & Braun，2008）提出了一个令人不安的问题："谁应该对移民妇女的社会和经济福利负责？"在更宏观的层面，（他们）会问："发达国家是否欠那些对工人进行了卫生相关培训但随后工人即移民的国家的一份人情？"一定程度上，布朗和布劳恩回答了自己的问题，他们正确地指出，需要最低限度地充分补偿和保护工人所提供的照护。他们还强调了一个事实，随着劳动力本身的多样化和正在被照顾的人口越来越多元化，文化问题将在这些关系中发挥更大的作用。

在这一讨论中，至关重要的是，不要把承担照顾工作的移民妇女看作全球化力量的被动受害者（即使学术著作也经常这样描述她们）。① 必须强调的是，在过去的美国和今天的社会，贫穷的妇女和工人阶级的妇女都有重新塑造与为自己创造新生活的情况。占主导地位的女权主义者认为，妇女是全球力量的棋子，她们几乎没有选择余地，只能跟随市场力量，这消解了她们任何形式的能动性或选择。虽然许多妇女由于经济困难而被迫移徙可能是事实，但这并不

---

① 在美国，有关照护工作的讨论尤其令人不安，因为它往往建立在这样一个不言而喻的假设之上：妇女"应该"承担这些责任，并且通过雇用其他妇女（这种情况下是移民妇女）来从事这项工作。这些以某种方式传承，假定她们理所当然地应该做些什么。

意味着她们只能生活在贫穷或边缘化的条件下。促使她们迁移的同样的全球力量，也为她们重新塑造自己的身份以及在家庭、社区和东道国社会中的角色提供了新的空间。

第七节 全球化如何能够对老龄化问题做出积极贡献

全球化有望使世界各地人口老龄化所面临的重大问题得到必要的关注。例如，随着工作场所和国家日益受到国际法的监管，年龄歧视等概念的传播最终获得越来越多的受众。然而，伴随工业化国家人口老龄化而来的是新自由主义国家政策，这些政策正在系统地增强私营部门的作用。此外，由于养老金的减少和工作不安全感的增加，人们对老年依赖的担忧有所加剧。随着全球人口老龄化，照护问题也变得越来越重要。在工业化国家，把照顾老人的工作委托给家庭，对男性与女性都有重大影响，他们需要协商工作和在家的复杂时间需求。关于"谁"应该承担照护工作的激烈争论，并没有带来很多富有成效的结果。例如，在工业化的世界中，中产阶级和职业妇女雇用与"剥削"发展中国家的妇女，让她们"为其从事照护工作"，公众对她们的不满往往也是被误导的。这种分歧实际上并没有帮助家庭解决他们所面临的严重的照护问题，事实上，有时甚至使妇女在家庭中作为主要照料者的角色再次"自然化"。大多数情况下，男性和女性都在外工作，即便有性别平等的严格规范，也解决不了由谁来承担家庭责任这一根本问题，无论是照顾孩子还是照顾老人。① 正如我们所看到的，全球化及其伴随的影响，导致安全网

---

① 有趣的是，许多这样的争论建立在一个基本假设上，即工作应该由家庭来承担，但分配方式应有所不同。我们很少谈到需要国家介入并提供政策和服务，以减轻工作家庭的照护负担。

的缺乏和家庭照护的缓慢流失,这也是发展中国家日益关注的一个问题。这些地区的家庭面临着同样的、日益严重的困境,即如何照顾他们的受抚养成员,但可获得的资源往往更少。

全球人口老龄化带来的前所未有的人口结构转变,已引起人们对将被证明是最有益的政策类型和社会变革的关注。同样,必须强调,老年人并不构成一个团体或群体,他们在社会之间和社会内部存在很大的差异。彼得森(Peterson, 1999)提出了一些基本的宏观方法,来应对工业化世界中老龄化社会所面临的经济、社会和政治挑战。他指出,要延长个人的工作时间,通过移民来增加劳动力,促进更高的生育率,投资未来劳动力的培训和教育,支持家庭内部的代际关系,增加政府针对最脆弱群体的服务和福利,同时促进个人为未来储蓄的责任,都将是抵御老龄化危机的潜在策略。世界上几乎每个国家都将很快体验到老龄化危机。然而,彼得森(1999)也强调指出,其中许多战略违反了公民与其领导人之间不成文的社会契约。它们推翻了对政府在提供个人服务方面的角色的基本期待,抑或是颠覆了主流意识形态。需要补充的是,它们也忽略了一些有关老龄化的最根深蒂固的问题:在许多地方,妇女和低技能、低收入的工人,受到老龄化进程的影响是不成比例的。正是这些人在家庭中为老年人提供照顾,正是这些人往往没有足够的资源,如养老金计划和资产,使他们能够享受一个有尊严的、在某种程度上更轻松的老年生活。

任何针对老年人脆弱性和安全问题的国家制度与政策,都必须将贫穷妇女和其他弱势群体作为首要重点。此外,为了开始解决发展中世界在老龄化方面的一些复杂问题,需要有系统地处理地方和全球的不平等问题。特别是,生活在发展中社会的老年人和生活在工业化世界较贫穷社区人口的健康状况,需要得到改善。菲利普森(2006)指出,"联合国和世界卫生组织等机构需要面对国际政府组织(IGOs)的权力,例如国际货币基金组织和世界银行实施的导致大幅削减老年人等群体服务开支的社会政策"(第54页)。各国政府也需要开始在其政策和治理中承认照护工作。由于家庭环境仍然存在，且（或）是老年人照料的主要领域，照护者（无论男女）都需要为自身的努力而获得经济补偿。这将减轻政府的负担，并支持私人和公共领域之间的努力。

当目睹新的老龄化人群出现时，我们也有可能面临老龄化、态度以及政治和经济行动的新观念。全球化为跨国运动和意识形态带来了更多的潜力，但是也强调了不同的老年人阶层，包括贫穷妇女、少数民族和残障者不同的关注点。随着美国婴儿潮时期出生的人步入老年，我们正在见证老年生活及其可能性的重新定义。然而，随着社会和遍及全球的穷人也在进入老龄化，我们应该越来越关心他们的处境，需要利用全球化的力量，提高人们的意识，进行变革，保障每个老年人的基本尊严和权利。实现这一使命的潜力掌握在我们的手中。在这个问题上缺乏共识和行动，不仅对弱势群体，而且对我们以及我们进入的这个世界都不是好兆头。这个世界将越来越面临人类历史上没有先例可循的问题。

第三部分

未来的挑战与机遇

第八章
民族国家、跨国空间与家庭的联系

20世纪后半叶和21世纪初的全球变革，伴随的是有关民族国家角色及其与公民关系的批判性辩论。由于全球化引发了各种新的关切和问题，以前的决策领域之间的界限已经模糊。当今的许多问题，要求国家和政府在不同层面与其他公共和私人的组织或机构相互作用，以实现其目标（Castles & Miller, 2003）。虽然民族国家的性质、机制和目标发生了变化，但家庭仍然与其活动密切相关。在一个全球化的世界中，有关移徙、人口老龄化、男性女性和儿童角色的变化，以及生育率下降等家庭问题成为激烈争论的政治焦点，并与政策决定密切相关。然而，与过去不同的是，随着民族国家对这些社会动态做出反应，它们也日益受到强大的跨国力量束缚。这些力量可能在新的、有时是不受欢迎的方向上影响它们。

自从更多的经济体开始涉足国际贸易和资本流动，国家之间的边界已经开放。这些现象使人猜测，我们正处于一种新的全球秩序的边缘，其特点是各种力量规避和削弱民族国家的主权（Appadurai, 1999）。随着思想、商品、资金、战略、形象和人员的流通越来越自由，区分地方事务和全球事务变得越来越困难。信息和通信技术使我们能够洞察遥远的地方，把遥远之地人们的斗争和状况置于个人的视野，而在过去，这些人可能从未离开过家乡社区。全球社会的联系日益为每个人所理解，并以前所未有的方式融入人们的意识。

然而，这种现象对民族国家的概念化也有特定的含义。越来越多的人需要在一个跨国的框架内理解国家的作用，这个框架将国家从其领土性中解脱出来（Gupta & Sharma，2006）。随着边界的渗透性越来越强，国家不得不采用新的主权概念。[1]

这里不妨回顾一下吉登斯（1990）对全球化的两种对立观点的描述。从一个角度来看，全球化只是随着时间的推移而加剧的历史进程的延续。但从另一个角度看，全球化是真实和不同的，是在文化、政治、经济和社会层面实现的。[2] 从这个角度看，全球化是一套复杂的过程，其特征是相互矛盾的力量。一方面，它将权力和影响力从地方与民族国家层面抽离；另一方面，又为地方自治和文化认同创造了新的空间。这一分析为我们留下了理解的空间，即民族国家并非如某些人所认为的那样必然消失或退化，而是处于转型过程中，尤其是因全球化的进程和影响而转变。全球化不只是一种外部力量，它是在民族国家之间和内部实现的，对个人、家庭和社区都有影响。

伴随全球化而来的是国际货币基金组织和世界贸易组织等国际监管组织的力量不断增强。这些跨国实体常常被拿出来作为向民族国家提出独特挑战的实例。它们的职能是规范、监督甚至有时是控制国家的行动，特别是在金融和市场方面。但是，越来越多的这类跨国实体也关心从环境问题到侵犯人权等一系列问题。这些类似国家的机构的增长并没有被忽视。全球网络正越来越多地组织、回应和抵制一些人眼中的非法机构。[3] 这些问题的复杂性使分析者思考民

---

[1] 有关这一话题的细致讨论见古普塔和夏尔马（Gupta & Sharma，2006）的研究。他们对国家提出质疑，并指出，为了理解国家与全球化的关系，需要认识到并不存在国家这样的"单位"。"这种方法通过考虑不同层面、地点和规模而将国家的统一性问题化，它权衡了用于代表'国家'及其合法性和权威性而进行的大量文化工作；最后，通过考虑政治经济、社会结构、制度设计以及日常实践和代表制之间的相互作用，它允许在看似历史性的转变中对连续性进行细致入微的欣赏。"（第281页）

[2] 吉登斯将自己包括在第二种观点中。

[3] 有关这些机构的"非民主"性质，请参见后文的讨论。

族国家未来的功能和需要使用的机制,以便使其合法化。

全球化的另一后果是,全球社会特别是工业化世界的社会,越来越具有异质性。虽然文化接触可以导致对差异性的更大容忍,以及对不同传统和价值观的欣赏,但这种新形式的多元文化主义,也导致在西方和其他地区出现强大的民族主义与原教旨主义运动。移民的升级以及伴随移民而来的新形式的跨国主义,其特征还包括基于经济不平等以及诸如种族、民族、国籍和性别等标记的新形式的包容和排斥。人口日益增长的多样性,特别是在民族国家中,这些国家已经围绕统一和同质的概念建立了自己的身份,这对未来构成独特的挑战。

第一节 民族国家对其公民的作用

当代民族国家的概念起源于 17 世纪,同时与法国大革命遗留下来的哲学概念"理性"联系在一起。国家概念的主要内容是承认"每个国家都是唯一的政治权威,拥有特定的领土"(Hirst & Thompson,1996,第 171 页;引自 Carrington,2002,第 88 页)。法国大革命向当代传递了这样一种观念,即"创造和保卫国家的统一,是与理性、自由和平等的普遍原则相一致的,是反对一切内外敌人的"(Torraine,1990,第 124 页;引自 Carrington,2002,第 88 页)。当代资本主义的根源也与这一历史时期有关,这解释了资本主义、民族国家和理性之间普遍存在的联系。然而,普遍的社会变化使这些概念在当代语境中站不住脚。在经济问题或公民关系方面,国家不再能够像历史上那样保持独立。克拉克(Clarke,2005)解释道:

> 因此,民族国家的概念假定人民、地方和文化的统一性,而这些统一性又体现在一个主权政治制度中,在面对空间、数量和社会混乱的情况下,这种假定现在显得不那么可信了。首

先，随着边界变得更具渗透性、更具争议性甚至更具流动性，国家的领土特征似乎不再那么安全。国家似乎不像以前那么稳固了。其次，在全球化、区域化、欧洲化、地方化的进程中，民族国家的权威、权力和效率似乎受到了威胁或削弱……最后，通过改变生活方式、工作形式、家庭组成方式以及移徙和流动过程，国家的社会特性受到了质疑。（第407页）

民族国家在全球化力量中的地位的新概念提出这样一个问题：国家将如何建立一个统一的民族身份来动员他们的人民（Carrington，2002）。[①] 因此，我们面临一个当代的困境，即民族国家的作用，与将其公民以及发挥经济和政府职能的主要机构拉入国际领域的进程相矛盾，这使得民族国家在国际领域中行使较少的控制权并丧失部分合法性。在社会层面，民族国家在家庭生活、工作模式、服务需求和多元文化问题上面临着根本性的变化。拉坦西和韦斯特伍德（Rattansi & Westwood，1994）指出：

> 全球化意味着，除此之外，民族国家的文化边界在无数方面有突破，为各种文化世界主义创造了机会，但也产生了地方及其民众以不同方式体验到的焦虑，而且地方和国家机构以及政党通过一系列战略进行了管理和动员。（第27页；引自Carrington，2002，第85页）

民族国家面临着两难的境地：如何充分应对那些同时将它们拉向外和拉向内的力量。然而，正如将要看到的那样，情况比这次简短讨论所表明的还要复杂。根据全球地理位置，人们对民族国家的作用有着非常不同的看法。我们再次发现，全球化是社会秩序各个

---

① 参见卡灵顿（Carrington，2002）关于这一主题的内容丰富的论文，以及对国家、家庭规范概念和全球化力量之间关系的心理分析。

系统层面的一个不平衡过程，同一社会中的个人和不同社会之间的个人受到的影响是不同的。地方文化不断受到多方面的全球影响，这实际上表明了民族国家的持续作用。虽然它们的影响力可能在下降，或者至少在变化，但地域的持续重要性是不容置疑的（Baars，2006）。当代民族国家在不同程度上受到国际或全球关注、组织、公民和社区的影响。民族国家也行使权力，使其经济一体化，从而使公民在一定程度上融入全球市场。① 它们继续制定鼓励或不鼓励这一参与形式的政策和边界。随着全球舞台的演变，民族国家及其民众的反应和行动也在发展。然而，乔治和威尔丁（George & Wilding，2002）提出：

> 除非在全球层面得到平行政策的补充和支持，否则（国家政策）将失败。当福利国家在20世纪40年代、50年代和60年代出现并蓬勃发展时，几乎没有什么社会问题的影响超出单个民族国家的范围。国家可以在其社会政策中享有主权。半个世纪后，国家在社会政策上的自给自足已不再是一种现实的选择。在越来越多的领域，国家层面的行动必须由超国家层面的行动加以补充。（第187页）

这表明，民族国家将越来越多地必须与跨国实体合作，实施和执行其为人民服务的项目和政策。在继续分析其中的一些过程之前，此处想谈谈话语本身的一个概念问题。社会政策分析家几乎一致地将福利、侧重于民族的国家（nation）和侧重于政府整体的国家（state）等同为同一实体。因此，很难在同一讨论中找到不提及民族国家和福利国家的事件或例子。克拉克（2005）解释说，福利与国家有关，因为它是"国家为了追求利益，为了繁衍、维持和发展而提供的"（第408页）。当代背景下，分离其中一些概念可能是有益

---

① "公民"一词在这里代表个人或居民。在这种情况下，它并不意味着法律地位。

的，这将导致对国家内部和国家之间正在进行的进程展开更具活力的讨论。正如克拉克（2005）所说，"我们可能会在比较研究中寻找（有争议的）项目来重建和重新安置作为空间和人的国家（nation），作为社会力量凝聚的场所、共同主权的场所和治理体系的国家（state），以及作为制定特定人群规范性法规和发展的政策与实践的福利"（第414页）。梳理这些概念，将使我们更好地了解这些进程在工业化世界和发展中世界是如何运作的。

随着民族国家的压力越来越多地变成全球性而不是国家性的，民族国家在复杂的、不易理解和分离的相互关系中正在加速联系（Dannefer, 2003）。卡斯特尔斯（2004）认为，"核心经济活动的全球化、犯罪的全球化、社会抗议的全球化以及跨境恐怖主义叛乱的全球化，对民族国家的工具能力造成了决定性的削弱"（第304页）。民族国家似乎越来越无法管制境内发生的一些最基本的进程。赫斯特和汤普森（Hirst & Thompson, 1996）明确指出："民族国家现在只是从世界到地方各级复杂权力体系中的一类权力和政治机构，但由于它们与领土和人口的关系而具有中心地位。人民仍然拥有领土，并受一个民族国家国籍的约束。"（第190页）

过去几十年见证了各种国际实体的出现及其日益强大的力量，如今，这些实体在全球化范围内发挥着重要作用。其中，最引人注目的有世界银行、国际货币基金组织和世界贸易组织。巴尔（2006）提出了一个有趣的观点，即尽管许多工业化国家宣称民主进程，但这些组织都是通过非民主的结构产生和管理的。在这个跨国界的舞台上，被削弱的民族国家可以利用制定的政策来促进原本不受公民欢迎的行动合法化。然而，这些政策和计划是根据少数人的意愿制订和实施的，而且往往没有那些最终要对其实施负责的人参与。

需要注意的是，虽然民族国家似乎正在失去一些历史赋予的权力，但并没有失去它们的影响力。相反，民族国家正在重新自我改造。从组织的角度看，民族国家可以被理解为以其多重角色之一来登上全球舞台。

第二节　国家的作用与全球资本流动

全球化是一个备受争议的术语，它与多种现象有关，但今天，许多分析人士将全球化或至少是其力量，与全球范围内的资本流动联系起来。阿帕杜莱（1999）提出，"这个时代的新事物显然与全球资本的运作有很大关系，但我们还不太清楚，资本究竟是如何在全球运作的"（第230页）。另一些人则强调，全球资本主义意味着金融已经转移到一个不同的层面，一个更短暂的层面，一个越来越与信息技术联系在一起的层面（Carrington，2002）。随着这一认识的出现，人们意识到，随着技术发展及其影响力增加，资本主义全球化的后果也随之增加。在过去，资本是与生产联系在一起的，而在今天的全球市场上，价值的部分决定因素是能否获得信贷，而不是生产能力、物质财富或固定资产。

目前，经济上的相互依赖和国家间的相互作用，日益被视为对国家主权的主要挑战。这一"新"时期的开始，主要与20世纪60年代末和70年代初的政治与经济事件有关，在此期间，发展中国家从政府控制的封闭贸易结构转向开放结构，这为融入全球经济创造了条件。人们认为，这些力量在冷战结束后有所加速。一些分析人士甚至认为，由于缺乏国际安全议程，这是资本主义在没有太多监督的情况下得以蓬勃发展的时期（Carrington，2002）。然而，必须指出的是，冷战结束的同时，信息和通信技术的力量也在增强，导致时间和空间的压缩，这与以往任何情形都有所不同。因此，我们在这一点上已经奠定了新的世界秩序的基础，可现在才开始认识和理解其影响。

派尔和沃德（Pyle & Ward，2003）发现，资本主义进程和意识形态从20世纪60年代末与70年代初开始，已经扩散到世界各地，形成多种趋势。在此期间，许多国家增加了市场在其经济中的作用，同时降低了政府的中心地位。这一举动是由于新自由主义的传播。新自由主义是一种以市场为基础的经济导向，主张限制民族国家的参与。参与这一进程的一系列国家，包括之前是社会主义国家的一些东欧国家、东南亚国家和中国等发展中国家，以及包括美国和英国在内的工业化国家（从80年代初开始）。许多发展中国家和以前的社会主义国家从为本国需要而生产转向以出口为导向、为外贸而生产的发展战略。同时，金融、制造业和服务业的组织也变成了跨国公司。它们通过将活动转移到新的国家，并通过建立广泛的分包商网络，增强自己在全球经济中的地位。世界银行和国际货币基金组织等国际监管组织开始在全球舞台上获得影响力。这些国际实体制定了范围广泛的政策，其中一些政策，对特别是发展中的经济体产生长期的不利影响。例如，世界银行和国际货币基金组织规定了结构调整政策，将其作为贷款的一项要求。结构调整政策要求各国政府越来越多地开放其经济，允许资本流动和贸易，这往往会对本国的可持续发展构成挑战，并出现金融动荡。另一个值得注意的趋势是，随着国际货币基金组织或世界贸易组织等这些以市场为导向的机构越来越重要，以人权和社会条件为关切点的组织，如一些联合国机构和非政府机构，失去了部分意义和力量（Pyle & Ward，2003）。

这些深刻的经济变化产生了全球性的影响。派尔和沃德（2003）指出，虽然这种全球重组使用了"自由化"和"自由市场"的语言，但它也宣传了竞争性市场导致经济结果的思想。

> 这延续了一个神话，即随后的经济结果源于竞争市场，在那里，每个人都有相似的机会，政府对经济的参与微乎其微……这些形式的全球重组，是各国政府在跨国企业、国际货币基金组织或世界贸易组织等机构的压力下蓄意干预的结果，并不是"自由市场"战略的结果。语言的滥用掩盖了这样一个事实，即这些机构从根本上关心利润或贷款支付，它们主宰着各国的经济，并制定"开放"和"自由化"的任务指标与经济政策。(Pyle & Ward，2003，第464页)

第三节　结构调整与性别影响

国际货币基金组织和世界银行等颁布的战略，如结构调整政策，在社会层面产生了无法预见和无法预料的后果。派尔（2005）强调了这样一个事实：许多经济变化，特别是发展中国家的经济变化，对妇女的影响尤其巨大。结构调整政策导致在其经济的非正式部门工作的妇女人数增加。出现这种情况的原因是，为了产生偿还贷款所需的收入，政府支出必须减少。像国际货币基金组织这样的组织，推行将政府支出最小化的政策，通常被转化为削减政府本身的就业（这些工作通常由女性担任），并减少社会项目（住房、食品补贴、医疗津贴等）。① 这些影响主要体现在妇女试图通过在非正规部门从事兼职工作来帮助家庭、创造额外收入和承担更多的家务劳动，以弥补服务的削减（Pyle, 2005）。因此，全球化的一个影响是，在某些地区和特定时期，妇女被迫从事兼职或低薪工作来帮助家庭。正如金费希尔（Kingfisher, 2002）所解释的那样，"基本的矛盾是，全球化和结构调整意味着增加对女性劳动力的依赖，但同时又降低了女性劳动力的价值，国家对她们的支持也随之减少，从而增加了女性再生产劳动的压力"（第47页）。受结构调整政策影响最大的女性群体，往往是那些从事家务、照护、带薪家务等工作的妇女。今天，这些妇女也占移民的很大比例，她们在自己的社会或国外寻找工作，寻求有助于家庭生存的就业机会。

关于民族国家的作用，派尔（2005）指出，特别是在发展中国家，许多国家的政府实际上都出台了支持政策和战略，支持妇女从

---

① 结构调整政策还包括其他条款，如贬值货币、收紧私营部门、将国内价格"调整"到全球市场、使国营企业私有化和使土地所有权合法化。参见爱森斯坦（2005）的详细讨论。

事出口加工行业、家庭佣工和国外照护人员的工作，以及在多层次的分包合同网络中作为家庭工作者。派尔（2005）将这种现象归因于政府希望将跨国企业吸引到其所在地（带来收入），发展旅游业（通常伴随性产业），以及向其他国家输出剩余劳动力（导致大量妇女作为家庭佣工、照护者和性工作者迁移到其他地方）。制定政策是为了满足社会对就业和收入的需要，并满足更强大实体的利益。这些政策往往会产生意想不到的有害后果，特别是对妇女，但这一事实在很大程度上被忽视。大多数情况下，政府不干预往往伴随分包工作或迁移的情况。它们鼓励跨国企业将其活动立足本国的愿望，再加上汇款的需要，尤其是流向社会最贫穷阶层的汇款，导致女性雇员可能试图抵制的情况——很少或没有政府的援助。事实上，通常主要是政府在维持现状方面具有既得利益，因为由此产生的影响主要是现金流，对它们有利。通过这些工作活动获取的资金还有另一种功能，它被视为遏制可能由极端贫困和失业造成的社会动荡的一种手段。对于民族国家，它们与国际货币基金组织或世界贸易组织这样的国际机构合作，可以为它们提供使行动合法化的手段。否则，这些行动可能不受本国民众的欢迎。

关于资本主义全球化的进程，民族国家继续参与这一进程，尽管是在能够的范围内对它们有利。民族国家在创造和使全球资本主义蓬勃发展的条件中发挥着关键作用。对许多人来说，鼓励全球化对他们有利。当民族国家重新配置自身时，它们利用了公民、家庭和身份的新形象。正如卡灵顿（2002）所言，"民族国家不是消失，而是在空间上重新配置自己。目前，这种空间重构更多的是指国家的社会文化和种族空间，而不是物质领土。随着冷战结束和美国霸权的衰落，安全和经济活动发生了变化，对特定类型的公民、特定类型的家庭单位和特定民族或种族公民的需求也发生了变化。过去用来维持国家社会文化空间的规范性原则（这些原则与每个国家的安全和经济议程直接相关），已经不再像以前那样重要了"（第89页）。

关于资本主义全球化的许多观点，所缺少的是对个人生活影响的探讨（Carrington，2002）。我们对资本主义全球化于公民、员工、家庭和身份的影响知之甚少。派尔和沃德（2003）等学者开始就资本主义全球化对妇女生活的影响展开对话。然而，我们需要更加严谨和深入地探讨全球化、民族国家与社会秩序之间的复杂关系。例如，我们对男性的生活及其如何受到这些进程的影响知之甚少，对处于发展中国家和工业化国家社会经济阶梯最底层个人的生活知之甚少。随着各国日益融入全球舞台，我们需要更多地了解它们的日常存在、斗争和需要。只有提高认识，我们才能制定有效的政策和规划，真正帮助脆弱和处境不利的个人与家庭。

第四节　关于福利国家作用与全球化的争论

许多关于全球化的政治和经济论述，集中在全球化与福利国家作用的关系上。布雷迪等人（Brady 等，2007）指出，这些讨论存在三种趋势：一是深信全球化给福利国家带来了积极改善，二是认为全球化给福利国家带来了负面影响，三是认为全球化会对福利国家在公民生活中的作用产生曲线效应。那些积极倾向于全球化的人（有时也被称为"补偿论"）认为，全球化给个人生活带来了波动和不确定性，各国政府通过扩大社会政策来应对人民的不安全感，这些政策将稳定经济并在政治上满足他们的需求。换言之，国家通过扩大福利型改革和服务，为公民提供安全保障，从而使自己合法化。第二种观点则从更为消极的角度看待全球化与福利国家之间的关系。[1] 他们将此归因于所谓的"效率论"。该理论假定全球化迫使政府削减社会福利项目，使其更具竞争力和更为精简。各国政府削减

---

[1] 主要是社会科学家，尤其是社会学家，把这种对全球化和福利国家之间关系的解释归因于此。参见布雷迪等人（2007）对这些争论的系统阐述。

这些项目，是为了应对因融入更全球化的社会而产生的经济和政治压力。曲线理论认为，全球化导致政策和计划的最初扩张，但最终政府无法维持这些政策和计划，从而被迫削减。激烈的争论和研究使人们越来越一致地认为，全球化对工作的影响有限。例如，许多政治科学家、经济学家和社会学家指出，在一些工业化社会中，随着人口老龄化的加剧，社会福利国家在多个方面对这一群体的支持既没有按比例减少，也没有按比例增加。有趣的是，布雷迪等人（2007）认为，"全球化对福利国家的影响，可以被更好地理解为一种社会建构的话语手段，它使效率要求合法化，并削弱平等主义要求。也就是说，在围绕福利国家的政治讨论中，全球化可能更为重要"。

关注福利国家对发展中国家影响的学者，质疑这种对全球化及其于福利国家作用的伴随影响的分析（如 Sharma & Gupta, 2006；Rudra, 2008）。他们指出，关于这些问题的讨论几乎完全集中在西方工业化国家，或者忽视发展中世界的所有国家，或者把它们作为处于不同发展阶段的个体化实体集合在一起，这些形式的分析都是没有用的。鲁德拉（Rudra, 2008）认为，将发展中世界的国家排除在外，会导致对全球化在民族国家中的作用得出错误结论。她指出，当代全球金融、商品和市场运作的相互关系以及复杂性与规模，给各国公民造成未知的威胁和疑虑。虽然在这种环境中，较不发达的国家无疑面临着最大的风险，但某些理想和权利，如选举权的传播，创造了一种环境，使公民能够就市场扩张和新自由主义政策等问题表达自己的观点。因此，这些国家的政府不能纯粹为了自己的利益行事。正是由于全球化的影响，它们对本国公民的责任感比主流话语中经常描述的要高。

这就提出一个问题，即福利国家究竟是一个什么样的实体？艾斯潘安德生（Esping-Andersen, 1990）认为，为了理解福利国家，人们需要关注它们是如何参与经济的。在今天的欠发达国家，公民并没有循序渐进地从农业部门转移到制造业，然后是商业和服务业。

在发展中国家，重点不是减少内部的阶级不平等，而是减少它们与较富裕国家之间的差异。换言之，这些国家关注的是增加薪资劳动并发展到工业化国家的水平（Rudra，2008）。然而，今天使发展中国家情况不同和更复杂的是，劳动者需要更多的技能才能在市场上就业。这使得国家不得不提供更多的服务，以使其员工在全球劳动力中更具竞争力。从这一讨论中可以推断，在工业化国家和发展中国家，民族国家面临的压力既不同又相似。在每一种情形下，民族国家都被迫提供新的或更多种类的服务，但目标有所不同。

古普塔和夏尔马（2006）对这些关于新自由主义和国家"改革"概念的讨论提出质疑。他们指出，国家层面的变化不一定反映在州或地方层面。这表明，新自由主义对各级官僚机构的影响不同，并且"因此标志着全球新自由主义进程的特殊性"（第291页）。他们强调了一个关键点，即国家改革主要是从西方自由民主的国家模式来分析的，将新自由主义等同于削减福利条款和服务的论点，在那些从未成为福利国家的宪法中没有意义。他们这种跨国视角强调的事实是，人们必须超越官方政策和机构，将这些政策和制度合法化，并将其采取的和受到挑战的多种方式置于背景之中。

第五节　福利国家与家庭

第二次世界大战带来了新的世界秩序，其中包括发展中国家的非殖民化和民族国家边界的重新划分。这一时期也稳定了关于国家在满足工业化世界社会需求和社会挑战方面所发挥作用的基本假设。在此期间（我们讨论过的"家庭黄金年"），以下假设在许多工业化国家普遍存在：家庭将相对稳定，能够依靠男性养家糊口者的收入生存，家庭（男性）将是妇女、儿童和残障人士的主要供养者。这一假设基于的事实是，在这一时期，大多数男性甚至是那些能力相对较弱的男性，能够找到有报酬的稳定工作。战后的模式将老年人口作为最需要政府干预的领域。其他领域、劳动力市场和家庭被认为是稳定的。艾斯潘安德生（2000）指出，至少在西方，许多福利国家的情况是，今天，老年人相对安全，而家庭不稳定和失业给年轻人带来了风险。北欧只有少数几个国家通过重新分配资源和扩大产假等公共项目，优先满足年轻家庭的需求。由于世界范围内单亲家庭的增加和寿命延长等现象，社会需求已经发生变化，我们进入了一个对社会服务和护理工作有着更大实际需求的时期。正是在这个时间点上，一些福利国家正在放弃提供这些必要的国家服务，特别是在与社会再生产有关的问题上。尽管面临新的经济和社会挑战，民族国家并没有重新设计它们的福利制度，而是维持和修改相关政策。

在这个问题上，简单地考虑墨西哥和美国的例子是有益的。作为之前所描述的经济结构调整的主要实例，过去几十年中，墨西哥从中央集权的国家经济转向主要以出口生产为基础的新自由主义经济。这一转变的发生是由于工业化世界各国经济的变化，并得到国际货币基金组织等跨国机构政策的协助。它导致许多墨西哥工人的经济下滑，他们的收入由于通货膨胀、国家补贴和就业减少而下降了60%。该国合法的变化引发社会再生产危机，迫使许多墨西哥人通过合法或非法移民在邻近的美国寻求就业机会（Mattingly，2001）。

与此同时，美国也受到市场压力的影响，导致其对鼓励和支持社会再生产的政策缺乏支持力度。随着跨国企业将业务转移到世界欠发达地区，美国在战后初期的全球霸权地位有所下降。这一极具争议的现象，不仅有助于降低跨国企业的成本，提高利润率，也为它们开辟了新的市场。然而，在美国，伴随这些经济变化而来的，是20世纪中期福利国家意识形态的哲学转变。由于重新分配相关计划，如"援助有抚养子女的家庭"（Aid to Families with Dependent Children，AFDC）已经失去人们的青睐，它们并没有被其他以福利为导向的计划所取代。值得一提的是，美国与其他福利国家（特别是欧洲国家）的做法有所不同，除了为所有老年人提供社会保障外，其有关照护问题的福利计划是基于经济手段的，并且仅适用于那些被确定为生活极端贫困的人。

尽管在家庭角色方面发生了重大的社会变化，例如大量妇女进入有偿劳动大军，但却没有做出任何相应的努力来补贴或减轻照护工作。事实上，我们已经看到社会服务项目的急剧减少，联邦政府将责任转移到州政府和地方政府，以及非营利组织和宗教组织。削减计划也产生了其他影响，包括将公民身份与福利挂钩的运动。尽管采取了这一举措，公民还是目睹了可用资源的流失，这导致非公民变得更加脆弱——许多人再也无法获得任何资源（Mattingly, 2001）。通过这一进程，国家能够同时解决两个问题：减少国家提供的福利，并通过将"公民身份"作为建立"统一"和"国籍"的手段，在一定程度上使这一举措合法化。

新自由主义的意识形态在过去几十年里变得流行，它提倡的是极简主义国家的概念。基本上，任何阻挡市场力量的因素都被认为是有害的。然而，这种哲学或市场导向在"实地"应用时会导致大量的问题。正如米特尔曼和坦贝（Mittleman & Tambe, 2000）简明扼要地指出："关系链的中心是多种多样的方式，借由这些方式，经济全球化通过减少社会服务的公共支出以及将经济改革与社会政策脱钩而使大量人口边缘化。这种边缘化表现在性别方面，因为妇女是主要受其影响的人群。"（第 88 页；引自 Estes, 2006, 第 93 页）

需补充的是，这种解释下，不仅妇女受到影响，所有的弱势群体，主要包括移民工人也受到影响。实际上，在每个允许移民入境的国家，目前的移民政策通常都对雇主有利，使雇员容易被驱逐出境。这些工人往往被给予短期合同，缺乏政治权利，不被允许投票。在某些国家，他们甚至被禁止成立政治协会。这就给工业化国家提出了有关民主理想及其在多大程度上涉及外国工人的问题，也提出了关于新自由主义假设的严肃问题，即当代资本主义中全球化力量、民主理想和尊重人权之间所谓的良性循环关系（Parrenas，2005）。

由于全球化的意识形态与当地的情况相冲突，弱势群体如低收入工人和贫困妇女受到不成比例的影响。这种现象可以追溯到新自由主义意识形态在全球范围内的传播。这种意识形态认为，健康的个人在最低限度不干预的国家支持下，通过自由市场资本主义经济中的商品和服务的自由交换，努力实现结果的最大化（Kingfisher，2002）。然而，这个观点有几个明显的遗漏。特别是没有考虑弱势群体的地位和再生产劳动的作用。例如，新自由主义忽视这种市场体系对贫穷和弱势妇女的影响。这些妇女必须参加有报酬的劳动，还要照顾孩子和老人。这种假设也忽略了通常为处于就业阶梯最底层的个人创造的实际条件，主要是薪资过低、临时性的工作，有时是剥削性和危险的工作。

不平等现象可能会加剧，而且随着国家不再提供社会服务，承担额外责任和负担的主要是妇女。许多国家的福利资助并未解决由于妇女在有偿劳动力中的人数增加而产生的新的家庭责任负担。事实上，随着性别中立政策的制度化，再生产劳动越来越被人们所忽视（Kingfisher，2002）。在工业化世界，这一点最为明显的莫过于美国，美国为家庭特别是贫困妇女和儿童提供的福利最少。它没有全民医疗保健，大多数人没有资格享受带薪产假或家庭假、政府补贴的托儿服务或任何形式的家庭护理补贴（Parrenas，2005）。[1] 虽然欧洲其他国家为家庭提供的福利比美国更好，但批评人士仍然指出，这些福利是建立在保守的家庭概念上的。例如，老年人护理仍然主要由家庭中的妇女负责，没有提供寄宿式护理（Parrenas，2005）。斯堪的纳维亚国家是唯一在性别中立的基础上提供育儿假等福利的国家，也是唯一向老年人和单亲家庭提供直接服务与补贴等普遍权利的国家。因此，在工业化福利国家的政策背景下，研究再生产劳动、生育或生育的特定方面具有启发意义。

---

[1] 加利福尼亚州除外，它是第一个能享有带薪假的州。

第六节　妇女的生育率与工业化国家的未来

有人曾指出，必须结合全球人口老龄化来理解生育率下降的影响。卡斯特尔斯（2003）指出，即使生育率保持在1.70（高于大多数工业化国家目前的平均水平1.56）的国家，100年后人口数量仍将下降50%（美国除外）。德国、奥地利和意大利等国的人口在过去20年中有所下降，但没有任何迹象表明出现了逆转的趋势。如此多的工业化国家人口的显著下降，对民族国家的作用产生了严重影响。随着人口的减少，劳动力和国民生产开始下降。这一过程最终导致劳动力市场萎缩和经济负增长。为了遏制经济潮流并应对老年人的公共支出影响，各国政府似乎不得不促进具备其社会所需技能的个人的移徙。特别是南欧、西欧和东北亚地区，在较短时间内将面临这种局面。

但是大规模的移民，如在这些地区维持劳动力所需的移民，对未来而言是一个坏兆头。美国和欧洲的现状表明，大量移民也导致了强烈的民族主义倾向和反移民政治运动。事实上，尽管移民通常被招募来填补某些类型的工作，但大多数情况下，移民因社会的经济状况而受到指责。据预测，人口的减少也将改变国家之间的全球、政治和经济实力平衡。一些国家，如德国和日本，由于缺乏足够的劳动力，将失去他们目前的经济实力。更令人关切的是，工业化国家和发展中世界之间的巨大不平等，以及这些较贫穷社会的高生育率。例如，欧洲和亚洲国家与人口增长快速的较贫穷国家接壤。卡斯特尔斯（2003）提出了一个具有挑衅性的问题：随着贫穷国家生活水平不断下降、在极端困难环境中生存的人口众多，而邻国却越来越富裕，穷国和富国的关系在未来会是什么样子？他和其他人认为，规模更大的"人才外流"，即向西主要是向美国流动。这也引发了人们对发展中国家社会未来的疑问。

虽然直到最近传统思想还认为，妇女一旦有了收入，她们的生育能力就会受到限制，但最近的分析显示出一种矛盾的趋势。在那些可以轻松兼顾工作和家庭的地方，女性似乎更有可能生养孩子。在这一问题上，就业与生育和养育子女是相互排斥的，这一古老的文化要求在欧洲并不成立。分析表明，在提高生育率方面最成功的国家，为就业母亲和准母亲提供了最多的支持。[1] 这一发现具有重大的政策意义。如果工业化国家的政府希望维持人口数量，维系和改善人口经济状况，就必须把生育问题摆在首位。这就需要有利于家庭的财政支出和政策，解决努力在生育和工作之间取得平衡的职业妇女所关心的问题。沿着这一思路还可以推断，在制定有利于家庭的工作政策方面，美国落后于其他工业化国家的主要原因之一，是认为生育率下降并不是当今社会面临的问题。[2]

随着妇女越来越多地加入有偿劳动力大军，她们的生育决定似乎与其能在多大程度上将有偿就业和生育结合在一起密切相关。这种情况在工业化国家和发展中国家的妇女中越来越普遍。发展中国家的职业妇女能够获得相对廉价的家政服务，较贫穷的职业妇女却面临着照顾子女的困境。妇女特别是移居国外的妇女，必须根据家庭规模做出选择，并可能选择不生育孩子。各国政府将越来越多地参与这一问题，制定政策来缓解这些妇女的家庭状况。随着妇女参与劳动的人数继续增加（她们在经济上的重要性也随之增加），民族国家将需要制定政策，协助妇女在生活与工作之间取得平衡。研究表明，支持妇女和家庭的一些比较好的措施是高质量和低成本的儿童保育、充足的产假和育儿假、灵活的工作时间以及产后合法重返工作岗位（Castles，2003）。

以上简要讨论了民族国家政策、全球化力量与妇女生育和就业

---

[1] 参见卡斯特尔斯（2003）进行的数值分析。

[2] 美国的情况与欧洲和亚洲的工业化国家有所不同。由于大量移民，美国的生育率水平预计将保持相对稳定。事实上，移民妇女群体生育的孩子多于维持人口水平所需的孩子。

决定之间的关系，强调了个人和家庭选择在全球舞台上的重要性与影响，即微观层面发生的事情很重要，对宏观过程也有影响。在当代，如果不把对人的能动作用的一些深刻认识纳入这一进程，我们就不能谈论经济增长的重要性。但是，为了更好地理解社会力量如何在宏观层面运作，以塑造日常经验的微观层面，我们还需要研究在微观层面发挥作用的合法化的意识形态。在民族国家、全球力量和人口之间的相互作用中，权力的不平等总是在起作用。然而，更大的制度模式偶尔会以意想不到的方式受到抵制，这表明，对现象进行动态和多层次的理解是非常重要的（Baars等，2006）。正如罗西诺（2003）所说：

> 假定个体与集体相互塑造突出了一个核心问题：尽管一些分析家可能会同意，这两个层次之间的流动对于集体如何在时间中自我维持、人们怎样塑造宏观结构以及如何受到宏观结构的影响至关重要，但各个层次之间的相互作用在很大程度上被认为是理所当然的，并且……被认为超出了系统的理解范围……我们没有任何可行的……一种理论，可以预测个体将如何响应不断变化的宏观结构，或者宏观的集体政策如何在微观层面受到新模式的破坏、改变、维持或其他影响。（第23页）

当民族国家制定相关政策并试图对国家和全球动态做出反应时，它们本身也在这一进程中通过各级的反应和行动而发生改变。然而，这并非一个统一的过程。当地情况与国家和国际的议程与压力交织在一起，有时会给民族国家内部和民族国家之间的人们带来巨大的不平等。迫在眉睫的问题是，民族国家和与其互动的跨国机构，是否将真正实施广泛的机制来遏制这些日益增长的不平等——或者说，地方、国家和全球抵抗运动能否平息和重新引导民族国家的活动，以照顾其最弱势的人口。

第七节　日益增长的不平等与民族国家的作用

正如我们所看到的，越来越多的分析人士把福利国家的结构调整同生产和投资的全球化联系起来。事实上，卡斯特尔斯（2004）指出：

> 在资本、商品和服务的核心市场在全球范围内日益一体化的经济中，对于劳动生产率和生产质量水平相对相似的福利国家而言，似乎没有空间。只有与国际关税协定挂钩的全球社会契约（在不一定使社会条件和工作条件平等的情况下缩小这种差距），才能避免最慷慨的福利国家的消亡。然而，在新自由化、网络化的全球经济中，如此影响深远的社会契约是不太可能的，福利国家正被缩小到最小公分母……（第314页）

一些学者甚至预测，目前没有什么可以阻止全球社会进入他们所说的三层社会结构，这样的社会结构由以下几个层次组成。

> 第一层是主要国家30%—40%的人口，以及边缘国家占比略少的人口，这些人在全球经济中拥有"终身"就业机会，能够维持甚至扩大消费。第二层大约30%在主要国家，20%—30%在边缘国家，形成了一支不断壮大的"临时工"大军，他们面临着就业条件的长期不安全，而且没有任何集体保险来抵御先前由福利国家保障的风险。第三层即主要资本主义国家约30%的人口，以及边缘国家约50%或更多的人口，代表了那些从结构上被排斥在生产活动之外，随着福利国家和发展中国家的解体而完全不受保护的全球资本主义的"多余"人口

(Hoogvelt, 1997; 引自 Polivka, 2001)。[1]

尽管世界上某些国家和人口之间以及国家内部的贫困和不平等日益加剧，但全球经济的主导地位并未产生实质性的行动来规避新自由主义全球化的负面影响。[2] 特别是最贫穷的发展中国家往往被忽视或被屈尊对待，很少考虑造成其目前状况的社会、历史、政治和经济因素。[3] 鉴于这些情况，新自由主义的批评者大多来自发展中国家便不足为奇了。他们指出，关于实施国家干预机制的讨论很少，而意识形态驱动的私有化和私营部门最小化的方法则鲜有讨论（Polivka, 2001）。尽管人们对规范金融资本的全球流动和减少发展中国家的极端贫困感兴趣，但我们仍然面临着越来越严重的不平等状况。[4] 如果像许多人所认为的那样，福利国家正在衰落，那么，我们需要的是一个新的愿景，即为工业和发展中世界的民族国家开辟创新的前进道路。尽管存在缺陷，但福利国家为其公民，特别是弱势群体提供了一个基本的安全网。在不平等现象日益严重的背景下，人们对至少能够为世界上最易受影响的居民提供某种安全的保障感到关切。

然而，派尔和沃德（2003）质疑这样一个观念，即政府通过关

---

[1] 波利夫卡（2001）引用了一份人类发展报告（1999）。该报告指出，世界前三位亿万富翁的资产超过所有最不发达国家及其6亿人口的国民生产总值。该报告还指出，到20世纪90年代末，全球最贫困的五分之一人口占全球GDP的1%，而最富裕的五分之一人口占全球GDP的86%。

[2] 这一主题的学术文献中有很多争论，特别是在社会学家之间。然而，这场争论对实际的社会政策产生了微弱的影响。这一点在再生产劳动或非公民移民权利等问题上表现得尤为明显。

[3] 令人吃惊的是，关于殖民主义及其后续影响的讨论，在这一点上已被完全置于主流话语之外。

[4] 在越来越大的压力下，国际货币基金组织和世界银行已经开始采取措施，提高发展中国家最贫困公民的生活水平。然而，这些行动由于过分依赖西方思想而受到批评，这实际上可能对当地环境产生不利影响。相关实例请参见金费希尔（2002）的研究。

注发展中国家的妇女就业问题来寻求保护所有公民的权利。他们询问，当各国坚持确立的新自由主义议程时，制定不分性别的经济和社会政策是否真的可行。在发展中国家，政府寻求最大限度地创造有利条件来吸引跨国企业及其分包网络。很大程度上，政府并不关心妇女的再生产劳动，也不关心妇女在生产、家务和性工作中发挥越来越大的作用，即便从这些渠道流出的资金为社会最贫穷的部门提供了重要的收入来源。笔者从性别的角度补充这一分析，因为这是妇女的工作，因此属于"较不重要"的类别，它很可能不被视为需要处理的"关键"问题。我们发现的情况是，"……鉴于国际政治和经济，妇女可能会寻求体制上的帮助以解决这些部门的工作问题，但这些行业的存在符合她们政府的既得利益"（Pyle & Ward, 2003, 第 478 页）。

在当前的情况下，妇女和其他弱势群体被夹在民族国家与跨国企业的利益之间，每个跨国企业都试图通过劳动和剥削力量最弱的人来最大化其利润。不同社会内部和不同社会之间发生这种变化的程度不同，但趋势似乎很明显。尽管个人和民族国家根据具体情况与全球化力量谈判、抵制和合作时，不平等日益加剧的趋势引起人们对个人和家庭在当前及未来地位的极大关注。

第八节　机构和当代民族国家

结束这一讨论之前，有必要研究一下新自由主义的另一方面及其与民族国家政策和战略的关系。民族国家不是以同样方式对全球情况做出反应的同质实体，它本身根据内部和外部条件行使某种权力。因此，当我们谈到新自由主义和民族国家时，需要确切地澄清我们所谈论的是哪个实体以及在何种层面谈论。

古普塔和夏尔马（2006）提出了一个观点，即国家的合法性和权威依赖大量的文化工作，这些工作致力于建立一个关于国家是谁和是什么的连贯统一的图景。这项工作大部分是通过国家官僚机构的日常运转来完成的。通过这项工作,国家成为公民生活中不可或缺的合法力量(Gupta & Sharma,2006)。从另一角度看,国家是一个多层次、相互冲突的实体。在国家一级构成政策议程的内容,在地方一级可能被理解和执行得大不相同。通过将国家视为多层次和多地点的,更容易理解它们在当代的跨国性质。

纵观历史,国家政策和计划是跨国意识形态与议程融合的结果。古普塔和夏尔马(2006)指出,印度当代强调赋权的计划,是全球关注女权主义和女性角色的直接结果。可以这么说,我们发现的是全球意识形态的传播与实际应用的结合。然而,在西方,新自由主义被视为一个循序渐进的过程,它被期待取代福利计划。发展中国家的情况可能并非如此。如在印度,赋予权力的倡议还伴随着努力帮助社会上最贫困的人。这种代表国家的行动可以解释为它需要使自己合法化。全球经济吸引了特定群体的个人,也留下了大量没有那种环境中所需技能或服务的人。因此,某些国家(如印度)的政府面临着压力,被要求为了那些留下来的人的利益进行干预。这些类似福利的计划有助于使政府合法化。虽然新自由主义意识形态支持削减政府项目,但在印度,它伴随着某些服务的扩张,尤其是针对女性的服务。因此,我们不能根据仅关注西方或工业化世界的模式来推测普遍的结果。意识形态可能跨越全球,但其在当地是以特定的方式表达出来的。

第九节　下一步应采取什么举措

虽然人们越来越认识到当前的民族国家政策对家庭,特别是妇女、儿童和其他弱势群体的贫困在世界范围内的蔓延有着重大影响,但要消除宏观政策变化的多层次影响是一项复杂的工作(Marcus 等,2002)。例如,经常用于测试某些计划的影响和结果的大规模统计数据和程序，实际上可能产生相互矛盾的结果。数值输出可能无法准确反映实际情况。在人类发展研究中，常常无法衡量的是家庭贫困对同一家庭不同成员的实际影响。在同一家庭中，男性、妇女、男孩和女孩可能因贫困而遭受大不相同的后果，但这些差异往往通过汇总统计数据而消失。家庭内部甚至家庭之间的差异，取决于一系列复杂的社会、经济、文化和政治因素，包括性别与劳动力的关系、信贷市场的准入、拥有土地和继承权的法定权利，以及社会文化规范和价值观（Ansell，2005）。

　　正如我们所看到的，宏观国家政策能够深刻地影响公民及其家庭的福祉。例如，通过调整薪资和就业机会，妇女和儿童可能面临过多的工作负担（Waddington，2004）。另一个通常无法解释的后果是工作对照护角色和照护工作的影响。在工业化国家和发展中国家，妇女都在努力平衡家庭和劳动力的责任。环境可能非常不同，但在一定程度上，任务是一样的。① 家庭也受到商品和服务价格变化的市场力量的影响。特别是家庭成员的营养、教育和卫生保健需求，可能会因通货膨胀或薪资贬值而遭受损失。民族国家和跨国政策可能导致社会服务的严重削减。对家庭的影响可能是毁灭性的，工作压力甚至会进一步加大，特别需要低收入妇女来弥补这些不足。

　　对于工业化世界和发展中世界的当代民族国家来说，最紧迫的社会问题是，随着技术变革，低技能工人的作用被削弱，穷人和年轻人成为劳动力中最脆弱的群体。此外，几乎每个国家的人口老龄化都将改变传统的代际平衡。由于许多工业化国家的生育率持续下降，工人被迫推迟就业和推迟退休，总体就业率低正在导致一系列的经济和劳动力问题（Esping-Andersen，2000）。劳动力的这些变化，正伴随国家对大多数民族国家公民经济和健康支持的减少（Es-

---

　　① 这里并不是暗示工业化和发展中世界的妇女有"相同"的任务或情况，只是想表达，这两个世界的妇女仍然主要负责家庭的照护领域，无论是照顾孩子还是老人。

tes，2006）。目前的情况是，全球化的影响在整个 20 世纪 90 年代和 21 世纪初已变得越来越普遍，这加剧了地理、性别、阶级和代际的不平等。

为了解决全球化力量和民族国家共同提出的问题，派尔（2005）为决策者和学者提出了一些有用的举措：第一，需要对市场意识形态和话语进行批判性分析，说明市场进程是由强大的大型机构塑造的，这些机构的政策很大程度上建立在对利润的渴望之上。第二，需要发展政策，鼓励既雇用男性又雇用女性的本土化发展，而不是仅仅鼓励出口导向的发展，需要认识到这是一个性别化的过程，并找到解决办法。第三，需要迫使跨国企业及其分包网络制定保护工人权利的政策和程序。第四，需要强化关注人的发展的国际组织。通过实施这一多层次战略，我们将能够发起新的和不同的对话，并给个人生活带来实际的、积极的变化。

在某些部门，工业化国家与发展中国家之间日益扩大的不平等的伦理影响已经得到重视。那些关注全球社会正义问题的分析人士建议采用罗尔斯（Rawlsian）的观点，即应该将个人而不是国家、民族或家庭视为关键的单元。以这一视角为出发点，社会公正的方法，而不是新自由主义的观点，为社会之间的关系奠定了基础（Primvka，2001）。这一建议甚至提出，容忍只应给予不侵犯基本人权并与邻国和平共处的社会。当然，这引发了一系列问题，且太过复杂，无法在本次讨论中加以处理，但至少它为当前不断加速和相互联系的世界提供了一个前进的模式或愿景。波利夫卡（2001）提议，为了减少全球不平等，我们需要"对长期援助和发展的承诺，广泛的债务减免和发展中国家更多地参与国际机构的治理，以换取所有国家可执行的劳工权利和环境标准"（第 162 页）。

艾斯潘安德生（2000）从略微不同的视角提出一个更广泛的斯堪的纳维亚福利模式。特别是艾斯潘安德生鼓励普及双职工家庭，这在斯堪的纳维亚背景下转化为减少贫穷的同时提高家庭服务消费。普及双职工家庭可创造就业机会，并为职业妇女生育提供服务和财政奖励。它还使我们摆脱父权制的男主外、女主内模式，这种模式在工业化和发展中世界都巩固了社会政策。从这个角度看，家庭服务的费用来自公共预算而不是家庭预算，由此为家庭建立了长期的安全网，进而减少社会脆弱性和风险。在此必须指出，斯堪的纳维亚国家是唯一没有令人震惊的贫困女性户主家庭比率的社会，这一比率在其他地方都在上升。艾斯潘安德生（2000）还提出一个重要的观点，乌托邦的社会公正概念并不总是涉及这一点：他预测，由于平等主义的薪资在工业化世界还没有站稳脚跟，在大多数社会中可能永远也不会真正建立起来，那么，也许不平等需要以一种新的方式重新建构。

  一种思考双赢战略的方法是回想熊彼特（Schumpete）关于巴士的著名比喻：总是挤满了人，但总是不同的人。如果有防止被困的保证，低薪资，不愉快的工作，甚至贫穷不一定是不满意的。如果人们是移动的，在下一站下车，低端工作将不会对整体生活机会产生影响。我们所知的福利国家，认为劳动力市场将为所有人提供高薪（但不一定是令人愉快的）工作。它相信简单的人力资本理论，并将生活机会的责任委托给基础教育和劳动力市场。这种假设在后工业时代的劳动力市场上是不合时宜的，因为后工业时代的劳动力市场面临着非常迅速的技术变革，只有我们接受大量低端（和低生产率）的服务性工作，才能保证充分就业。（Esping-Andersen，2000，第10页）

基于这个类比，如果将不平等的工作和薪资与培训和教育机会结合在一起，那么将遇到一种情况，即低薪劳动力实际上可以带来机会。如果民族国家能够制定具有更强社会正义基础的政策，我们就会开始看到一些泛滥的不平等现象。这些现象目前是世界上许多社会的特征，我们就会开始控制这些现象。从长远来看，控制失控的不平等，将导致社会内部和社会之间更和平的境况。技术变革为我们提供了基于这些想法的机会。今天，可以先前无法想象的方式利用技术来联系个人和创造机会。与之互动的民族国家和跨国机构，可在促进一些观念发展方面发挥重要作用。

第九章

关于全球化、贫困和不平等的争论

贫困和不平等是围绕全球化争论的核心。具体来说，全球经济一体化往往被视为扩大了穷国和富国、家庭和个人之间的差距。森（2002）认为，"反全球化"运动本身就是一种高度全球化的组织形式，其主要目的不是针对全球化本身，而是针对由于全球化进程而日益扩大的经济差距。尽管人们对衡量贫困的标准以及实际有多少人或家庭生活在这类标准之下存在巨大争论，但毫无疑问的是，贫困和不平等持续影响着全球数百万人的生活。此外，在当今世界，贫穷和富裕的视觉形象比以往任何时候都更容易和更快地传播。这影响到外部观察者以及有关个人对物质和意识形态环境的评价。

之所以很难就全球化对贫困和不平等的实际影响得出结论，是因为这一进程本身并不仅仅基于公平市场的力量或技术进步。相反，全球化发生在特定的环境下，受国家和跨国政策的影响。尼桑克和索贝克（Nissanke & Thorbecke，2005）认为，"尽管理解全球化与贫困之间的关系极为重要，但各种机制的确切性质，即全球化正在进行的进程已经改变了收入分配的模式，而世界贫困人口面临的状况仍有待仔细分析。这是因为全球化与贫困的关系是复杂的和异质的，涉及多方面的通道。全球化与贫困之间的关系在许多方面极有可能是非线性的，涉及若干阈值效应"（第3页）。

拉瓦利翁（Ravallion，2003）提请人们注意这样一个事实：许多国家最初的经济发展水平起点不同，因此很难对各个国家和地区进行概括。

全球化与贫困之间的争论是有争议的，且较为激烈。事实上，一些分析家，如艾斯贝特（Aisbett，2007）认为，事实和数字的相互关系实际上比其他任何东西都更能反映个人的全球化价值体系。拉瓦利翁（2003）甚至指出，一些关于全球化与贫困之间关系的最流行和最受关注的书籍并没有任何经验证据，"这使人们能够确定，在观察到的分配变化中，对外贸易的更大开放所起的作用（作为全球化的一个层面），与其他因素（如农业生产率的提高、人口因素、分配和教育收益的变化以及内部政策改革）相抗衡"（第749页）。

第一节 贫困是如何决定的

为了制定争论的参数，必须澄清什么是贫困。关于贫困的确切定义，在不详细讨论的情况下，仅将其描述为个人无法达到足够的生活水平来满足需要的情况就足够了（Santarelli & Figini，2002）。最低生活标准指的是消费，即满足基本消费和服务所需的最低可能收入，或家庭自身生产的价值。不同于贫困，不平等是一个关系概念，它假定个人或群体之间的生活水平存在差异。

贫困是各种经济、政治、社会和环境条件的结果，这些条件因地而异。由于概念的复杂性，大多数关于贫困的争论主要集中在收入和（或）消费水平上，以确定谁是贫困者。收入被认为是确定足够消费水平的可靠指标，尤其是在国家之间的比较中。据了解，在国家内部，贫困主要被理解为源于平均收入水平及其分配的不平等程度（Santarelli & Figini，2002）。为了说明全球化导致全球贫困和不平等日益加剧，或者相反，全球化是世界大多数公民生活中的一股积极力量，争论的双方都依赖"他们最喜欢的贫困数据"（Ravallion，2003，第749页）。使贫困评估变得复杂的是，几乎所有的贫困都是通过划定贫困线来衡量的。相对贫困线是通过计算一个人每年的平均收入来确定的，而绝对贫困线是指获得某种商品和服务所必需资金的数额。①

一旦确定了贫困线，就会收集数据来估算有多少人生活在贫困线以下。在过去20年中，越来越多地采用扩大的信息收集技术和调查来衡量家庭的收入和消费。现在，这些调查提供了全球贫困计算的数据。尽管如此，贫困的定义仍然充满方法问题。拉瓦利翁（2003）表达了对过度依赖这些调查的多种担忧。一些调查关注收入来衡量贫困状况，而另一些则强调消费，这使得数据之间无法比较。此外，即使在精心设计的、具有全国代表性的调查中，家庭不平等和对个人生计的潜在风险通常也没有得到衡量。② 圣塔雷利和菲吉尼（Santarelli & Figini，2002）还指出，许多国家最富有的个人和家庭在调查中少报了他们的收入，导致对收入不平等和相对贫困的低估。

使衡量这一技术问题更复杂的是，在确定贫困线的方式上，国家内部以及国家之间存在巨大差异。例如，较富裕的国家通常有较高的贫困线，因为它们将"可接受"的标准建立在其特定地区特定时间点的收入水平和生活水平之上。随着这一水平的上升，贫困线也随之上升。在较贫穷的国家，绝对消费通常被认为是基本标准。因此，贫困线随着消费的变化而变化（Ravallion，2003）。

一个国家的贫困线被认为等于满足基本生活所需的最低收入或最低消费。世界银行估计，最低收入国家的贫困线为每天1美元和

---

① 商品和服务的价值每年都会更新，以考虑成本的变化。
② 拉瓦利翁（2003）认为，国家数据集经常是不准确的，因为富人少报了他们的收入。

2美元。① 这些测评被用作国家之间的比较点，以确定相关政策。然而，世界银行提出的每日1美元和每日2美元的贫困线标准，经常被批评为随机与不准确的全球贫困衡量标准。对这些指标的分析表明，自1981年以来，生活在1美元以下的人数减少了约4亿。这意味着贫困人口大约减少了50%。就世界人口而言，这些数字意味着贫困人口从33%下降到18%。然而，当公布总人数时，这些计算就不那么令人印象深刻了：1981—2001年间，贫困人口的数量从1981年的15亿下降到2001年的11亿（Chen & Ravallion, 2004）。在1981—2001年的同一时期，每天靠1美元至2美元生活的人数从大约10亿人增加到16亿人。因此，我们看到的是全世界有27亿每天生活费不足2美元的人，这些人在经济危机时期最脆弱。

这些贫困数字引发了两大争论：一是应通过衡量贫困人口的百分比（也称为发生率）来确定贫困人口，还是通过衡量贫困人口的实际人数来确定贫困人口；二是计算贫困时应采用相对贫困线还是绝对贫困线。关于第一个问题，在衡量方面，数据表明，过去20年，贫困的发生率（比例）下降了。然而，当第二个决定因素中的一个因素即按贫困线来划分时，贫困人口的绝对数量就增加了。可以看出，20世纪80年代和90年代，每天生活费不到1美元的人数下降了；然而，生活在1美元或1—2美元水平的人数却没有下降（Harrison, 2007）。

围绕衡量标准的争论中，另一个复杂的因素是中国和印度的经济增长在全球化舞台上扮演的角色。韦德（Wade, 2004）认为，由于中国和印度生活水平的提高，加上世界范围内人口的增长，全球贫困人口比例有可能下降。通过对世界银行数据的各种分析，他认为，"过去20年，世界人口增长的幅度如此之大，世

---

① 按1993年的购买力平价计算，每天1美元实际上等于1.08美元，2美元等于2.16美元。请参见哈里森（Harrison, 2007）的研究对此所做的更广泛的解释。

界银行的贫困人口数必须被大大低估，否则世界贫困率不会下降。关于世界上生活在极端贫困中人口的绝对数量和随时间变化的任何更精确的说法，目前都像依赖于流沙一样不可靠"（Wade，2004，第574页）。陈（Chen）和拉瓦利翁的分析一致，他阐明了贫困数据的确定不仅取决于总体计算，还取决于地区。他们指出，如果不将中国计算在内，生活在贫困中的人数（定义为每天1美元）几乎与20年前相同，甚至可能更高（2004）。此外，他们提出，虽然亚洲贫困人口的数量在下降，但非洲贫困人口的数量却在稳步上升。同样令人不安的是，非洲的贫困比世界其他地区严重得多，这突出表明，贫困是一系列相互关联的复杂因素的结果。

第二节　社会内部和社会之间的不平等

虽然全球减贫的进展不平衡，但分析表明，过去25年，至少全球的极端贫困可能有所减少。这一发现伴随着令人信服的证据，即全球化的益处在各参与者之间是分配不均的。随着对贫困及其衡量标准的争议和重新定义，不平等和收入的总体分配越来越被视为分析中同等重要的因素。然而，全球化的不同测评也与对贫困和不平等的不同理解相关。确定全球化于贫困者是好还是坏，当前的解释是，这取决于测评的是全球化的哪些特点。例如，全球化分析者和政策制定者强调外国投资与出口活动，而全球化的批评者则指出，取消市场保护会加剧贫困（Harrison，2007）。为了支持他们的观点，全球化的批评者也可能将贫困人口的绝对数量纳入其论点，而全球化主义者则依赖贫困人口的百分比。这些争论大多与新自由主义经济意识形态和哲学的传播，以及分析人士和决策者的价值取向有关。

根据新自由主义的观点，我们正逐渐步入收入分配更加平等和贫困不断减少的世界。从这一角度看,各国之间的经济一体化促进全球层面的资源优化配置,因为国家专门生产处于特别有利地位的产品。他们认为,20 世纪 70 年代初布雷顿森林货币体系(Bretton Woods monetary system)的崩溃,再加上此后的全球化进程,都有助于提高世界大多数人口的生活水平。为了帮助那些仍无法跟上步伐的欠发达国家,特别是非洲国家,通过加强贸易的放松管制、更加开放金融市场来进一步融入世界经济,将扭转它们的财政状况(Wade,2004)。根据新自由主义经济学家的说法,随着市场的开放,这些国家的社会将繁荣起来,进而出现更大的进步。从这一视角来看,我们在更大程度地消除发展中国家和工业化国家之间的经济不平等。全球化主义者建议,世界贸易组织、国际货币基金组织和其他此类跨国经济组织是创造更加公平舞台的中介,它们不受国家对市场控制的束缚。新自由主义观点的订阅者也是这一领域的主要参与者,包括美国、英国、世界银行、国际货币基金组织和一批著名经济学家。

全球化的批评者倾向于对时事作出不同于新自由主义支持者的解释。他们主张,最强大和最富有的国家与个人,对减少全球贫困和不平等的兴趣甚微。这一群体认为,由于全球化的力量,全球贫困、绝望和不平等正在迅速增加。他们主张加强对市场的限制和对民族国家的干预。艾斯贝特(2007)解释说,全球化的批评者并不反对全球化本身,而是关注某些情况下的全球化进程和方向。这些对全球化持批评态度的人士认为,通过给予国家一定的回旋余地,政府将自行实施尤其适合本国国情的社会和环境政策。①

拉瓦利翁(2004)认为,所有这些关于贫困和不平等的观点

---

① 艾斯贝特(2007)总结了全球化倡导者和批评者之间的共识。她指出,人们一致认为,贸易等于增长;增长倾向于帮助穷人;政府的政策可以缓冲负面影响;除收入外,贫困还应与教育和健康相关;政治改革是积极发展的关键。

都与差异化的价值体系相关。因此，全球化的倡导者关注的是总体统计数据，而全球化的批评者则更关注其所声称的"纵向不平等"（第4页）。同时，巴苏（Basu，2006）指出，虽然争论的双方可能都是正确的，但国家和个人之间惊人的不平等是显而易见和毋庸置疑的。他强调，即使考虑到购买力平价有所修正的情况，（按人均计算）最富有的国家挪威（43400美元）与最贫困的国家（90美元），即布隆迪和埃塞俄比亚之间仍然存在巨大的差距。根据这些数字，生活在挪威的人可能比生活在布隆迪的人富裕60倍。当然，这些广泛的统计数字掩盖了国家内部的不平等，但它们仍揭示了地区和人民之间的巨大不平等。这些数字还从人道和道德的角度提出一个问题，即我们如何能够允许这种情况存在，以及正如一些人所说的那样，使这种情况恶化。

然而，任何关于不平等的讨论都会再次因中国和印度的贫困统计数据的加入而扭曲。中国和印度目前的人口约占全球的38%。在统计数据中纳入这些经济快速增长的国家，有助于进行一些大规模的分析，得出世界贫困和不平等在过去几十年中一直在减少的结论。[①] 然而，使这些评估复杂化的是，尽管中国和印度的增长统计数字抵消了全球收入不平等的减少，但这些评估并未考虑其社会内部不平等的加剧（Wade，2004）。值得注意的是，西方工业化国家也见证了收入不平等的增加。如在美国，1979—1997年间，最高阶层家庭的收入增长了近160%。这些统计数据表明，经济过程与不均衡的再分配模式有关。我们也许没有准确地衡量这些现象，但确实知道，在同一个社会，有些个人和家庭的境况比其他人差很多，而且不同地区之间也存在着同样明显的差异。

---

① 参见韦德（2004）对使得全球统计极其不准确的各种因素的讨论。

第三节　全球化、贫困和不平等之间有什么联系

对贫困和不平等数据的审视，提出了有关全球化的复杂问题。特别是它回避了这样一个问题：个人、家庭和社会之间的差异，是否真正表明了全球化相关力量的影响，或者它们是否反映了其他相互关联的因素。对许多人来说，这种争论是如此具有争议性，以至于它可以作为对全球化本身的一种判断。然而，巴苏（2006）认为，试图简单地解释全球化等复杂现象的影响是无用的。他指出，从更长远的角度来看，过去500年来，地区之间的不平等有所加剧。在过去，富裕国家比贫穷国家富裕1.8倍。相比之下，如今最富裕地区的人均收入大约是不富裕地区的20倍。因此，可以认为，不平等的增长是长期历史趋势的一部分，这种趋势不一定与全球化进程有关。然而，全球社会发展的当前阶段所出现的新的和不同的情况是，发展中国家正在经济和社会上与工业化国家一体化。这种整合部分是通过信息、通信和运输技术的进步以及政策变化来实现的。最近全球化进程最为显著的方面，是拉丁美洲、南亚和撒哈拉以南非洲的一些发展中国家，从注重内部的发展战略转向更注重外部的进程（Dollar，2005）。正是这种转变引发了争议，因为目前尚不清楚当地人口在这一过程中是获利还是受损。此外，特别有争议的是，这些转变是在什么情况下发生的（它们是自愿的还是被迫的）。关于什么样的政策和计划能够使当地经济和个人融入全球市场而造成的干扰最小但收益最大，问题仍然很多。

虽然毫无疑问，世界上某些地区通过目前的进程获得了增长和经济收益，但如果以公平的方式分配这种增长，则更值得商榷（Rudra，2008）。此外，尽管通常将促进经济增长的政策作为减轻

贫困的解决方案，但拉瓦利翁（2003）指出，经济增长往往伴随国家内部的不平等，从而导致局部的关切和问题。尼桑克和索贝克（2005）解释说，虽然穷人最终可能从增长条件中获利，但减贫取决于经济增长对收入分配的影响程度。正如他们所说，"不平等是经济增长和减贫之间的过滤器"（第4页）。经济增长本身并不一定意味着国家内部或国家之间将实现平等或均等。因此，当不平等加剧时，贫困的个人、家庭和国家不会从增长过程中受益，甚至可能受到损害。

尼桑克和索贝克（2005）研究了这样一个命题：当拥有大量非熟练劳动力的发展中国家转向出口生产时，由于对非熟练劳动力的需求增加，它们会经历收入不平等的减少。这个命题通常伴随这样的假设：在这一过程中，工业化国家非熟练劳动力的薪资变得越来越不平等。然而，数据表明，在大多数发展中国家，特别是在拉丁美洲和非洲，熟练劳动力和非熟练劳动力之间的薪资差距正在扩大（Nissanke & Thorbeck, 2005）。对这一现象的解释可以再次在全球化的进程中找到。随着技术革新的推进，生产需要熟练的劳动力，而在发展中国家，熟练的劳动力往往供不应求。技术的发展往往取代了不熟练的劳动力，这加剧了发达国家和发展中国家的不平等。再加上有技术的个人从发展中世界向工业化国家移徙，使工业化社会有可能实现更大的收入平等，同时加剧贫困地区的不平等。

日益加剧的不平等和（或）贫困，引发了一系列的道德和社会问题。当一个群体或地区的境况比另一个群体或地区差得多时，这意味着什么？它们会影响更大的社会结构吗？韦德（2004）有力地论证道，"国家内部收入不平等的加剧伴随着：（1）贫困的加剧（使用世界银行的数据和世界银行国际贫困线以下的人数）；（2）经济增长放缓；（3）高失业率；（4）高犯罪率。与高犯罪率相关的原因是，在高度不平等的社会中，缺乏技能的男性无法扮演传统的经济和社会角色，包括对家庭收入做出貌似合理的贡献。但是，更高的犯罪率和暴力只是社会关系分布的冰山一角，这种社会关系倾向于激进的一端,附带较低平均水平的社会信任和社会资本。简言之,即使只是为了繁荣,国家一级的不平等也应该成为公共政策的目标"(第582页)。

韦德还指出,在全球化的世界中,国家内部的收入不平等会影响到国家之间的世界化需求,造成"世界不平等加剧和世界经济增长放缓的恶性循环"(第582页)。换句话说,国家内部和国家之间的不平等,使较贫困的公民对精英阶层和更富裕的国家产生怨恨。这些情绪往往伴随着社会动荡,最终导致所有公民的生活条件恶化。

第四节　本土对全球化形势的反应

在当前的全球形势下,随着国家之间不平等的加剧,进口和债务偿还的外汇成本也在上升。这又反过来使得民族国家的经济吃紧,公共服务减少,民众生活质量下降。这一周期推动了诸如移民模式的内部变化,因为那些较贫穷的个人在较富裕的地区和社会寻求更好的财务与教育机会。对于发展中国家来说,这一过程发生在社会范围的两端:受过高等教育的人试图迁移到那些有更好机遇的地方,而非技术工人要么迁移到城市地区,要么试图进入更富裕的国家,即使这需要采取非法措施。大规模的城乡移民和高技能劳动力的流失,对发展中国家而言是巨大的内部压力和潜在的社会资本损失。目前,在工业化社会和发展中社会,生活在城市地区的个人往往受益于经济增长政策,而生活在农村地区的个人则未必能从中受益。这一进程导致区域差距日益扩大,久而久之,对穷人造成越来越不利的条件。

正如罗宾逊(Robinson,1998)所解释的那样,"随着全球化侵蚀了地域、生产、阶级和国家权力之间的联系,国际劳动分工中的自我再生产倾向正日益受到经济、政治和社会全球化动态的抗衡与破坏。我们可以预期，阶级分化会持续，以等级和分工为特征的地区或地区之间的不均衡也会持续。其中一些地区被选为全球生产活动的地区，另一些地区被指定为'供给者'（如劳动力或原材料储备），还有一些被完全排斥在全球经济之外（即所谓的第四世界）。但是，没有任何理由假定，持续的不平衡发展与（作为不平衡发展的特殊领土表现的）民族国家之间有任何必要的联系。例如，我们可以看到，贫穷的海洋和富有的岛屿，以及诸多社会基础设施崩溃的北方城市，都日益接近于任何第三世界大都市"（第580页）。

换句话说，我们不能把全球形势的演变归咎于任何单一进程或实体。所有相关各方都有责任继续探讨哪些因素可以缓和并造福个人、家庭和民族国家，哪些因素在地方环境中可能有害。此外，民族国家需要承担起新的角色，以调节日益增长的不平等，维护稳定的社会条件和公民之间的和谐（Rudra，2008）。

第五节 可以做些什么

全球化与贫困之间的关系是复杂的，不易分析和理解。贫困和不平等不仅与人们通常认为的全球化的贸易或金融有关，而且与当地环境中多种因素的相互作用有关（Harrison，2007）。鲁德拉（2008）认为，在许多发展中国家，国内机构在历史上并没有保护穷人，全球化的引入并不一定改变这种情况，虽然它可能导致部分人口生活的改善，但当地条件也发挥着同等重要的作用。

跨文化证据表明，全球化对贫困的影响有着非常具体的背景。例如，金融衰退期间，印度尼西亚和墨西哥货币危机后实际工资贬值，社会最贫困阶层变得最为脆弱（Harrison，2007）。全球化也伴随能够在当地环境中实现的新的共识。要深入理解为何世界上有些地区从全球化中获益，有些地区却没有，需要结合相关政策。这些政策考虑当地情况，并建立在特定人口及其环境的固有优势之上。

持续存在的广泛贫困和日益严重的全球不平等，引发了对未来可能采取的举措和战略的讨论。在最基本的分析层面，罗宾逊（1998）建议，"发达和欠发达应该在全球社会群体而不是国家的层面进行协调，其中，核心—边缘指的是社会地位而不是地理位置"（第580页）。其他观察者，如鲁德拉（2008）指出，民族国家继续发挥重要作用，并坚持认为，减贫的关键是健全的国内政策。在她看来，当民族国家的政策包括对人力资本和基础设施的投资，并重视鼓励经济稳定的机制时，其结果更有利于经济增长和减贫。实证研究表明，跨国经济政策与精心设计的国家措施相结合，在充分利用全球化优势的同时，可以最大限度地抑制全球化的不利影响（Harrison，2007）。例如，全球化对那些无法与强大的大型农业企业或进口商品相抗衡的当地小农户尤其有害。通过国家和跨国法律规则与体制安排的协调，这些农业从业者将受到保护，免受大型营销链的潜在剥削。

尼桑克和索贝克（2005）解释说，当一个国家实行环境法规而另一个国家不实行时，贫困者可能处于不利地位，从而导致生产成本上的价格差异。这是一种困境，如果有远见地加以协调，就可以利用全球化进程造福这些弱势群体。例如，跨区域环境政策的协调将允许更安全的工作和生活条件，同时不会给任何群体带来不公平的优势。同样，当对发展中国家的出口实行限制时，该地区的贫困状况实际上会增加。为了使发展中国家从鼓励出口生产的全球化进程中获益，跨国政策需要协调发展中国家进入发达国家市场的机会。一些证据表明，通过出口以及跨国和国内政策的结合，墨西哥、印度、波兰和哥伦比亚的贫困已有所减少（Harrison，2007）。

全球化的批评者指出，贫困是一个复杂的现象，不可以仅用收入来衡量（Aisbett，2007）。相反，获得医疗和教育的机会，以及文盲、疾病、缺乏基本服务、赋权、参与和易受经济冲击的脆弱性，都需要被视为贫困的一部分。由于个人获得社会服务的机会不同，他们的机会可能会增加或减少。对于生活在贫困中的个人来说，允许他们获得更好的教育和培训，并通过政策为其提供基本服务，能够缓解他们陷入困境（Harrison，2007）。这些类型的政策甚至可以鼓励和帮助最脆弱的公民利用全球化经济改革所创造的机会。"发展中国家开放对外贸易时纠正先前存在的机会不平等，对于实现全球化减贫是至关重要的。"（Ravallion，2003，第753页）

全球化带来的一个不太明显的后果是，在当代对贫困者的研究中，越来越多的人感到自己比过去更脆弱、更贫穷。这一现象可以通过当今财富和生活方式图像的普遍传播来解释，而这是大多数人无法企及的。随着全球化而来的是生活方式和生活水平的展现，这些水平影响了贫困者和接近贫困的群体对自身状况的看法。格雷厄姆（Graham，2005）强调，目前仅通过收入衡量贫困是不够的。许多人对可以达到的目标有了新的参照点，因此，他们可能会更加意识到自己生活中的脆弱性和风险性。为了避免这种集体的不安全感，她建议，民族国家需要为其最弱势的公民投资社会保险，否则，相当大的群体将受到全球化进程的伤害。对个人的最大保护和最好保护是建立在普遍主义基础上的福利国家。在这类福利国家中，每个公民都能获得维持最低生活水平的基本必需品和服务。然而，鲁德拉（2008）指出，没有证据表明，有众多贫困人口的发展中社会，正朝着增加福利的方向发展。此外，即使是在实行了员工保险或社会保障等政策的地方，某些群体仍然处于边缘地位。真正脆弱的人口仍然是全球进程中受益最少的群体，事实上，他们可能成为遭受经济衰退影响最大的群体。

第十章

社会变革、新的范式及其对家庭的影响

　　加速的系统性社会变革与全球化密切相关。笔者一直认为,将家庭、民族国家或经济视为有限的、静态实体的传统叙述,不再能够捕捉到作为这种变化根本基础的迅速的宏观和微观相互作用。对当代社会现象的有效洞察,需要一种跨国的、动态的方法来描述这些过程的性质、后果和政策含义。正如罗宾逊(1998)所解释的那样,"社会科学应该较少关注瞬间的静态快照(static snapshots),而应该关注历史运动的地方话语,捕捉历史过程中的中心动态和趋势。我们时代的核心动力是全球化,核心趋势是跨国资本的崛起,这带动了阶级的跨国化……结构方面的确定性正转移至新的跨国空间,这种跨国空间正在侵蚀、包容和取代国家空间,使其成为社会生活的中心,尽管这种社会生活仍然是通过民族国家机构过滤出来的。这种情况突出了跨国关系高度矛盾的性质以及新兴跨国社会结构的不确定性"(第581页)。罗宾逊的观察提请人们注意,有必要建立新的模式,使我们能够掌握权力的分散、现象的跨国性质以及当代社会生活固有的迅速和动态。

　　对于理解有关家庭的当代社会变革而言,迫切需要新的方法和范式。随着世界通过经济一体化、技术和通信进步以及政治变革日益相互联系，家庭领域成为实现全球化进程的主要场所。尽管如此，正如我们所讨论的，全球化和家庭生活的观察家与分析家忽视了研究当代社会变化的关键时刻。尽管人们普遍认识到全球化的复杂性和内在的社会意义，但大多数分析仍然是自上而下的，集中在全球经济、企业战略和政治潮流。这种关于全球化的有限观点，对理解社会生活和社会变革产生了深远的影响。

在主流方法中，全球化对性别意识形态和工作、家庭关系，对儿童、青年和老年人概念化的影响几乎是缺席的，这造成将全球化作为一个独立的进程从社会秩序中分离的错误印象。此外，大多数研究全球化和社会现象的方法强调西方经验。这些观点认为，世界其他地区可能正在经历类似的过程，与个人主义行为价值和西方风格的家庭转变相关的意识形态，将很快在世界各地占据主导地位。[①]这些没有根据的假设，对家庭以及全球化进程本身都有深远的影响。对趋势和变化的任何假设，如果不是以经验为基础，都将导致错误的结论和政策。为了创建和实施程序与政策，利用全球化造福人类，扭转某些有害影响，特别是对世界最脆弱人口的不良影响，我们需要密切关注全球化和家庭之间的动态关系，还需要重新将注意力放在全球舞台上。这意味着，世界非西方地区在全球化现象中发挥着重要作用。

第一节　家庭领域全球化的实现

在初级层面，全球性和地方化的力量在家庭领域得到实现。实际上，世界上的所有个人，仍然是在与亲密的他人（主要是家人）

[①] 有趣的是，这些都是通过现代化理论以更明确的方式提出的论点。尽管这种演进方法在许多学术文献中被忽视了，但它有时会以新的形式重新出现在关于社会生活的全球化文献中。

的关系中做出决定。他们可能会私下对选择和约束进行反思,但很少能完全独立地得出前进的结论。相反,决策是通过辩论、谈判有时是冲突而达成的。家庭是全球化力量和选择以及个人倾向之间的中介结构(Edgar,2004)。库恩茨(Coontz,2000)认为,"理解社会处境(social location)的特殊性和背景的重要性,并不一定会产生与某些后现代主义理论相关的相对主义。相反,它将我们的注意力转移到人们操作所依据的制度或历史约束,正是基于这些制度或历史约束,人们进行经营活动,并使用个人、文化和社会资源工具包来选择如何适应或抵制这些约束以及复杂的相互作用,这些选择会产生意想不到的结果"(第294页)。

从这个角度看,全球化可以被理解为对家庭具有不同的意义、后果和挑战,其取决于特定的环境。凯尔纳(Kellner,2002)指出,"因此,重要的是将全球化呈现为一种奇怪的混合体,既有相同、统一、异质、差异和混杂的同质化力量,也有民主化和反民主化倾向的矛盾混合物。一方面,全球化是一种标准化的过程,大众文化在全球范围内传播,到处都是千篇一律的;另一方面,全球化的文化使世界各地独特的占有和发展成为可能,从而鼓励了混合、差异和异质性的扩散。每一个地方的环境都涉及它对全球产品和标识的挪用与改造,从而鼓励差异性和多样性"(第292—293页)。凯尔纳的观点使我们能够理解为什么全球化对家庭有各种影响,以及通过这一进程产生的资源和限制是在家庭范围内调解的。

在家庭层面,制定的选择和战略同时受到全球化进程的控制,它们反过来又对这些进程产生影响。这种对全球空间特定版本的建构以及家庭在其中的作用,使我们能够理解全球化不仅仅是一种经济、政治或社会力量,它也强调了全球化是社会建构的事实。它不是一种不可避免的物质过程,而是一种位于局部并超越局部的多层面现象(Nagar等,2002)。

这个观点强调了能动性在过程中的作用。当行动者做出选择时,全球化本身也受到影响和改变。此外,这一过程的一个关键方面是,它是未来的,未来性取决于其效果的不断加速。卡斯特尔斯(2000)将这次全球化称为"以信息为中心的技术革命,它改变了我们的思维方式、生产方式、消费方式、贸易方式、管理方式、交流方式、生存方式、死亡方式、战争方式、爱的方式……随着流动的空间支配着地方的空间,作为人类经验物质基础的空间和时间已经改变"(第1页)。

第二节 静态概念的问题化

阿帕杜莱(1990)将全球化和社会秩序关系的动态视角称为"景观"。①景观与流动性和全球文化流动,以及远离固定地区或领土的运动相关。伴随全球化而来的是一种看待社会生活的全新方式,它强调有必要创造一种新的方式来理解社会变革的加速性。同样,阿尔布鲁(Albrow,1997)认为,对自我、社区和文化的概念不再有明确的界定或理解。这些概念虽然构成二战后社会科学思想不可或缺的一部分,但由于全球化带来的变化,它们已不再有效。今天,社区、地区和公民身份被重新定义并发生变化,不一定与固定的空间或领土有关。

传统上,在社会科学中,社区与场所有着密不可分的联系。然而,阿尔布鲁(1997)和卡林顿(2001)指出,全球化带来的一个重要的近期变化是,从地理上明确划分边界和价值观的社区,向抽象、想象的社区转变。例如,直到最近,跨国移民主要是指个人、家庭和群体从一个地方永久迁移到另一个地方。然而,在当代语境中,移民已经演变为一种新的现象。越来越多的人在不同的时间内

---

① 阿帕杜莱(1990)确定了五个不同维度:一是民族景观(ethnoscapes),即个人出于休闲、工作和政治原因在全球范围内的活动;二是媒体景观,即媒体信息流和技术;三是技术景观,即跨越国界的技术交流;四是金融景观,即全球资本流动;五是意识形态景观,即各种政治意识形态的流动。

搬迁到不同的地方，但仍然设法保持与他们原籍社区和可能定居的地方的联系（Appadurai，1990；Castells，2000）。随着来自特定民族的第二代子女可能以复杂的方式与父母的祖国联系在一起，这种"原居地"现象在家庭环境中被放大。他们作为东道国公民的多重身份，作为某一社会的第二代移民，以及与同代非移民的平行存在，在很大程度上是通过通信技术在空间上形成和协商的。卡林顿（2001）将这些关系称为"想象中的社区"。

想象中的社区围绕着特定的、被建构的身份，而不是地理位置。从这个角度来看，同质化的静态社区成为理解社会生活的一个不充分的概念。取而代之的是，社会秩序需要重新概念化，由同时参与不断变化着的多个平行社区的个人组成。随着个人跨越空间、时间和文化边界，这一观点强调了社会生活的流动性和动态性。即使个人坚持或被迫坚持地方限制的社区，也可能随着家庭成员参与这种形式的迁移而经历颠沛。社会生活的流动性甚至扩大到包括从一个地方到另一个地方旅行的个人或"全球旅行者"，这些人通过他们的行动成为全球化进程的一部分（Carrington，2001）。

这种不断的移动或流动使社区和公民身份的静态概念出现问题，并对家庭的概念化产生了重大影响。社会秩序的新动态概念化意味着家庭也不能幸免于这一过程。家庭本身就是一个不断重新协商的安排。在家庭的生命周期中，当他们的成员做出个人的、经济的和社会的决定时，他们就不可避免地与所处的更大的流动过程联系在一起。全球化提供了加速的步伐以及家庭必须在其中做出决定和坚持的新情况。然而，必须再次强调的是，这种全球化背景下的不断的运动，并不意味着一个统一的进程以系统的方式影响家庭，而是以多种复杂的方式影响着家庭。正如罗伯逊（1995）解释的那样，"这不是均质化或异质化的问题，而是这两种倾向如何成为生活特征的问题"（第27页）。家庭是社会秩序的一部分，社会秩序部分是在家庭中创造的。全球化在这种动态中起着内在的作用。

第三节 全球化与家庭变革

全面、动态地看待全球化，可以使我们以新的方式对世界及其参与者进行概念化。这与家庭的微观世界最为相关。无论家庭的形态如何，对大多数人来说，它仍然是一种满足某些社会、情感和经济需要的战略安排。只有在家庭内部，关于工作、照顾、迁移和身份的决定才能得到协商、争论与解决。全球化对家庭如何评估选择和挑战有着深远的影响。社会变革是社会组织的固有特征，而全球化以前所未有的方式加速了这一过程。全球化的力量向世界各地传播与家庭有关的机会、限制和形象。因此，在工业化和发展中世界的某些地方，由于新的通信和信息技术传播了更多的平等主义与赋予权力的性别意识形态，家庭正变得不那么父权制。伴随这些意识形态和表现，当代民族国家的经济发生根本性的变化，导致妇女在全世界范围内进入正规和非正规的劳动力大军。但这一过程并不是平稳的过渡，对于妇女或其家庭而言，它也并不总是一个特别有利的过程。根据社会经济背景，家庭可能面临照护工作、就业、生育、子女抚养和（或）老人赡养以及移民选择等严重困境。围绕这些问题做出的决定不仅与经济问题有关，还与性别意识形态和家庭角色、责任和义务的概念化有关，而家庭角色、责任和义务因文化与环境的不同而有所不同。

家庭领域内一些最引人注目的全球化效应围绕家庭经济而显现。例如，在工业化和发展中社会的穷人中，妇女和儿童选择在家庭以外从事有薪工作，这最好被理解为集体生存的战略，而不是个人进步的途径（Fernández-Kelly，1997）。当经济状况恶化时，尽可能多的家庭成员对家庭经济做出贡献是必要的。有趣的是，从结构的角度来看，这可导致更强的家庭凝聚力而不是分裂（Creed，2000）。个人在家庭环境中凝聚在一起，是为了拥有更好的经济生活。当前形势下，在家庭领域整合多种收入来源，通常被认为是确保个人福祉的最关键策略。这种家庭动态的发展通常不为西方学者所理解，他们通过个人主义的观点来看待家庭过程。通过强调个体的能动作用而不是家庭内部的集体决策，全球化和社会生活之间动态的某些最重要和最复杂的方面消失了。

工业化和发展中世界经济结构调整的一个意外结果是劳动力的女性化。在某种程度上，劳动力的变化也导致了更灵活、兼职和非正式的工作类型，与此同时，全职、固定工资的劳动也在减少。这些趋势与较高的女性就业率、较低的男性就业率、较低的实际工资和较高的失业率相关（Safa，2002）。在全球范围内，经济压力以及有关性别角色与关系的新意识形态，越来越多地伴随着家庭和社会中角色与关系的戏剧性重新安排。作为全球化内在层面的经济结构正在逐渐侵蚀着世界。传统的性别分工，至少在意识形态上已成为全球许多社会家庭生活的基本方面。萨法（2002）强调了这样一个事实：在日本，自1995年以来，进入有薪兼职劳动力市场的250万人口中，有70%是女性。今天，这些妇女中有25%是家庭的主要经济支柱。

随着越来越多的女性承担起家庭预算的责任，建立在女性依赖男性基础上的家庭模式的可行性出现新的问题。来自世界各地的大量经验证据表明，随着男女经济关系的变化，婚姻关系也在变化。婚姻纽带越来越多地被削弱，导致婚姻破裂，以及女性户主家庭的兴起（Safa，2002）。此外，由于妇女在经济上独立，有能力照顾自己，传统的婚姻形式越来越没有吸引力。在西方，我们看到了同居和非婚生育的增加。在世界其他地方，这一趋势反映在妇女结婚年龄的推迟和离婚率的增加上。许多妇女，如果她们有机会，决定不选择父权制家庭模式所隐含的依赖他人并担负义务的生活。这些妇女正在积极尝试创建家庭生活和人际关系的新模式。然而，世界各地的妇女并不是平等地享有这些选择。只有具有一定教育水平和经济实力的女性才能做出这样的个人选择。对数以百万计的妇女来说，参加正规和非正规的劳动并没有改善她们的生活。现在，她们承担着有偿工作和维持传统照护责任的双重负担。正如齐默尔曼等人（2006）所解释的那样："当祖母、母亲、妻子、阿姨、姐妹和女儿担负养家糊口者与照护者这一新的、有压力的双重角色时，这些相同的力量正在进入性别关系和家庭生活领域，它们加剧了性别鸿沟和家庭破碎……全球化背后的经济增长带来了剥削的风险，也带来了发展的机会，这对发展中国家的弱势妇女而言尤为如此。"（第369页）

全球化也对男性产生了严重影响。随着工作和工资的减少，他们的权力基础受到侵蚀，养家糊口者或养家者的角色本质上是男性的这一幻想正在消失。在工业化和发展中国家的某些社会阶层中，男性日益被迫依靠家庭中的妇女提供经济资助。这在某些情况下导致家庭生活的重构，男性更多地协助家务。然而，这并不一定是常态。许多男性认为，这是对他们基本权利的侵蚀，并因此而怀有敌意和不满。在世界的某些地区，如在中东和拉丁美洲的一些国家，人们越来越强烈地要求恢复"传统"秩序，这支持了那些处于恐惧和愤怒中的男性。家庭和男性的"适当"角色，已经成为一种有号召力的口号，所呼唤的是作为稳定社会"根基"的有序社会的象征性表现。在这些表现中，性别角色，特别是妇女在家庭中的地位，成为在日益变化的世界中恢复秩序的关键方面。这些"恢复"社会秩序的呼声业已进入美国的主流话语。尽管人们普遍承认，当今的异质环境确实有助于回归这种家庭生活，但各种政治运动都将自己与"家庭价值观"联系在一起，并重新建立起"传统的"家庭领域。

虽然父权制家庭结构历史上是通过宗教团体、政府和其他集体性实体合法化，但在当今世界，通过全球化鼓励和延续的竞争力量，正在抵制有关性别角色的根深蒂固的意识形态。这些表现和规范正在慢慢地受到侵蚀，并让位给更加多样化的家庭结构。特别是在西方，这些新版本的家庭伴随着较少规定的家庭角色，至少在意识形态上，不再将妇女视为受抚养者，也削弱了家庭的等级制度（Yan & Neal, 2006）。当代家庭的观察者认为，我们生活的时代不再有一种规范的家庭安排（Stacey, 1996）。随着家庭领域变得越来越多样化，包括有子女和没有子女的同居伴侣、双职工家庭、没有子女的已婚夫妇、单亲家庭、抚养孙辈的祖父母、混血家庭和同性家庭，个人都在努力为自己设计符合规范、传统和价值观的新蓝图。在美国尤其如此。随着家庭形式多样化的发展，人们开始怀念一个神秘的时代，那时的家庭没有那么多的选择和变化。

在当代全球化的背景下，家庭成员正在承担新的或调整后的角色，因为男性失去他们传统的供养者的地位，而且越来越鼓励儿童延长他们的依赖期。随着父权制家庭模式的慢慢消失，儿童的声音在家庭决策中变得越来越重要，关系到他们的生活和消费行为。然而，这种情况不适用于全世界的儿童。对于工业国家和发展中国家的许多儿童来说，不惜一切代价生存是他们的命运。对这些儿童而言，通过教育、游戏和消费主义所提供的机会，往往是儿童教育和全球法律运动的焦点，但这些机会是不相关的，也是无法获得的。他们的生命受到威胁，社会和经济状况也很脆弱。

随着个人寿命的延长以及日益融入全球秩序，老年人的生活和地位也在改变。同样，老年人之间也存在显著的差异，有的老年人拥有资源，能够在生命晚期享受充实愉快的时光，有的老年人则面临贫困并缺乏照料。随着经济结构调整和民族国家政策的制定，以及各种生活方式在全球的广泛传播，全球化与所有这些进程都密不可分。

无论他们的社会地位如何，对全球各地的许多人来说，暴露于多种文化模式和规范性经验之中都会伴随压力与冲突，有时甚至会导致关系的破裂。在世界范围内，许多当代家庭与个人成长的家庭是不一样的。没有清晰的文化蓝图和大量的选择，很多人不确定哪些抉择和道路最适合自己。尽管大多数家庭在性别和生活安排方面的多样性仍然局限于西方，但这些新的生活方式和家庭形式的表现正在迅速传播到世界其他地区。甚至在远离西方影响的地区，妇女的市场参与和家庭移民决定也正在创造新的跨国家庭安排，它往往是这些社区和社会所没有的。

跨国育儿现象的日益出现表明，家庭从根本上善于自我改造和适应新的情况。虽然远距离"做母亲"的妇女不得不在提倡强化的母性和与儿童进行密切身体接触的环境中捍卫自己的选择，但她们仍然为了家庭的集体利益而做出在其他地方工作的决定（Hondagneu-Sotelo，1997）。跨国育儿与家庭模式相矛盾，这种模式认为，家庭的一个基本方面是母亲与孩子在身体上的亲近。跨国母亲正试图通过其经济贡献为子女及其家庭提供尽可能好的机会。跨国育儿只是无数例子之一，这些例证表明，社会变革总是与经济和技术机会以及创新息息相关。在今天全球化的背景下，同样的现象仍然适用于家庭进程和关系。

因此，全球化以一种非常多样化的方式触及每个人和每个家庭。全球化的集体力量是这一进程的决定因素，它强调了整体分析的重要性。新现象不断出现，有时几乎立即造成社会变化。中东未被承认和普遍存在的性骚扰问题就是一个说明性的实例。当压制性政权试图通过执行传统价值观和规范来维持控制时，新技术结合了相互矛盾的性别意识形态，正在以前所未有的方式扎根和应用。当博客成为年轻人表达对彼此及世界其他地方生活关切的重要平台时，在中东社会长期被忽视且最小化的性骚扰问题，正透过社交网站及其他资讯科技而暴露出来。这种曝光导致公众和法律上的社会变化，因为越来越多的男性因为这些行为被逮捕和惩罚。① 在这里，我们看到全球化的各种力量汇聚在一起，为受压迫的群体（妇女）带来巨大的社会进步，而在过去，她们很难获得公众的声音。随着世界各地的个人继续在前所未有的信息交流中相互沟通，这种全球交流具

---

① 2008年12月10日，《纽约时报》报道了有关博客与最终逮捕一名男性性骚扰者关系的故事。这是埃及历史上第一次针对性骚扰采取这样的措施。

有解决重大社会问题的巨大潜力。

第四节　性别、全球化与市场

对全球化与家庭的交集的调查,将性别意识形态、规范和角色方面不断变化的意识形态这一复杂而有争议的社会现象推向风口浪尖。具体地说,性别平等和妇女就业概念的传播造成无法预见的后果。从西方女权主义者的角度看,当妇女从事有偿工作时,她们可能会在家庭中获得更大的决策权,有可能成为更加自主的行动者,面对困境时更有能力照顾家人（Ganguly-Scrase,2003）。然而,最近的研究表明,发展中国家和工业化世界中的许多妇女并非如此。为了使妇女从参加劳动中受益,必须具备支持这一结果的某些条件和意识形态。学术文献中有很多这样的实例（如 Gunewardena 和 Kingsolver 在 2007 年的研究）,阐述了增加对金融资源的利用或融入全球市场并未产生预期效果。这些研究表明,必须谨慎对待全球化对妇女以及反过来对男性的影响（Beneria,2003）。

关注全球化的女性主义经济学家的一项重要贡献是,他们将与市场的联系描述为"男女在历史上有所不同,他们的偏好、选择和行为都受到影响"（Beneria,2003,第74页）。在无报酬的生产中,妇女的比例往往较高,而这些工作只与市场间接相关。她们的无酬和通常未被承认的活动包括农业工作,尤其是在家庭农场中的农业工作、家务劳动、照顾孩子和志愿者活动。妇女继续承担家务的责任,使她们在经济上无法获利,并减少了她们与男性一样成为劳动力的选择。这种现象或多或少在整个社会和社会阶级中普遍存在。

出口导向型增长、女性薪资和工作条件与性别平等之间的关系也引发了争论（Beneria,2003）。乐观主义者认为,随着薪资变得更加平等,就业机会变得更加中性,教育成就不断提高,性别不平等正在改善。持反对意见的人认为,随着市场的增长,性别不平等依然存在，而且有时还在加剧。他们指出，经济增长往往是通过利用女性更廉价的劳动力、非正式的劳动参与和她们的"灵活性"来推动的。再次说明，与全球化的所有方面一样，这两个进程似乎是同时发生的。

全球化夸大了以越来越高的成本效益或更低的成本生产产品的需求。这种需求对生产产生了深远的影响，从而对参与这一过程的妇女产生巨大的影响。某些市场部门现在更喜欢女性劳动力。福塞尔（Fussel，2000）认为，为了保持较低的制造成本，位于墨西哥提华纳（Tijuana）的跨国企业越来越依赖低薪资的女性劳动力。今天，性别规范和陈规定型的观念将某些工作与职业界定为特别适合女性。在市场之外，性别话语赋予女性的是，她们比男性更为温顺，并且"更适合"从事重复性的工作。这样的性别意识形态也使以下观念合法化：女性不太可能组织强大的政治实体，而更愿意接受恶劣的工作条件（Marchand & Runyan，2000）。这些概念化说明，可以隐秘的方式利用社会性别结构来促进市场或企业收益。

在各国政府为了满足国际信贷机构的需求而减少计划和服务的情况下，性别结构及其伴随的期望也会发挥作用。随着基本服务经费的减少，社会期待妇女应始终担负起这些职责。因此，全球结构调整带来的"劳动力女性化"，不仅意味着在正规和非正规劳动力中有大量妇女，而且也指出女性劳动的"灵活性"，这有助于降低生产和服务的成本。今天，在工业化国家和发展中国家，劳动力的某些方面仍然是按性别划分的，但是在许多地方，维持家庭经济的责任现已从男性转移至男性和女性。对许多妇女来说，由于她们继续从事传统的家务劳动，这意味着她们在有偿劳动力和家庭中承担更多的工作责任。

当前情形下，全球化已被证明对某些弱势妇女群体极为不利。这些妇女的从属性别地位，将她们吸引到按性别分类的工作中，报酬低下并有被剥削的危险。对于许多妇女来说，她们的工作负担增加了。尽管这些妇女由于工作临近家而曾经将生计工作与再生产劳动结合起来，但如今，这些妇女中有许多人在经济生产部门工作时，需要为她们的家庭做出复杂的安排。此外，还增加了以下情况：在某些发展中国家，人们越来越期望妇女出国并将汇款寄回国内。对于低技能和较贫穷的妇女，迁移已经成为使她们及其家庭获得更稳定财务未来的工具。这具体地转化为历史上前所未有的国际女性移民。

在这一讨论中，必须认识到，全球化一直伴随着各种限制，同时也为妇女提供了大量的机会。全世界妇女接受教育和培训的机会越来越多。在西方，中产阶级妇女尤其获益于受教育和就业的机会，以及强调男女机会平等的意识形态。在较不发达国家，跨国组织和一些民族国家越来越关心女童和妇女的机会结构，因此正在制定各种方案并变革政策，使她们能够接受教育，同时兼顾家庭责任。这些变化不是统一的，也并不惠及每一个弱势群体。但正是它们的存在，保证了在适当条件下，通过调集资源，可以具体地通过全球化力量来实现积极的变革。

虽然在这一点上，性别、经济和市场之间的关系已经有充分的文献记载，但是随着性别角色的新概念化，妇女参与正式和非正式劳动的影响还鲜为人知。正如贝内里亚（2003）指出的那样："对性别差异的非本质主义观点意味着，经济和社会变革可能会影响性别（重新）建构和性别角色。随着妇女成为市场的直接参与者，其动机和愿望将取决于她们的反应方式，她们可能采用传统上在男性中更为常见的行为方式……但是，这些问题的答案中有含糊、紧张和矛盾的地方。"（第84页）通过参与全球市场，性别意识形态得以协商、重塑和转变。然而，目前对这一课题的研究还没有定论。我们对变化的市场条件下的女性气质和男性特质了解甚少。对性别表征和经验适应性的理解，对于深入了解家庭的转变以及全球社会秩序新形式的出现是至关重要的。

随着女性和男性接触到新的形象，被迫接受改变的角色，传统的价值观和行事方式受到质疑与改造。在某些地方，对一些家庭来说，家长制的假设和做法正在慢慢消失，并被一种性别趋同的形式所取代。这可以使妇女从家务和有偿工作的双重负担中解脱出来。但是对其他妇女来说，进入市场和接触全球化的性别形象可能导致剥削与基于性别的实践。这些矛盾最终可以用获得权力和资源的不同途径来解释。

为了更深入地了解这些过程的复杂动态，我们需要对市场意识形态和性别话语进行批判性分析，还需要研究市场过程如何被强大的机构塑造，以及这些过程在多大程度上是性别化的（Pyle, 2005）。与森（1995）的观点一致，笔者认为，关键是对全球化与性别之间联系的分析，不仅要将妇女描绘成"文化压迫和物质力量的被动受害者，而是要强调，无论她们是多么被剥削和边缘化，工人阶级和农民妇女都有组织自己的历史，以创造性和战略性的方式与暴力和边缘化做斗争……必须使妇女，特别是那些除了劳动以外几乎没有资源的妇女，以及今天越来越多奇迹般活到老年的妇女，自豪地变老，而不是被简单地视为文化压迫的受害者"（第39页）。尽管有那么多当代的研究方法将妇女视为"受害者"，而且妇女不断被越来越贪婪的行业所利用，但少数人的论述表明，在理解妇女与全球市场的关系时，涉及复杂且往往是矛盾的因素。如在适当的条件下，妇女参与工业和发展中世界的劳动力可以为她们提供一系列的机会。然而，这不能一概而论，因为它主要取决于环境和妇女独特的个人境况。

对理解全球化、性别和市场之间的关系至关重要的，是经常被忽视的有偿和无偿的照护工作问题。随着世界各地的妇女进入各种形式的就业，主要涉及家庭领域的照护工作成为一个日益复杂和有争议的问题。照护工作超越了政府政策、家庭和劳动力市场的个人与政治界限（Browne & Braun, 2008）。随着全世界妇女越来越多地进入市场这一领域，与照护有关的问题也具有全球性。埃伦赖希和霍奇希尔德（Ehrenreich & Hochschild, 2003）提出，随着越来越多富裕的工业化国家的妇女融入有偿劳动力，为了应对双重责任，她们通过购买较不富裕社会妇女的服务来替代家务劳动。帕雷纳斯（Parrenas，2003）是当前照护危机的批评者之一，把当代的情况称为照护的国际转移。她将当前的照护安排描述为跨国分工的一种特定形式，这一跨国分工使妇女维系着相互依存的关系。

埃伦赖希、霍奇希尔德和帕雷纳斯等批评家认为，这种安排并未给男性施加足够的压力来改变他们在家庭领域的贡献。然而，这一论点忽视了当代的现实，即男性自身正在努力理解就业领域，他们在这个领域中变得越来越脆弱和容易支配。随着家庭由于就业决定和限制以及角色的变化而进行自我调整，再生产的照护（reproductive care）对妇女和男性来说都是突出的问题。重新考虑家庭领域及其责任可能是有用的，不仅要强调合作伙伴之间更平等的责任，而且要认识到某些情况下确实需要"购买"服务，但是必须在人道条件下提供作为有偿就业的家庭服务。努斯鲍姆（Nussbaum，2002）指出："必须向有需要的人提供照顾，而不是剥削照顾者……目前在世界所有国家，这个棘手的社会问题都没有得到解决。"（第39页，参见 Browne & Braun）

从更广泛的角度来看，我们需要始终认识到，虽然一些女性和男性从全球化中受益，但另一些人却无法掌控自身生活，他们几乎没有选择。以性别为基础的关于平等的讨论往往忽略了这样一个事实：世界其他地区的妇女与男性相比，往往处于严重的不利地位。尤其是贫穷的女性，她们没有同等的权力来处理与丈夫的关系——当代许多西方女性认为这是女性的一个基本方面。没有什么比艾滋病毒（艾滋病）的现状更能凸显这一点了（UNICEF，2008）。艾滋病毒（艾滋病）主要被认为是一种男性疾病，因为人们更能接受男同性恋。但在非洲和亚洲某些地区，由于与处女发生性行为存在益处的神话，由于强奸、卖淫和政府干预的缺乏，艾滋病毒（艾滋病）主要传播给妇女。例如，在南非，受感染的女性达24.8%，男性为11.3%，而在博茨瓦纳，女性的这一数字惊人地达到34.3%，男性为15.8%（Edgar，2004）。全球的艾滋病毒（艾滋病）统计数据，仅是全球众多女童和妇女处于高度脆弱地位的指标之一。当艾滋病毒（艾滋病）的统计数据与剥削性工作状况、父权制家庭安排等问题结合在一起时，性别问题就成为全球化世界中社会关注的重大的最前沿问题。

学者们还需要更仔细地研究妇女与儿童权利之间的关系。重要的是，要了解在什么情况下妇女和儿童的权利相一致，以及在什么情况下应区分对待它们。目前的争论主要是区分对待妇女和儿童及其与家庭的关系。然而，在世界许多地区，妇女和儿童有着共同的利益和处境。我们需要找到新的方法，支持每个社会中最弱势的成员，而不是将某些群体描述为值得关注，将其他群体描述为不值得关注。

第五节　驾驭全球化的力量

以适当方式引导的全球化力量，可以为易受伤害的个人提供工具，以协商他们的环境，并共同进行变革。这一过程的第一步，是揭示潜在的关注和问题，并强调权力关系的重要性。通过利用布迪厄（Bourdieu）的实践经济概念（economy of practice），我们需要认识到，所有人类活动都与社会权力有关，不同的实践根据社会领域具有不同的价值（Bourdieu，1991）。每一个社会领域都是根据其自身在时间和空间上的演变，以及在这些领域中起作用的行动者来建构和重建的。机构和个人根据资本的相对积累相互关联，试图最大化和战略性地利用他们在各自领域的权力与控制权。通过将权力和实践经济作为全球化过程社会分析的核心，我们可以开始理解各种形式的女性气质和男性气质所经历的复杂而流动的过程，是在社会与文化上建构的，也可以理解市场和经济与家庭决策之间相互关联的程度（Chow，2003）。正如福尔布雷（Folbre，2001）所强调的那样："市场无法在以爱、义务和互惠的价值观为基础的家庭和社区框

架之外有效运转。"(第 vii 页)

最近对性别和市场参与的关注突出体现在引导全球化影响的争论上。目前,关于全球化的主要争议,不是我们彼此之间快速沟通的能力得到提高,也不是我们可以在国家之间轻松地旅行,更不是因为经济变化加快了。对许多人而言,首要关注的是全球化带来的收益在民族国家之间、居住在这些地方的个人和家庭之间分配不均。我们目前面临的情况是,对资本流动有适当的保护,但对那些实际从事劳动的个人却没有给予同样的关注(Heymann,2006)。事实上,为了在全球市场上竞争和获利,一些国家正在以尽可能低的价格提供劳动力。这种竞争优势源于对极低工资的预期,对工人的保护措施少之又少,而且缺乏成立工会的机会(Heymann,2006)。全球化本身并不是一个消极的过程,但正是忽视了它与社会条件的相互作用,才导致混乱、不满有时甚至是极端的人类代价。

社会内部和社会之间的贫困与不平等问题,将继续严重影响社会不稳定、移民流动和劳动力需求。这表明,权力关系和获取资源的机会仍然是理解全球化重要层面的基础要素。随着我们越来越多地融入全球化的体系,人们越来越意识到群体之间的差异。即便只是这种感知到的不平等意识,也是造成社会动荡的关键因素。这一情形再加上基本的人类社会道德,突出了需要采取措施为世界上最弱势的个人提供一定安全的措施。尽管人们有兴趣监管全球金融资本流动,减少发展中国家的极端贫困,但我们仍然面临群体之间日益扩大的差距。[①] 如果像许多人所认为的那样,二战后的福利国家不再发挥作用,那么,无论是在工业化国家还是在发展中世界,都需要一种创新的新愿景。尽管存在缺陷,福利国家还是为其公民提供了基本的安全网,尤其是为最弱势的群体。此外,即使在全球化的

---

① 在越来越大的压力下,国际货币基金组织和世界银行已经开始采取措施,提高发展中国家最贫困公民的生活水平。然而,这些行动由于过分依赖西方思想而受到批评,这实际上可能对当地环境产生不利影响。相关实例请参见金费希尔(2002)的研究。

世界里，民族国家仍然在国内政策方面保留有权力，是能够制定缓解社会条件规定的实体，是跨国实体及其公民之间的中间人，也能够确保在其职权范围内进行的工作符合基本的人道标准。同时，它们保留了鼓励对重组工作场所的政策进行监督的权力。重新构想民族国家的各个方面，可能会为调解影响全球秩序中家庭的社会条件提供主要手段。必须认识到，也可以利用产生全球化经济的同样力量来制定标准，以确保在工作场所和家庭生活中对个体的人道待遇。

在前进的过程中，现在是时候重新审视我们所建立的社会基本原则了。我们应该问自己，所有个人是否无权获得体面的生存薪资、可用来照顾患病和残疾家庭成员的休假、安全条件下和规定小时数内的工作，以及适当的营养和医疗。这并不是说所有的财富都需要重新分配，也不是说个人不应该因为表现出才能或生产力而得到奖励。而是作为一个全球社会，我们需要倡导建立一个最低标准或基础，以保障所有人的基本安全网。其中一些工作已经在进行当中。一些跨国实体和私人慈善组织已经采取行动，改善世界上最弱势群体的福利。全球化的各个方面，使我们能够探索和扩展全球问题的全球化解决办法。

第六节　家庭的持续意义

尽管存在相反的论点，但对全球化的多层次分析表明，我们并不是生活在一个"失控"的世界，家庭也没有消失或衰落。全球社会秩序可能正在发生变化，但历史表明，这是人类状况的一个重要方面。由于信息在当代传播的便捷性，全球化使社会变革的世界性受到高度关注。此外，当代以家庭变迁为焦点的讨论中，一个常常未被承认的重要方面是它对个人主义的强调。这是一种独特的西方观点，其合法性在很大程度上源于心理学。对于世界上的大多数人，甚至大多数西方人来说，决定是在家庭环境中做出的。选择伴侣、生儿育女、就业、搬家，以及照顾年轻人、老年人和残疾人，这些决定通常是在亲密的个人之间的社会环境中做出的。此外，贫困和种族或民族歧视等宏观社会条件降低了个人能动性。对许多人来说，家庭为他们提供了一个避难所，他们可以在这里找到情感、社会和（或）经济上的支持。通常是在家庭范围内，个人能够协商策略，使他们应对外部环境。

来自全球的经验证据表明，家庭仍然是获取社会和经济资本的主要资源。一些针对家庭的方法认为，决策和社会资本的取得纯粹是个人主义的，这忽视了人类生活的社会性。例如，在西方，有孩子的家庭仍然是决定年轻人未来前途的重要因素，即便他们在教育、就业、旅行和伙伴关系方面的选择越来越多。家庭仍然是儿童社会化、社会融合以及提供资源和社会资本的中心领域。一些学者认为，西方家庭实际上越来越重视孩子未来的机会。这种观点认为，父母的社会经济地位是孩子未来成功的关键指标（Lareau，2003；Edgar，2004）。在世界其他地区，家庭继续在个人所进行的几乎每一种选择和行为中发挥至关重要的作用。人生机遇有时几乎完全由家庭定位，以及更大的力量如宗教、政治、性别观念、经济环境和法律制度所决定。在这种情况下，个人行动者仍可行使某些权力，尽管方式有限。此外，在某些社会中，文化传统规定，重要的个人决定需要在集体主义的家庭环境中做出，这对那些没有在这种环境中成长的人来说是很难理解的。

在家庭环境下做出的决定，对于宏观过程具有重大的意义。例如，国家生育率和劳动力参与率在很大程度上取决于内部的家庭动态。女性和男性决定生育孩子和加入劳动力大军并不仅仅是基于个人倾向，他们通常会权衡其选择和一系列影响整个群体的因素。来自欧洲各国的证据表明，妇女的生育能力与她在生育和抚养孩子的同时维持可获利的就业机会直接相关。这一决定是在家庭一级做出的。对于面临老年人口即将增加以及劳动力不足的民族国家，已经产生了显著的影响。这并不是说，在某些情况下，个人不会追求那些主要对自己有利的选择，也不是说，在现实生活中矛盾的权力动态可能在起作用。然而，我们也不应该假设个人的决定是在社会和意识形态的真空中做出的，大多数个人即使在当前的西方环境下，也只是基于自由意志做出选择。选择、决定和谈判发生在家庭一级，并考虑到一系列物质、情感和意识形态因素。从这个角度来看，在家庭层面发生的事情，与那些通常被认为是凌驾于社会生活之上的过程，存在持续的动态关系。

第七节 结论

全球化产生了极为不同的影响。随着信息以越来越快的速度传播，以及越来越多的个人在全球范围内迁移，新的思想和多元文化的配置正日益成为规范。然而，这些不同的意识形态表现和生活经历，并不是毫不费力就能发生的。在每个社会中，关于家庭关系、性别角色、身份、种族和归属等问题的传统假设，都受到质疑与重新讨论。对一些家庭来说，全球化使他们更容易获得资源和机会，并促进生活的进步。例如，对工业化国家和发展中国家的较富裕群体来说，全球化为生活方式、商务、旅行、与他人接触、获取信息和通信技术，以及利用新思想、信仰和传统的机会带来了新的机遇。全球化使个人能够重塑身份，并在更广泛的社交网络中与志趣相投的人建立联系，还使个人、家庭和社区认识到理解他人和各种文化观点的重要性。但对其他人来说，全球化已经产生了有害的影响。全球化已造成更大程度的贫困、流离失所和边缘化。它把家庭成员分开，把个人拉进和拉出工作岗位，并改变了重要的照护关系。本书已经阐明，全球化本身并不是"罪魁祸首"，它是跨越地域的，与当地的力量和条件发生着相互作用。

当我们试图理解全球化、家庭和社会变革之间的关系时，必须意识到变化不是单向的，它们是断断续续的，常涉及不平衡的谈判和协商。由于进展的不断加速以及随之而来的转变，大多数全球化过程的结果尚不清楚。正如已论证的那样，全球化使某些人享有特权，但也限制和约束了其他一些人。全球化与巨大的、主导性的和有影响力的权力联系在一起。尽管如此，在这些相同的过程中所固有的，是潜在地赋予那些被边缘化、被忽视和被遗忘的个人、家庭与群体以权力。他们现在能够在全球范围内传播其想法、抱怨和建议，而不受领土、公民身份、性别、民族、种族或其他此类定义标准的约束。正是这种全球交流和组织的力量，将决定未来社会变革的许多方面。正如凯尔纳（2002）所言："因此，一种批判的全球化理论不是仅指责全球化或庆祝其合法化，而是谴责那些压迫性的方面，同时抓住机会与统治和剥削做斗争，促进民主化和正义，以及政治、社会和文化的逐步重建。"（第294页）

伴随全球化而来的是采取全球化的集体行动的空前手段。尽管许多分析人士对全球化持怀疑态度，但这种观点忽视了利用全球化造福人类的潜力。例如，互联网上的政治组织迫使耐克等大型跨国公司重新审视其生产和雇佣行为。环境问题和人权也是类似形式的合作冲突与结社的主题。这些趋势预示着组织的新形式和对社会秩序的影响。重要的是，它们改变了家庭及其成员做出影响其生活的决定的背景。

全球化和与这一过程密切相关的全球金融体系是由个人创造的。这些活动是在一系列选择的基础上开始的，而不仅仅是社会发展的必然阶段。许多伴随全球化的社会现象可以通过明智的公共政策选择来缓解。这是一个关键点，因为历史先例表明，当一个群体从属于另一个群体时，转型最终会导致意想不到的社会变化。正如库恩茨阐明的那样，"不断改变最初孕育它们的制度、思想或关系……在家庭和社会结构中，维持一种特殊关系或制度所必需的同样过程，会同时产生对立，最终改变、破坏甚至摧毁这种关系或制度"（第291页）。

正如本书所阐述的，家庭继续以创新的、有时是有争议的方式重新定义它自身及其活动。与全球化相关的社会进程和变革，是在家庭内部实现和实施的。这些转变并不像某些社会观察家所认为的那样，预示着家庭正在消失或我们正在经历社会进化的最后一个后现代阶段。家庭安排对全球众多个人的重要性表明，在全球化的世界中，家庭习语和生活经验仍然强大且具有适应性，对个人而言意义重大。大多数人仍然选择住在私密的家庭小单位，以感情和（或）经济为纽带来保持亲密关系。这些群体有时可能会解散，或根据环境和倾向被重新概念化，然而，个人继续追求某种形式的亲密关系。我们可能正处于一场深刻的变革之中，但历史告诉我们，人类及其创造的社会制度正在不断演变。家庭，无论如何描述，都是这一进程的一部分。全球化将带领我们进入一个新的未来，这个未来可能与我们目前想象的完全不同。

参考文献

Ackroyd, J., & Pilkington, A. (1999). Childhood and the construction of ethnic identities in a global age: a dramatic encounter. *Childhood*, 6 (4), 443–454.

Afshar, H., & Barrientos, S. (1999). *Women, globalization and fragmentation in the developing world.* London: Macmillan.

Aisbett, E. (2007). Why are the critics so convinced that globalization is bad for the poor? In A. Harrison (Ed.), *Globalization and poverty* (pp. 33–85). Chicago: University of Chicago Press.

Aitken, S. (2001). Global crises of childhood: rights, justiceand the unchildlike child. *Area*, 33, 119–127.

Aitken, S., Estrada, S. L., Jennings, J., & Aguirre, L. (2006). Reproducing life and labor: global processes and working children in Tijuana, Mexico. *Childhood*, 13, 365–387.

Alanen, L. (2003). Childhoods: the generational ordering of social relations. In B. Mayall & H. Zeiher (Eds.), *Children in generational perspective* (pp. 27–45). London: Institute of Education.

Albrow, M. (1997). Traveling beyond local cultures: socioscapes in a global city. In J. Eade (Ed.), *Living the global city: Globalization as local process* (pp. 37–55). London: Routledge.

Ambert, A. (1994). An international perspective on parenting: social change and social constructs. *Journal of Marriage and the Family*, 56,

529 – 543.

Ansell, N. (2005). *Children, youth and development.* New York: Routledge.

Appadurai, A. (1990). Disjuncture and difference in the global cultural economy. In M. Featherstone (Ed.), *Global culture: nationalism, globalization and modernity.* London: Sage.

Appadurai, A. (1999). Globalization and the research imagination. *International Social Science Journal*, 51, 229 – 238.

Archard, D. (1993). *Children: rights and childhood.* New York: Routledge.

Aries, P. (1962). *Centuries of childhood: a social history of family life.* New York: Alfred A. Knopf.

Arnett, J. J. (2002). The psychology of globalization. *American Psychologist*, 57, 774 – 783.

Arno, P. (2006). *The economic value of informal caregiving.* Paper presented at the Veterans Association Conference on Care Coordination, Bethesda, 25 January.

Asis, M., Huang, S., & Yeo, B. (2004). When the light of the home is abroad: unskilled female migration and the Filipino family. *Singapore Journal of Tropical Geography*, 25, 198 – 215.

Baars, J. (2006). Beyond neomodernism, antimodernism, and postmodernism: basic categories for contemporary critical gerontology. In J. Baars, D. Dannefer, C. Phillipson & A. Walker (Eds.), *Aging, globalization and inequality: the new critical gerontology* (pp. 17 – 42). Amityville, NY: Baywood Publishing.

Baars, J., Dannefer, D., Phillipson, C., & Walker, A. (2006). Introduction: critical perspectives in social gerontology. In J. Baars, D. Dannefer, C. Phillipson & A. Walker (Eds.), *Aging, globalization and inequality: the new critical gerontology* (pp. 1 – 16). Amityville,

NY: Baywood Publishing.

Baca Zinn, M. (2000). Feminism and family studies for a new century. *Annals of the American Academy of Political Science Society*, 571, 42 – 56.

Bacallao, M., & Smokowski, P. (2007). The costs of getting ahead: Mexican family system changes after immigration. *Family Relations*, 56, 52 – 66.

Barnett, R. C., & Hyde, J. S. (2001). Women, men, work, and family: an expansionist theory. *American Psychologist*, 56, 781 – 796.

Barnett, R. C., & Garesi, K. C. (2002). Full-time and reduced-hours work schedules and marital quality: a study of female physicians with young children. *Work and Occupations*, 29, 364 – 379.

Basu, K. (2006). Globalization, poverty, and inequality: what is the relationship? What can be done? *World Development*, 34, 1361 – 1373.

Becker, G. (1976). *The economic approach to human behavior*. Chicago: The University of Chicago Press.

Becker, G. (1985). Human capital, effort, and the sexual division of labor. *Journal of Labor Economics*, 3, 33 – 58.

Becker, G. (1993). *Human capital* (3rd ed.). Chicago: The University of Chicago Press.

Becker, S. (2000). Young careers. In M. Davies & M. Davies (Eds.), *The Blackwell encyclopedia of social work* (p. 378). Oxford: Blackwell.

Becker, S., & Silburn, R. (1999). *We're in this together: conversations with families in caring relationships*. London: Carers National Association.

Becker, S. (2007). Global perspectives on children's unpaid caregiving in the family: research and policy on "young carers" in the UK, Australia, the USA and Sub-Saharan Africa. *Global Social Policy*, 7,

23 – 50.

Beneria, L. (2003). *Gender, development and globalization: economics as if all people mattered.* London: Routledge.

Bernal, B. (1994). Gender, culture, and capitalism: women and the remaking of Islamic "tradition" in a Sudanese village. *Comparative Studies in Society and History*, 36, 36 – 67.

Berger, B. (2002). *The family in the modern age: more than a lifestyle choice.* New Brunswick, NJ: Transaction Publishers.

Berkowitz, S. D., & Wellman, B. (2003). *Social structures: a network approach.* Toronto: Canadian Scholars' Press.

Bernhardt, E., Goldscheider, C., Goldscheider, F., & Bjeren, G. (2007). *Immigration, gender and family transitions to adulthood in Sweden.* Boulder, CO: University Press of America.

Bhagwati, J. (2004). *In defense of globalization.* New York: Oxford.

Bianchi, S. Milkie, M. A., Sayer, L. C. (2000). Is anyone doing the housework – trends in the gender division of household labor. *Social Forces*, 79 (1), 191 – 228.

Bianchi, S., Robinson, J., & Mikie, M. (2007). *Changing rhythms of American family life.* New York: Russell Sage Foundation.

Blossfeld, M., & Hofmeister, H. (2005). *Globalife: lifecourses in the globalization process.* Bamberg: University of Bamberg Press.

Bogenschneider, K., & Corbett, T. (2004). Building enduring family policies in the 21st century: the past as prologue? In M. Coleman & L. Ganong (Eds.), *Handbook of contemporary families: considering the past, contemplating the future* (pp. 41 – 468). Thousand Oaks, CA: Sage Publications.

Booth, A., Crouter, A., & Landale, N. (Eds.) (1997). *Immigration and the family: research and policy on U. S. immigrants.* Mahwah, NJ: Lawrence Erlbaum.

Boss, P. G., Dougherty, W. J., LaRossa, R., Schumm, W. R., & Steinmetz, S. K. (1993). Family theories and methods: a contextual approach. In P. G. Boss, W. J. Dougherty, R. LaRossa, W. R. Schumm & S. K. Steinmetz (Eds.), *Sourcebook of family theories and methods: a contextual approach* (pp. 3 – 30). New York: Plenum Press.

Bouis, H., Palabrica-Costello, M., Solon, O., Westbrook, D., & Limbo, A. (1998). *Gender equality and investments in adolescents in the rural Philippines.* Research Report 108, International Food Policy Research Institute.

Bourdieu, P. (1991). *Language and symbolic power.* J. B. Thompson (Ed.) Trans. M. Adamson. Cambridge: Polity Press.

Bourdieu, P., & Coleman, J. (1991). *Social theory for a changing society.* Boulder, CO: Westview Press.

Bowes, J. M. (2004). *Children, families, and communities: contexts and consequences.* Melbourne: Oxford University Press.

Boyden, J. (1990). Childhood and the policy makers: A comparative perspective on the globalization of childhood. In A. James & A. Proust (Eds.), *Constructing and reconstructing childhood: contemporary issues in the sociological study of childhood* (pp. 190 – 230). Routledge.

Boyden, J. (1997). Childhood and the policy makers: A comparative perspective on the globalization of childhood. In A. James & A. Proust (Eds.), *Constructing and reconstructing childhood* (pp. 184 – 216). Basingstoke: Falmer Press.

Brady, D., Beckfield, J., & Zhao, W. (2007). The consequences of economic globalization for affluent democracies. *Annual Review of Sociology*, 33, 313 – 334.

Browne, C., & Braun, K. (2008). Globalization, women's migration, and the long-term-care workforce. *The Gerontologist*, 48, 16 – 24.

Brecher, J., Costello, T., & Smith, B. (2000). *Globalization from be-*

low: *the power of solidarity*. Boston: South End Press.

Brenner, S. (1995). Why women rule the roost: Rethinking Javanese ideologies of gender and self-control. In A. Ong & M. Peletz (Eds.), *Bewitching women, pious men: gender and body politics in Southeast Asia* (pp. 19 – 50). Berkeley: University of California Press.

Bruce, J., & Chong, E. (2006). The diverse universe of adolescents, and the girls and boys left behind: a note on research, program and policy priorities. Background paper to the report. *Public choices, private decisions: sexual and reproductive health and the millennium development goals*. New York: UN Millennium Project.

Bryceson, D., & Vuorela, U. (2002). Transnational families in the twenty-first century. In D. Bryceson & U. Vuorela (Eds.), *The transnational family: new European frontiers and global networks* (pp. 3 – 30). New York: Oxford.

Bulato, R. A. (2001). Introduction. In R. A. Bulato & J. B. Casterline (Eds.), *Global fertility transition* (pp. 1 – 14). New York: Population Council.

Burr, R. (2002). Global and local approaches to children's rights in Vietnam. *Childhood*, 9, 49 – 61.

Carrington, V. (2001). Globalization, family and nation-state: reframing "family" in new times. *Discourse: Studies in the Cultural Politics of Education*, 22, 185 – 196.

Carrington, V. (2002). *New times: new families*. London: Kluwer Publishers.

Cassels, D., Hanen, M., Barber, A., & Chumir, S. (2002). *Community values in an age of globalization*. Calgary: Sheldon M. Chumir Foundation for Ethics in Leadership.

Castles, F. G. (2003). The world turned upside down: below replacement fertility, changing preference and family-friendly public policy in

21 OECS countries. *Journal of European Social Policy*, 13, 209 – 228.

Castles, S., & Miller, M. (2003). *The age of migration: international population movements in the modern world.* New York: Guilford.

Castells, M. (1997). *The power of identity.* Oxford: Blackwell.

Castells, M. (2000). *The end of millennium.* Malden, MA: Blackwell.

Castells, M. (2004). *The power of identity* (2nd ed.). Oxford: Blackwell.

Cerny, P. G., & Evans, M. (2004). Globalization and public policy under new labor. *Policy Studies*, 25, 51 – 65.

Chang, G. (2006). Disposable domestics: immigrant women workers in the global economy. In M. Zimmerman, J. Litt & C. Bose (Eds.), *Global dimensions of gender and carework* (pp. 39 – 47). Stanford: Stanford University Press.

Chant, S. (1991). *Women and survival in Mexican cities: perspectives on gender, labour markets, and low-income households.* New York: Manchester University Press.

Chant, S. (2000). Men in crisis? reflection on masculinities, work and family in north-west Costa Rica. *The European Journal of Development Research*, 12, 199 – 218.

Chen, S., & Ravallion, M. (2004). How have the world's poorest fared since the early 1980s? *The World Bank Research Observer*, 19, 141 – 169.

Chow, E. (2003). Gender matters: studying globalization and social change in the 21st century. *International Sociology*, 18 (3), 443 – 460.

Chugani, H. T., Phelps, M. E., & Mazziota, J. C. (1987). Positron emission tomography study of human brain function development. *Annals of Neurology*, 22, 487 – 497.

Cigno, A., Rosati, F., & Guarcello, L. (2002). Does globalization increase child labor? *World Development*, 30, 1579 – 1589.

Clarke, J. (2005). Welfare states as nation states: some conceptual reflections. *Social Policy and Society*, 4, 407-415.

Cole, J., & Durham, D. (2006). Introduction: age, regeneration and the intimate politics of globalization. In J. Cole & D. Durham (Eds.), *Generations and globalization: Youth, age, and family in the new world economy* (pp. 1-28). Bloomington, IL: Indiana University Press.

Collier, J., Rosaldo, M., & Yanagisako, S. (1992). Is there a family? New anthropological views. In B. Thorne & M. Yalom (Eds.), *Rethinking the family: some feminist questions* (pp. 25-39). New York: Longman.

Collins, P. H. (1990). *Black feminist thought: knowledge, consciousness, and the politics of empowerment.* Boston: Unwin Hyman.

Coltrane, S. (2000). Research on household labor: modeling and measuring the social embeddedness of routine family work. *Journal of Marriage and Family*, 62, 1208-1233.

Comacchio, C. (2003). *Family History in International Encyclopedia of Marriage and Family* (pp. 555-559). New York: Thompson Gale.

Connell, R. W. (2005). Change among the gatekeepers: men, masculinities, and gender equality in the global arena. *Signs*, 30, 1801-1825.

Coontz, S. (1992). *The way we never were: American families and the nostalgia trap.* New York: Basic Books.

Coontz, S. (1997). *The way we really are: coming to terms with America's changing families.* New York: Basic Books.

Coontz, S. (2000). Historical perspectives onfamily studies. *Journal of Marriage and Family*, 62, 283-297.

Cree, V. (2008). Confronting sex trafficking: lessons from history. *International Social Work*, 51, 763-776.

Creed, G. (2000). "Family values" and domestic economies. *Annual*

Review of Anthropology, 29, 329 – 355.

Crittenden, A. (2001). *The price of motherhood: why the most important job in the world is the least valued.* New York: Macmillan.

Crompton, R., lewis, S., & C. Lyonette. (2007). *Women, men, work and family in Europe.* Palgrave: Macmillan.

Cunningham, H. (1995). *Children in western society since 1500.* London: Longman.

Cvetkovich, A., & Kellner, D. (1997). Thinking global and local. In A. Cvetkovich & D. Kellner (Eds.), *Articulating the global and the local: globalization and cultural studies*, 5 (pp. 1 – 32). Boulder, CO: Westview Press.

Daly, K. (2003). Family theory versus the theories families live by. *Journal of Marriage and Family*, 65, 771 – 784.

Dannefer, D. (2000). Bringing risk back in: the regulation of the self in the postmodern state. In K. W. Schaie & J. Hendricks (Eds.), *The evolution of the aging self: the societal impact on the aging process* (pp. 269 – 280). New York: Springer Publishing.

Dannefer, D. (2003). Cumulative advantage/disadvantage and the life course: cross-fertilizing age and social science theory. *Journal of Gerontology*, 58, S327 – S337.

Davis, S. G. (1997). *Space jam: family values in the entertainment city.* Paper presented at the American Studies Annual Meeting. Washington, DC.

De Carvalho, M. (2001). *Rethinking family – school relations: a critique of parental involvement in schooling.* Mahwah, NJ: Lawrence Erlbaum.

Dehesa, G. (2007). *What do we know about globalization? issues of poverty and income distribution.* Oxford: Blackwell Publishing.

Dion, K., & Dion, K. (2001). Gender and cultural adaptation in immigrant families. *Journal of Social Issues*, 57, 51 – 521.

Dollar, D. (2005). Globalization, poverty and inequality since 1980. *The World Bank Research Observer*, 20, 146 – 175.

Dollar, D., & Gatti, R. (1999). Gender inequality, income, and growth: are good times good for women? *Policy Research Group on Gender and Development, Working Paper Series*, No. 1. Washington, DC: The World Bank.

Drago, R., & Golden, L. (2005). The role of economics in work – family research. In M. Pit-Catsouphes, E. Kossek & S. Sweet (Eds.), *The work and family handbook: multi-disciplinary perspectives, methods and approaches* (pp. 267 – 282). Mahwah, NJ: Lawrence Erlbaum.

Drucker, P. F. (1993). *Post-capitalist society.* Oxford: Butterworth-Heineman.

Easterlin, R. (2000). The globalization of human development. *Annals of the American Academy of Political and Social Science*, 570, 32 – 48.

Edgar, D. (2004). Globalization and western bias in family sociology. In J. Scott, J. Treas & M. Richards (Eds.), *The Blackwell companion to the sociology of families* (pp. 3 – 16). Malden, MA: Oxford University Press.

Ehrenreich, B., & Hochschild, A. (eds.) (2003). *Global woman: nannies, maids and sex workers in the new economy.* New York: Metropolitan Books.

Eisenstein, H. (2005). A dangerous liaison? feminism and corporate globalization. *Science and Society*, 69, 487 – 518.

Elder, G. (1999). *Children of the great depression: social change in life experiences.* Boulder, CO: Westview Press.

Ennew, J., & Morrow, V. (2002). Releasing the energy: celebrating the inspiration of Sharon Stephens. *Childhood*, 9, 5 – 17.

Erikson, E. (1963). *Childhood and society.* New York: W. W. Norton.

Erickson, R. (2005). Why emotion work matters: sex, gender and the division of household labor. *Journal of Marriage and Family*, 67, 337 – 351.

Esping-Andersen, G. (1990). *The three worlds of welfare capitalism*. Cambridge: Polity.

Esping-Andersen, G. (2000). The sustainability of welfare states into the twenty-first century. *International Journal of Health Services*, 30, 1 – 12.

Espiritu, Y. (1997). *Asian American women and men: labor, laws, and love*. Sage: Thousand Oaks, CA.

Estes, C. (2006). Critical feminist perspectives, aging and social policy. In I. J. Baars, D. Dannefer, C. Phillipson & A. Walker (Eds.), *Aging, globalization and inequality: the new critical gerontology* (pp. 81 – 102). Amityville, NY: Baywood Publishing.

Evans, J. L., Myers, R. G., & Ilfeld, E. M. (2000). *Early childhood counts: a programming guide on early childhood care for development*. WBI Learning Resources Series. Washington, DC: World Bank.

Evans-Pritchard, E. E. (1940). *Some aspects of marriage and the family among the Nuer*. Rhodes-Livingstone Institute: Papers. 11.

Everard, J. (2000). *Virtual states: the internet and the boundaries of the nation-state*. London: New York.

Fass, P. (2003). Children and globalization. *Journal of Social History*, 36, 963 – 977.

Fass, P. (2005). Children in global migration. *Journal of social history*, 38. 937 – 953.

Ferree, M. (1991). The gender division of labor in two-earner marriages. *Journal of Family Issues*, 12, 158 – 180.

Fernández-Kel, M. P., (1997). Maquiladors: the view from the inside. In Nalini Visvanathan, Lynn Duggan, Laurie Nisonoff & Nan

Wiegersman (Eds.), *The women, gender and development reader* (pp. 203 – 250). London, England: Zed Boo.

Flax, J. (1990). *Thinking fragments: psychoanalysis, feminism, and postmodernism in the contemporary West*. Berkeley: University of California Press.

Folbre, N. (2001). *The invisible heart: economics and family values*. New York: The New Press.

Forna, J. (1995). *Cultural theory and late modernity*. Thousand Oaks, CA: Sage Publishers.

Forrest, M., & Alexander, K. (2004). The influence of population demographics: what does it mean for teachers and teacher education? *Journal of family and consumer sciences education*, 22 (2), 67 – 73.

Fountain, J. (2001). *Building the virtual state: information technology and institutional change*. Washington, DC: Brookings Institution Press.

Fouron, G., & Glick Schiller, N. (2001). All in the family: gender, transnational migration, and the nation-state. *Identities: Global Studies in Culture and Power*, 7, 539 – 582.

Freeman, C. (2001). Is local: Global as feminine: Masculine? rethinking the gender of globalization. *Signs*, 26, 1007 – 1037.

Freeman, R. (1996). *The new inequality*. Boston: Boston Review. December/January.

Freeman, R. (2006). People flows in globalization. *The Journal of Economic Perspectives*, 20, 145 – 170.

French, J. L., & Woktuch, R. E. (2005). Child workers, globalization, and international business ethics: a case study in Brazil's export-oriented shoe industry. *Business Ethics Quarterly*, 15, 615 – 640.

Frones, I. (1994). Dimensions of childhood. In J. Qvortrup, M. Bardy, G. Sgritta & M. Wintersberger (Eds.), *Childhood matters: social theory, practice and politics* (pp. 145 – 164). Avebury Press: Aldershot.

Fussel, M. E. (2000). Making labor flexible: the recomposition of Tijuana's macquiladora female labor force. *Feminist Economics*, 6, 59 – 80.

Fyfe, A. (1993). *Child labor: a guide to project design*. Geneva: ILO.

Galinsky, E. (1999). *Ask the children: what America's children really thinking about working parents*. New York: William Morrow.

Ganguly-Scrase, R. (2003). Paradoxes of globalization, liberalization, and gender equality. The worldviews of the lower middle class in West Bengal, India. *Gender & Society*, 17, 544 – 566.

George, V., & Wilding, P. (2002). *Globalization and human welfare*. London: Palgrave.

Geertz, C. (1973). *The interpretation of cultures*. New York: Basic Books.

Gibson, C. B., & Cohen, S. G. (2003). *Virtual teams that work creating conditions for virtual team effectiveness*. In Jossey-Bass Business and Management Series (p. 464). Jossey-Bass.

Giddens, A. (1990). *The consequences of modernity*. Stanford: Stanford University Press.

Giddens, A. (1991). *Modernity and self-identity*. Cambridge: Polity Press.

Giddens, A. (2003). *Runaway world: how globalization is reshaping our lives*. New York: Routledge.

Gilligan, C. (1982). *In a different voice: psychological theory and women's development*. Cambridge: Harvard University Press.

Giovannetti, E., Kagami, M., & Tsuji, M. (2003). *The internet revolution: a global perspective*. Cambridge: Cambridge University Press.

Glatzer, M., & Rueschemeyer, D. (2005). *Globalization and the future of the welfare state*. Pittsburgh: University of Pittsburgh Press.

Glewwe, P. (1999). *The economics of school quality investments in developing countries: an empirical study of Ghana. London: Macmillan.

Goode, W. (1982). The theoretical importance of the family. *The Family* (pp. 1 – 14). Englewood Cliffs, NF: Prentice Hall.

Goody, J. (1972). Evolution of the family. In P. Laslett & R. Wall (Eds.), *Household and family in past time: comparative studies in the size and structure of the domestic group over the last three centuries in England, France, Serbia, Japan, and colonial North America* (pp. 103 – 124). Cambridge: Cambridge University Press.

Graham, C. (2005). *Globalization, poverty, inequality and insecurity: some insights from the economics of happiness*. WIDER Research Paper no. 2005/33.

Gramsci, A. (1985). *Selections from cultural writings*. In D. Forgacs & G. Nowell-Smith (Eds.) Trans. W. Boelhower. Cambridge: Harvard University Press.

Grew, R. (2005). On seeking global history's inner child. *Journal of Social History*, 38, 849 – 858.

Guillen, M. F. (2001). Is globalization civilizing, destructive, or feeble? a critique of five key debates in the social science literature. *Annual Review of Sociology*, 27, 235 – 260.

Gupta, A., & Ferguson, J. (1997). *Culture, power, place: explorations in critical anthropology*. Durham, NC: Duke University Press.

Gupta, A., & Sharma, A. (2006). Globalization and postcolonial states. *Current Anthropology*, 47 (2), 277 – 307.

Gunewardena, N., & Kingsolver, A. E. (2007). *The gender of globalization: women navigating cultural and economic marginalities*. New York: School for Advanced Research Press.

Hadi, A. (1999). Overseas migration and the well-being of those left behind in rural communities of Bangladesh. *Asia-Pacific Population Journal*, 14, 43 – 58.

Hareven, T. (1974). The family as process: the historical study of the family cycle. *Journal of Social History*, 7, 322 – 329.

Hareven, T. (2000). The history of the family and the complexity of social change. In T. Hareven (Ed.), *Families, history, and social change: life-course and cross-cultural perspectives* (pp. 3 – 30). Boulder, CO: Westview Press.

Harrison, A. (2007). *Globalization and poverty*. Chicago: University of Chicago Press.

Hartmann, H. (1981). The family as the locus of gender, class and political struggle: the example of housework. *Signs*, 6, 366 – 394.

Hartmann, H. (1987). Changes in women's economic and family roles in post-World War II United States. In L. Beneria & C. Stimpson (Eds.), *Women, households, and the economy* (pp. 33 – 64). New Brunswick, NJ: Rutgers University Press.

Hattery, A. (2001). *Women, work and family: balancing and weaving*. London: Sage.

Hecht, T. (1998). *At home in the street: street children of Northeast Brazil*. Cambridge: Cambridge University Press.

Held, D., & McGrew, A. (2001). The great globalization debate: an introduction. In D. Held & A. McGrew (Eds.), *The global transformation reader* (pp. 1 – 45). Oxford: Polity Press.

Hengst, H. (1987). The liquidation of childhood – an objective tendency. *International Journal of Sociology*, 17, 58 – 80.

Heymann, J. (2006). *Forgotten families: ending the growing crisis confronting children and working parents in the global economy*. Oxford: Oxford University Press.

Hirst, P., & Thompson, G. (1996). *Globalization in question*. Oxford: Polity Press.

Hochschild, A. R. (1989). *The second shift: working parents and the revolution at home*. New York: Viking.

Hochschild, A. R. (1997). *The time bind: when work becomes home and home becomes work*. New York: Metropolitan Books.

Hochschild, A. R. (2001). Global care chains and emotional surplus value. In A. Giddens & W. Hutton (Eds.), *On the edge: living with global capitalism* (pp. 130 – 146). London: Vintage.

Hodge, D. (2008). Sexual trafficking in the United States: a domestic problem with transnational dimensions. *Social Work*, 53, 143 – 1152.

Hoffman, D. M. (2003). Childhood ideology in the United States: a comparative cultural view. *International Review of Education*, 49, 191 – 211.

Hoffman, D. M., & Zhao, G. (2007). Global convergence and divergence in childhood ideologies and the marginalization of children. *Education and Society*, 25, 57 – 75.

Hondagneu-Sotelo, P. (1992). Overcoming patriarchal constraints: the reconstruction of gender relations among Mexican immigrant women. *Gender & Society*, 6, 393 – 415.

Hondagneu-Sotelo, P. (1994). *Gendered transitions: Mexican experiences of immigration*. Berkeley: University of California Press.

Hondagneu-Sotelo, P. (1997). "I'm here, but I'm there." The meanings of Latina transnational motherhood. *Gender & Society*, 11, 548 – 571.

Hondagneu-Sotelo, P. (2000). Feminism and migration. *The Annals of the American Academy of Political and Social Science*, 571, 107 – 120.

Hondagneu-Sotelo, P. (Ed.) (2003). *Gender and U. S. immigration: contemporary trends*. Berkeley: University of California Press.

Hoogvelt, A. (1997). *Globalization and the postcolonial world: the new political economy of development*. Baltimore: Johns Hopkins University Press.

Hooyman, N., & Kiyak, A. (2006). *Social gerontology*. Boston: Allyn & Bacon.

Hossfeld, K. J. (1994). Hiring immigrant women: Silicon Valleys "Simple Formula". In Maxine Baca Zinn & Bonnie T. d Dill (Eds.), *Women of color in U. S. society*. (pp. 65 – 93). Temple University Press.

Human Development Report. (1999). *In United Nations Development Programme*. New York: Oxford.

ILO (International Labor Organization). (2002). Progressive elimination of child labor at http: // www. ilo. org/public/english/standards/relm/ilc/ilc87/rep-i. htm.

IOM (International Organization for Migration) (2019). World migration report 2020. https: //publications. iom. int/system/files/pdf/wmr_2020. pdf.

International Organization for Migration. (2005). *World migration* 2005: *Costs and benefits of international migration*, No. 882 – 22. Geneva: International Organization for Migration.

IPEC (International Program on the Elimination of Child Labor). (2004). *Investing in every child: An economic study of the costs and benefits of eliminating child labour*. Geneva: International Labor Organization.

Jayakody, R., Thornton, A., & Axinn, W. (2008). Perspectives on internationalfamily change. In R. Jayakody, A. Thornton & W. Axinn (Eds.), *International family change: ideational perspectives* (pp. 1 – 18). New York: Lawrence Erlbaum Publishers.

Joseph, S. (2005). Teaching rights and responsibilities: paradoxes of globalization and children's citizenship in Lebanon. *Journal of Social History*, 38, 1007 – 1026.

Kabeer, N. (2000). *The power to choose: Bangladesh women and labor* market decisions in London and Dhaka. London: Verso.

Katz, C. (1993). Growing girls/closing circles: Limits on the spaces of knowing rural Sudan and US cities. In C. Katz & J. Monk (Eds.), *Full circles: geographies of women over the life course* (pp. 88 – 106). New York: Routledge.

Katz, C. (2004). *Growing up global: economic restructuring and children's everyday lives.* Minneapolis: University of Minneapolis Press.

Kellner, D. (2002). Theorizing globalization. *Sociological Theory*, 20, 285 – 305.

Kelly, M. (1991). Delicate transactions: gender, home, and employment among Hispanic women. In F. Ginsburg & A. Tsing (Eds.), *Uncertain terms: negotiating gender in American culture.* Boston: Beacon Press.

Kelly, R. M. (2001). *Gender, globalization and democratization.* Lanham, MD: Rowman & Littlefield Publishers.

Kibria, N. (1993). *Family tightrope: the changing lives of Vietnamese Americans.* Princeton, NJ: Princeton University Press.

Kim, K., Bengtson, V., Myers, G., & Eun, K. (2000). Aging in East and West at the turn of the century. In V. Bengtson, K. Kim, G. Myers & K. Eun (Eds.), *Aging in East and West: families, states and the elderly* (pp. 3 – 16). New York: Springer.

King, M. (1999). *Moral agendas for children's welfare.* New York: Routledge.

King, N., & Calasanti, T. (2006). Empowering the old: critical gerontology and anti-aging in a global context. In J. Baars, D. Dannefer, C. Phillipson & A. Walker (Eds.), *Aging, globalization and inequality: the new critical gerontology* (pp. 139 – 158). Amityville, NY: Baywood Publishing.

Kingfisher, C. (2002). *Western welfare in decline: globalization and women's poverty*. Philadelphia, PA: University of Pennsylvania Press.

Kinsella, K., & Phillips, D. (2005). Global aging: the challenge of success. *Population Bulletin*, 60 (1), 1 – 40.

Kjorholt, A. T. (2002). Small is powerful: discourses on 'children and participation' in Norway. *Childhood*, 9, 63 – 82.

Kuznesof, E. (2005). The house, the street, global society: Latin American families and childhood in the twenty-first century. *Journal of Social History*, 38, 859 – 872.

Lamanna, M. A. (2002). *Emile Durkheim on the family*. Thousand Oaks, CA: Sage Publications.

Lareau, A. (2003). *Unequal childhoods: class, race and family life*. Berkeley: University of California.

Lee, W. (2001). *Parents must read*, 223, 13 – 14.

Levi-Strauss, C. (1956). The family. In H. Shapiro (Ed.), *Man, culture and society*. New York: Oxford University Press.

Levison, D. (2000). Children as economic agents. *Feminist Economics*, 6, 125 – 134.

Levitt, T. (1991). *Thinking about management*. Toronto: New York Free Press.

Lieber, R., & Weisberg, R. (2002). Globalization, culture and identities in crisis. *International Journal of Politics, Culture and Society*, 16, 273 – 296.

Lim, L. (1998). *The sex sector. The economic and social basis of prostitution in South East Asia*. Geneva: ILO.

Lowell, B., Findlay, A. M., & Stewart, E. (2004). *Brain strain: optimising highly skilled migration from developing countries*. Asylum Working Paper 4, Institute for Public Policy.

Lutz, H. (2002). At your service madam? The globalization of domestic service. *Feminist Review*, 70, 89 – 104.

Macleod, A. (1993). *Accommodating protest: working women, the new veiling and change in Cairo.* New York: Columbia University Press.

Mahler, S., & Pessar, P. (2006). Gender matters: ethnographers bring gender from the periphery toward the core of migration studies. *International Migration Review*, 40, 27–63.

Malkki, L., & Martin, E. (2003). Children and the gendered politics of globalization: in remem brance of Sharon Stephens. *American Ethnologist*, 30, 216–224.

Marchand, M., & Runyan, A. S. (2000). Introduction. Feminist sightings of global restructuring: conceptualizations and reconceptualizations. In M. Marchand & A. S. Runyan (Eds.), *Gender and global restructuring: sightings, sites and resistances* (pp. 1–22). London: Routledge.

Marcus, R., Wilkinson, J., & Marshall, J. (2002). Poverty reduction strategy papers (PRSP): fulfilling their potential for children in poverty? *Journal of International Development*, 14, 1117–1128.

Masnick, G., & Bane, M. J. (1980). *The nation's families.* Boston: Auburn House.

Mattingly, D. (2001). The home and the world: Domestic service and international networks of caring labor. *Annals of the Association of American Geographers*, 91, 370–386.

McGraw, L., & Walker, A. (2004). Gendered family relations: the more things change, the more they stay the same. In M. Coleman & L. Ganong (Eds.), *Handbook of contemporary families: considering the past, contemplating the future* (pp. 174–191). Thousand Oaks, CA: Sage Publications.

McMichael, P. (1996). Globalization: myth and realities. *Rural Sociology*, 61, 25–55.

Mensch, B., Ibrahim, B., Lee, S., & El-Gibaly, O. (2000). Socialization to gender roles and marriage among Egyptian adolescents. *Studies in Family Planning*, 34, 8 – 18.

Mintz, S., & Kellogg, S. (1988). *Domestic revolutions: a social history of American family life.* New York: Free Press.

Mittleman, J. (2002). Globalization: an ascendant paradigm? *International Studies Perspectives*, 3, 1 – 14.

Mittleman, J. H., & Tambe, A. (2000). Global poverty and gender. In J. H. Mittleman (Ed.), *The globalization syndrome* (pp. 74 – 89). Princeton: Princeton University Press.

Murdock, G. (1949). *Social structure.* New York: Macmillan.

Moen, P. (1989). *Working parents: transformation in gender roles and public policies in Sweden.* Madison: Univ. of Wisconsin Press.

Moen, P., & Schorr, A. L. (1987). Families and social policy. In M. B. Sussman & S. K. Steinmetz (Eds.), *Handbook of marriage and the family* (pp. 795 – 813). New York: Plenum.

Moen, P., & Sweet, S. (2003). Time clocks: work-hour strategies. In P. Moen (Ed.), *It's about time: couples and careers.* Ithaca: Cornell University Press.

Moghadam, V. (2003). A political explanation of the gendered division of labor in Japan. In M. Marchand & A. Runyan (Eds.), *Gender and global restructuring: sightings, sites and resistances* (pp. 99 – 115). London: Routledge.

Mortgan, K., & Zippel, K. (2003). Paid to care: the origins and effects of care leave policies in Western Europe. *Social Politics: International Studies in Gender, State, and Society*, 10, 49 – 85.

Murdock, G. (1949). *Social Structure.* New York: Macmillan.

Myers, W. E. (2001). The right rights? Child labor in a globalizing world. *The Annals of the American Academy of Political and Social Science*, 575, 38 – 55.

Nagar, R., Lawson, V., McDowell, L., & Hanson, S. (2002). Locating globalization: feminist re-readings of the subjects and spaces of globalization. *Economic Geography*, 78, 257 – 284.

Neal, M., & Hammer, L. (2007). *Working couples caring for children and aging parents. Effects on work and well-being.* Mahwah, NJ: Lawrence Erlbaum.

Nieuwenhuys, O. (1994). *Children's lifeworlds: gender, welfare and labor in the developing world.* London: Routledge.

Nissanke, M., & Thorbecke, E. (2005). *The impact of globalization on the world's poor: transmission mechanisms.* Paper presented at the WIDER Jubilee Conference in Helsinki.

NRCIM (National Research Council and Institute of Medicine). (2005). *Growing up global: the changing transitions to adulthood in developing countries.* Washington, DC: National Academies Press.

New York Times. In Booming Gulf, Some Arab Women find freedom in the skies. December 22, 2008 http://www.nytimes.com/2008/12/22/world/middleeast/22abudhabi.html? pagewanted = all.

Nussbaum, M. (2002). Long-term-care and social justice. In World Health Organization (Ed.), *Ethical choices in long-term care: what does justice require?* (pp. 31 – 66). New York: World Health Organization.

Okin, S. M. (1989). *Justice, gender and the family.* New York: Basic Books.

Oldman, D. (1994). Adult – child relations as class relations. In J. Qvortrup, M. Bardy, G. Sgritta & H. Wintersberger (Eds.), *Childhood matters: social theory, practice and politics* (pp. 43 – 58). Aldershot: Avebury Press.

Ong, A. (1999). *Flexible Citizenship: the cultural logics of transnationality.* Durham: Duke University Press.

Ong, A. , & Peletz, M. (1995). Introduction. In A. Ong & M. Peletz (Eds.), *Bewitching women, pious men: gender and body politics in Southeast Asia* (pp. 1 – 18). Berkeley: University of California Press.

Ong, A. (1987). *Spirits of resistance and capitalist discipline: factory women in Malaysia.* Albany, NY: State Univ. of New York Press.

Orellana, M. , Thorne, B. , Chee, A. , & Lam, W. (2001). Transnational childhoods: the participation of children in processes of family migration. *Social Problems*, 48, 572 – 591.

Orozco, M. (2002). Globalization and migration: the impact of family remittances in Latin America. *Latin American Politics and Society*, 44, 41 – 66.

Ortner, S. (1990). Gender hegemonies. *Cultural Critique*, 15, 35 – 80.

Osmond, M. W. , & Thorne, B. (1993). Feminist theories: the social construction of gender in families and society. In P. G. Boss, W. J. Doherty, R. LaRossa, W. R. Schumm & S. K. Steinmetz (Eds.), *Sourcebook of family theories and methods: a contextual approach* (pp. 591 – 622). New York: Plenum Press.

Oswald, L. (2003). Branding the American family: a strategic study of the culture, composition, and consumer behavior of families in the new millennium. *The Journal of Popular Culture*, 37, 309 – 335.

Palkovitz, R. J. (2002). *Involved fathering and men's adult development: provisional balances.* Hillsdale, NJ: Lawrence Erlbaum Press.

Paradikar, R. (2018) Percent immigrants, handles immigration. https://sojo.net/articles/how-united-arab-emirates-country-90-percent-immigrants-handles-immigration.

Parasuraman, S. , & Greenhaus, J. H. (2002). Toward reducing some critical gaps in work – family research. *Human Resource Management Review*, 12, 299 – 312.

Parkin, R. , & Stone, L. (2004). General introduction. In R. Parkin &

L. Stone (Eds.), *Kinship and family. An anthropological reader* (pp. 1 – 24). Malden, MA: Blackwell.

Parrenas, R. S. (2003). The care crisis in the Philippines: children and transnational families in the new global economy. In B. Ehrenreich & A. R. Hochschild (Eds.), *Global woman: nannies, maids, and sex workers in the new economy* (pp. 39 – 55). New York: Metropolitan Books.

Parrenas, R. S. (2001). *Servants of globalization: women, migration and domestic work.* Palo Alto: Stanford University Press.

Parrenas, R. S. (2005). The international division of reproductive labor: paid domestic work and globalization. In R. P. Applebaum & W. I. Robinson (Eds.), *Critical globalization studies* (pp. 237 – 248). New York: Routledge.

Parsons, T. (1943). The contemporary kinship system of the United States. *American Anthropologist*, 45, 22 – 38.

Parsons, T. (1949). The social structure of the family. In R. Anshen (Ed.), *The family: its function and destiny* (pp. 173 – 201). New York: Harper.

Parsons, T., & Bales, R. (1955). *Family, socialization and interaction process.* Glencoe, IL: Free press.

Pearson, R. (2000). Moving the goalposts: gender and globalization in the twenty-first century. *Gender and Development*, 8, 10 – 19.

Penn, H. (2002). The World Bank's view of early childhood. *Childhood*, 9, 118 – 132.

Perry-Jenkins, M., & Folk, K. (1994). Class, couples, and conflict: effects of the division of labor on assessment of marriage in dual-earner families. *Journal of Marriage and Family*, 56, 165 – 180.

Perry-Jenkins, M., & Turner, E. (2004). Jobs, marriage, and parenting: working it out in dual-earner families. In M. Coleman & L. Ganong

(Eds.), *Handbook of contemporary families: considering the past, contemplating the future* (pp. 155 – 173). Thousand Oaks: Sage Publishers.

Pessar, P. R (1982). The role of households in international migration and the case of U. S. bound migration from the Dominican Republic. *International Migration Review*, 16, 342 – 364.

Pessar, P. (1999). Engendering migration studies: the case of new immigrants in the United States. *American Behavioral Scientist*, 42, 577 – 600.

Pessar, P., & Mahler, S. (2003). Transnational migration: bringing gender in. *International Migration Review*, 37, 812 – 846.

Peterson, P. (1999). Gray dawn: the global aging crisis. *Foreign Affairs*, 78, 42 – 55.

Phillipson, C. (2006). Aging and globalization: issues for critical gerontology and political economy. In J. Baars, D. Dannefer, C. Phillipson & A. Walker (Eds.), *Aging, globalization and inequality: the new critical gerontology* (pp. 43 – 58). Amityville, NY: Baywood Publishing.

Ping, H. (2001). Talking about gender, globalization and labor in a Chinese context. *Signs: Journal of Women in Culture and Society*, 26, 1278 – 1281.

Piotrkowski, C. S., Rapoport, R. N., & Rapoport, R. (1987). Families and work. In M. Sussman & S. Steinmetz (Eds.), *Handbook of marriage and the family* (pp. 251 – 283). New York: Plenum.

Pocock, B. (2003). *The work/life collision.* Sydney: The Federation Press.

Polivka, L. (2001). Globalization, population aging and ethics. *Journal of Aging and Identity*, 6, 147 – 163.

Popenoe, D. (1993). American family decline, 1960 – 1990: a review and appraisal. *Journal of Marriage and the Family*, 55, 527 – 555.

Porter, A. (1996). Global villagers: the rise of transnational communities. *The American Prospect*, 2, 74 – 77.

Prakash, A., & Hart, J. (2000). Coping with globalization: an introduction. In A. Prakash & J. Hart (Eds.), *Coping with globalization* (pp. 1 – 26). London: Routledge.

Punch, S. (2004). The impact of primary education on school-to-work transitions for young people in rural Bolivia. *Youth and Society*, 36, 163 – 182.

Pyle, J., & Ward, K. (2003). Recasting our understanding of gender and work during global restructuring. *International Sociology*, 18, 461 – 489.

Pyle, J. (2005). Critical globalization and gender studies. In R. Applebaum & W. Robinson (Eds.), *Critical globalization studies* (pp. 249 – 258). London: Routledge.

Rapoport, R., Lewis, S., Bailyn, L., & Gambles, R. (2005). In S. Poelmans (Ed.), *Work and family: an international research perspective* (pp. 463 – 484). Mahwah, NJ: Lawrence Erlbaum.

Rattansi, A., & Westwood, S. (Eds.) (1994). *Racism, modernity, and identity: on the Western front*. Cambridge: Polity Press.

Ravallion, M. (2003). The debate on globalization, poverty and inequality: why measurement matters. *International Affairs*, 79, 739 – 753.

Ravallion, M. (2004). Competing concepts of inequality in the globalization debate. *World Bank Policy Research Working Paper* 3243. Washington: World Bank.

Reynolds, P., Nieuwenhuys, O., & Hanson, K. (2006). Refractions of children's rights in development practice: a view from anthropology. *Childhood*, 13, 291 – 302.

Richards, M. (1998). The meeting of nature and nurture and the development of children: Some conclusions. In C. Panter-Brick (Ed.), *Biosocial perspectives on children, the Biosocial Society Symposium Series* 10 (pp. 131 – 146). Cambridge: Cambridge University Press.

Ritzer, G. (2003). Rethinking globalization: glocalization/grobalization and something/nothing. *Sociological Theory*, 21, 193 – 208.

Robertson, R. (1995). Glocalization: time – space and homogeneity – heterogeneity. In M. Fetherstone, S. Lash & R. Robertson (Eds.), *Global modernities* (pp. 25 – 44). London: Sage.

Robertson, R., & Khondker, H. H. (1998). Discourses of globalization: preliminary considerations. *International Sociology*, 13 (1), 25 – 40.

Robinson, W. (1998). Beyond nation-state paradigms: globalization, sociology, and the challenge of transnational studies. *Sociological Forum*, 13, 561 – 594.

Robson, E. (2004). *Hidden child workers: young carers in Zimbabwe*. Antipode, 36, 227 – 248.

Rodrik, D. (1997). *Has globalization gone too far?*. Washington, DC: Institute for International Economics.

Rollins, J. (1985). *Between women: domestics and their employers*. Philadelphia: Temple University Press.

Rosenau, J. (2003). *Distant proximities: dynamics beyond globalization*. Princeton: Princeton University Press.

Rosenau, J. N. (1997). The complexities and contradictions of globalization. *Current History*, 360 – 364.

Ruhs, M., & Chang, H. (2004). The ethics of labor immigration policy. *International Organization*, 58, 69 – 102.

Ruddick, S. (2003). The politics of aging: globalization and the restructuring of youth and childhood. *Antipode*, 35, 334 – 362.

Rudra, N. (2008). *Globalization and the race to the bottom in developing countries: who really gets hurt.* Cambridge: Cambridge University Press.

Rumbaut, R. (1997). Ties that bind: immigration and immigrant families in the United States. In A. Booth, A. Crouter & N. Landale (Eds.), *Immigration and the family: research and policy on U. S. immigrants* (pp. 3 – 46). Mahwah, NJ: Lawrence Erlbaum.

Rumbaut, R. (2006). Ages, life stages, and generational cohorts: decomposing the immigrant first and second generations in the United States. *International Migration Review*, 38, 1160 – 1205.

Rust, L. (1993). How to reach children in stores: marketing tactics grounded in observational research. Part 2. *Journal of Advertising Research*, 33 (6), 67 – 72.

Sacks, K. (1989). Toward a unified theory of class, race, and gender. *American Ethnologist*, 16 (3), 534 – 550.

Safa, H. (2002). Questioning globalization: gender and export processing in the Dominican Republic. *Journal of Developing Societies*, 18, 11 – 31.

Santarelli, E., & Figini, P. (2002). Does globalization reduce poverty? Some empirical evidence for the developing countries. *Understanding globalization, employment and poverty reduction.* Working Paper for the International Labour Office (ILO) Project.

Sassen, S. (1994). *Cities in a world economy.* Thousand Oaks, CA: Pine Forge/Sage Press.

Sassen, S. (2002). *Global networks, linked cities.* New York: Routldege.

Sassen, S. (2003). Strategic instantiations of gendering in the global economy. In P. Hondagneu- Sotelo (Ed.), *Gender and U. S. immigration: contemporary trends* (pp. 43 – 60). Berkeley: University of California Press.

Sassen, S. (2006). Global cities and survival circuits. In M. Zimmerman, J. Litt & C. Bose (Eds.), *Global dimensions of gender and carework* (pp. 30 – 38). Stanford: Stanford University Press.

Scholte, J. A. (2000). *Globalization: a critical introduction.* New York: St. Martin's Press.

Scott, J. W. (1989). History in crisis: the others' side of the story. *American Historical Review*, 94, 680 – 692.

Scott, J. W. (1993). Women's history: new perspectives on historical writing. In L. Kauffman (Ed.), *American feminist thought at century's end* (pp. 234 – 257). London: Blackwell.

Segalen, M. (1986). *Historical anthropology of the family.* Cambridge: Cambridge University Press.

Seguino, S. (2000). Accounting for gender in Asian economic growth: adding gender to the equation. *Feminist Economics*, 6, 27 – 58.

Sen, A. (2002). Globalization, inequality and global protest. *Development*, 45, 11 – 16.

Sen, K. (1995). Gender, culture and later life: a dilemma for contemporary feminism. *Gender and Development*, 3, 36 – 42.

Seward, E. (1978). *The American family: a demographic history.* Beverly Hills, CA: Sage.

Sherif, B. (1996). Unveiling the Islamic family: concepts of family and gender among middle class Muslim Egyptians. Unpublished Dissertation Thesis, University Microfilms.

Sherif, B. (1999). Gender contradictions in families: official vs. practical representations among upper middle-class Muslim Egyptians. *Anthropology Today*, 15, 9 – 13.

Sherif-Trask, B. (2006). Families in the Islamic Middle East. In B. Ingoldsby & S. Smith (Eds.), *Families in global and multi-cultural* perspective (pp. 231 – 246). Thousand Oaks, CA: Sage Publishers.

Smith, J., & Johnston, H. (Eds.). (2002). *Globalization and resistance: transnational dimensions of social movements.* Lanham, Maryland.

Smith, D. E. (1993). The standard North American family: SNAF as an ideological code. *Journal of Family Issues*, 14, 50 – 65.

Smith, R. (2004). Globalization, individualization and childhood: the challenge for social work. *New Global Development*, 20, 71 – 77.

Spain, D., & Bianchi, M. (1996). *Balancing act: motherhood, marriage, and employment among American women.* New York: Sage.

Stack, C. (1974). *All our kin.* New York: Harper & Row.

Stacey, J. (1996). *In the name of the family: rethinking the family in the postmodern age.* Boston: Beacon Press.

Standing, G. (1999). Global feminization through flexible labor: a theme revisited. *World Development*, 27, 583 – 602.

Stephens, S. (1992). Children and the UN Conference on environment and development: participants and media symbols'. *Barn/Research on Children in Norway*, 2 – 3, 44 – 52.

Stephens, S. (1994). Children and the environment: local worlds and global connections. *Childhood*, 2, 1 – 21.

Stephens, S. (1995). Introduction: Children and the politics of culture in "late capitalism". In S. Stephens (Ed.), *Children and the politics of culture* (pp. 3 – 48). Princeton: Princeton University Press.

Stephens, N. D. (1998). Contested childhoods in a changing global order. Approved Mellon Foundation Sawyer seminar proposal. Advanced Study Center of the International Institute, University of Michigan, Ann Arbor, MI.

Stiglitz, J. (2002). *Globalization and its discontents.* New York: W. W. Norton.

Suarez-Orozco, C., & Suarez-Orozco, M. (2001). *Children of immigration.* Cambridge: Harvard University Press.

Sun, J. (2005). *Global connectivity and local transformation: a study of space and culture in post 1980 Shangai (China)*. Dissertation. University of Illinois at Chicago.

Sullivan, O. (2006). *Changing gender relations, changing families: tracing the pace of change over time.* New York: Rowman & Littlefield Publishers.

Talbot, M. (2000). The New Counter Culture: Fundamentalist Christians. *New York Times Magazine*, 27, 16.

Talcott, M. (2003). Gendered webs of development and resistance: women, children and flowers in Bogota. *Signs: Journal of Women in Culture and Society*, 29, 465 – 489.

Trask, B. S., & Hendriks, S. (2009). Building the foundations. *Because I am a girl. The state of the world's girls*, 2009. London: Plan UK.

Thomas, G. S. (1998). *The United States of suburbia.* Amherst, NY: Prometheus Press.

Thomas, W. I., & Znaniecki, F. (1918 – 1920). *The Polish peasant in Europe and America*, vols. 1 – 2. Urbana: University of Illinois Press.

Thompson, L., & Walker, A. (1989). Gender in families: women and men in marriage, work and parenthood. *Journal of Marriage and the Family*, 51, 845 – 871.

Thorne, B. (1982). Feminist rethinking of the family: an overview. In B. Thorne & M. Yalom (Eds.), *Rethinking the family: some feminist questions* (pp. 1 – 24). New York: Longman.

Tomlinson, J. (1999). *Globalization and culture.* Chicago: University of Chicago Press.

Touraine, A. (1990). The idea of revolution. In M. Featherstone (ed.). *Global culture: nationalism, globalization and modernity* (pp. 121 –

142). London: Sage.

Townsend, N. (2002). *The package deal: marriage, work and fatherhood in men's lives*. Philadelphia: Temple University Press.

Townsend, P. (2006). Policies for the aged in the 21st century: more "structured dependency" or the realization of human rights? *Ageing & Society*, 26, 161–179.

UNECE (United Nations Economic Commission for Europe) (2018). Statistics on international migration in Russia: the current situation. https://www.unece.org/fileadmin/DAM/stats/documents/ece/ces/ge.10/2018/mtg1/RUS_Chudinovskikh_ENG.pdf.

UNICEF. (2008). United for children, united against AIDS. Fact sheet accessed 25 March 2009, http://www.uniteforchildren.org/resources_publications.html.

United Nations. (1999). *1999 Survey on the role of women in development: globalization, gender and work*. UN Division for the Advancement of Women, New York: Department of Economic and Social Affairs.

Nations, U. (2000). *Female labor force participation*. New York: Department of Economic and Social Affairs.

Nations, U. (2002). *World population aging: 1950–2050*. New York: Department of Economic and Social Affairs.

Nations, U. (2004). *World economic and social survey, 2004: part 2. International migration*. New York: Department of Economic and Social Affairs.

United Nations (2008). http://esa.un.org.migration/index.asp?panel=1.

United Nations Programme on the Family. (2003). *Families in the process of development: major trends affecting families world-wide*. New York: Department of Economic and Social Affairs.

United States Census Bureau. (2005). *65+ in the United States:*

2005. Washington, DC: He, W., Sengupta, M., Velkoff, V., & DeBarros, K. Retrieved January 26, 2009 from http://www.census.gov/prod/2006pubs/p23-209.pdf.

United States Census Bureau. (2008). *Statistical abstract of the United States*: 2008. Washington, DC: United States Government Printing Office.

Waddington, H. (2004). *Linking economic policy to childhood poverty: A review of the evidence on growth, trade reform and macroeconomic policy*. Chronic Poverty Research Center (CHIP) Report, no. 7, London: Save the Children.

Wade, R. H. (2004). Is globalization reducing poverty and inequality? *World Development*, 32 (4), 567-589.

Waldinger, R., & Gilbertson, G. (1994). Immigrants' progress: ethnic and gender differences among US immigrants in the 1980s. *Sociological Perspectives*, 37 (3), 431-444.

Waters, M. (2001). *Globalization.* London: Routledge.

Watts, C., & Zimmerman, C. (2002). Violence against women: global scope and magnitude. *Lancet*, 359, 1232-1237.

Weedon, C. (1987). *Feminist Practice and Poststructuralist Theory*. Oxford: B. Blackwell.

Wellman, B. (1999). *Networks in the global village: life in contemporary communities*. Boulder, CO: Westview Press.

West, C., & Zimmerman, D. (1987). Doing gender. *Gender & Society*, 1, 125-151.

Wharton, C. (1990). Reflections on poverty. *American Journal of Agricultural Economics*, 72 (5), 1131-1138.

White, B. (1996). Globalization and the child labor problem. *Journal of International Development*, 8, 829-839.

White, L., & Rogers, S. (2000). Economic circumstances and family outcomes: a review of the 1990s. *Journal of Marriage and the Family*, 62, 1035 – 1051.

Woldehanna, T. , Jones, N. , & Tefera, B. (2008). The invisibility of children's paid and unpaid work: implications for Ethiopia's national poverty reduction policy. *Childhood*, 15, 177 – 201.

Wolf, E. (1982). *Europe and the people without history*. Berkeley: University of California Press.

Wollons, R. (2000). Introduction: On the international diffusion, politics and transformation of the kindergarten. In R. Wollons (Ed.), *Kindergartens and cultures: the global diffusion of an idea* (pp. 1 – 15). New Haven: Yale University.

Wong, P. L. K. , & Ellis, P. (2002). Social ties and partner identification in Sino-Hong Kong international joint ventures. *Journal of International Business Studies*, 33, 267 – 289.

World Bank. (2000). *World development report*, 2000 – 01: *attacking poverty*. New York: Oxford University Press.

World Bank. (2008). Migration and Remittances Factbook 2008. http: //econ. worldbank. org/WBSITE/EXTERNAL/EXTDEC/EXTDECPROSPECTS/0, contentMDK: 21352016 ~ pageP K: 64165401 ~ piPK: 64165026 ~ thesitePK: 476883 ~ is CURL: Y, 00. html.

Woronov, T. E. (2007). Chinese children, American education: globalizing child rearing in contemporary China. In J. Cole & D. Durham (Eds.), *Generations and globalization: youth, age, and family in the new world economy* (pp. 29 – 51). Bloomington: Indiana University Press.

Wright, M. (1997). Crossing the factory frontier: gender, place and power in the Mexican maquiladora. *Antipode*, 29, 278 – 302.

Yan, R. , & Neal, A. (2006). The impact of globalization on family relations in China. *International Journal of Sociology of the Family*, 32,

113 – 125.

Zarembka, J. (2003). America's dirty work: migrant maids and modern-day slavery. In B. Ehrenreich & A. Hochschild (Eds.), *Global woman: nannies, maids and sex workers in the new economy* (pp. 142 – 153). New York: Metropolitan Books.

Zimmerman, M., Litt, J., & Bose, C. (2006). Conclusion. In M. Zimmerman, J. Litt & C. Bose (Eds.), *Global dimensions of gender and carework* (pp. 369 – 377). Stanford: Stanford University Press.

Zhan, H., & Montgomery, R. (2003). Gender and elder care in China: the influence of filial piety and structural constraints. *Gender & Society*, 17 (2), 209 – 229.

致　　谢

　　我要感谢一些在确保这项工作取得成果方面发挥关键作用的人。首先，向施普林格出版社的编辑特蕾莎·克罗斯（Teresa Krauss）表达我的敬意，她鼓励我发展这个项目。2005年秋，我约请同事雷恩·哈蒙（Raeann Hamon）、马克·哈特（Mark Hutter）和金顺云（Seongeun Kim），在全国家庭关系委员会（the National Council on Family Relations）的专题研讨会上探讨全球化与家庭问题。最初的谈话促成我构思本书所探讨的一些基本概念。特蕾莎·克罗斯有远见地理解这一主题的重要性，鼓励我拓展本书的提案和手稿，她则愉快地通过评论、修订和出版来给予支持。她的助手凯迪·查巴尔科（Katie Chabalko）也一直提供帮助，为我的这次冒险进行技术协助。

　　我的一些同事在本书撰写过程中也发挥了重要作用，特别是他们在智力上的投入和精神上的鼓励。重要的是，迈克尔·法拉利（Michael Ferrari）理解这项工作的重要性，一直进行讨论分析和支持。他意识到整个项目的复杂性以及我所面临的智力挑战，因为我涉足一些之前尚未能充分探讨的学术领域，包括女权主义经济学以及关于贫困和不平等备受争议的复杂争论。唐纳德·昂格尔（Donald Unger）在整个写作过程中提供了善意和鼓舞人心的话语。迈克尔·盖蒙麦科米克（Michael Gamel-McCormick）提供了智力和物质支持，罗博·帕科维奇（Rob Palkovitz）一直为我提供耐心和深思熟虑的建议。鲁本·威雷蒙茨·安格阿诺（Ruben Viramontez Anguiano）对这个项目的热忱，激励我从新的视角来探讨这个话题。他阅读了本书的各个部分，并提供了有用的观察。幸运的是，马克·米勒（Mark Miller）一直在特拉华大学致力于消除学术研究中关于移民问题的困惑。我的同事莫妮卡·莎菲（Monika Shafi）和玛格丽特·怀尔德（Margaret Wilder）也理解完成这项工作所需的工作量、耐心和毅力，在整个过程中一直鼓励着我。此外，还要感谢南希·刚萨雷斯（Nancy Gonzales）阅读了本书手稿的草稿，并向我提供一些非常有用的编辑建议。她真的是资源和朋友。

我在本书中探讨的许多想法源于多年来与几位重要学者的互动。尤其当我还是耶鲁大学的一名年轻的本科生时，罗伯特·达尔（Robert Dahl）和大卫·阿瑟（David Apter）在塑造我未来的学术方向上发挥了重要作用。他们向我介绍了理解国家在个人生活中的作用的重要性，以及从国际视角分析宏观和微观层面的政治相互作用的复杂性。在我博士阶段的研究中，宾夕法尼亚大学的桑德拉·巴恩斯（Sandra Barnes）和佩吉·桑迪（Peggy Sanday）指导我进行关于家庭和性别问题的跨文化研究。正因如此，我开始意识到社会科学中需要采取更全面的跨学科方法来分析社会现象。

我与所指导的研究生在各种研讨会上的讨论，对于发展本项工作中所探讨的许多概念也是非常关键的。特别是在过去多年的授课中，劳拉·汤普森·布雷迪（Laura Thompson Brady）、朱莉·科文（Julie Koivunen）、伊尔卡·里德尔（Ilka Riddle）、塔拉·伍尔福克（Tara Woolfolk）、梅妮拉·麦克拉沙·罗思丽（Melina McConatha Rosle）、伯达尼·威利斯·赫普（Bethany Willis Hepp）、魏秋（Wei Qui）和多利特·瑞奈格里芬（Dorit Radnai-Griffin）一直在激励我改进观察。感谢他们的友谊和支持！

感谢我的父母和兄弟。他们理解将全球化和家庭的对话汇集在一起的重要性，并不断让我参与有关这一主题的谈话。特别是，我的父亲是一位科学家，他认识到这项工作对于更广阔的学术界的贡献。因此，他一直在向我提出挑战，促使我的想法和概念更为清晰与简洁，以此增强它们对更广泛的受众的可及性。

最感谢我的丈夫理查德。他理解这个项目对我而言是多么重要，帮助处理各种复杂的个人状况，以便为我提供完成这项工作所需的空间。他鼓励我，对我不同时期所关注的每个主题都感兴趣，承担了一些家务以便我有时间写作。我希望他知道我是多么真诚地感激他！

最后，我要感谢我可爱的孩子们——伊恩和茱莉娅。孩子们还太小，尚不能理解一本书的要求——但她们以幽默的态度来处理事情，在我能和她们待在一起的时候快乐无比。伊恩和茱莉娅将真正地在一个新的和不同的全球化世界中长大。她们不会完全意识到，她们的生活经历与过去几代人的生活经历是多么不同。本书献给她们和这个世界的其他孩子。全球化可能为他们提供创造一个更加平等、公正及和平世界的工具。

译 后 记

本书的翻译出版，要感谢国家留学基金委的访学资助。在国家留学基金委的资助下，我于2017年11月至2018年11月作为访问学者，在美国特拉华大学教育与人类发展学院人类发展与家庭科学系学习一年。本书的作者，Bahira Trask教授正是我访学所在系的系主任。最初对她的了解，只是特拉华大学官网上有关她的个人介绍：在宾夕法尼亚大学获得博士学位，任联合国经济与社会事务部研究顾问，主要从事社会与政治变化中家庭多样性的研究，已出版《妇女、工作和全球化：挑战和机遇》等著作，在家庭研究领域有广泛的学术影响力。到访特拉华大学第三天，Bahira Trask教授便热情地邀请我参加系里举办的学术活动。随着交往的增多，我对她的了解也不断加深：为人平和，学识渊博，享有威望。鉴于此，要感谢国家留学基金委提供的访学资助，让我有机会与Bahira Trask教授认识并熟识。

本书的翻译出版，要感谢Bahira Trask教授的学术支持。到访特拉华大学后的新学期伊始，为深入了解家庭对儿童发展和儿童早期教育的影响，作为教育学研究者的我提出想修读系里开设的"家庭研究"博士课程，这得到了Bahira Trask教授的支持。不仅如此，她还热忱地邀请我旁听她教授的"家庭研究"本科课程。我十分乐意接受她的邀请，因为很早就听闻Bahira Trask教授教学效果优质，是荣获学校教学优秀奖的名师。通过"家庭研究"课程学习，我了解到，"家庭研究"所涉足的领域非常广泛，既有微观层面，也有中观和宏观层面的内容。其中，有些内容着眼于家庭本身，如家庭的概念演化、家庭的历史发展和当代转变、当代家庭的多样性、婚姻过程与状况分析、为人父母的观念等，有些内容侧重国家内部各种制度因素，如医疗、教育、社会服务等与家庭的相互影响，还有些内容聚焦国际问题，如战争、领土、移民等对不同国家家庭的影响。以上丰富的学习内容，让我接触到家庭社会学的知识体系，收获了一些新的视角和看法。在"家庭研究"课程学习中，本书是从本科生到博士生的必读书目。按照教授的授课要求，我浏览了全书并精读了部分章节，发现这本书很好地将家庭研究的微观层面和宏观层面整合起来，从政治学、经济学、社会学、文化人类学等多学科的视角来探讨全球化与家庭的关系，探究传统的家庭生活、工作、身份、人际关系等因全球化而产生的变化以及这些变化的影响。全书对于全球移民、跨国家庭、女性劳动力、性别不平等、儿童权益和童年（童工）、全球老龄化、全球贫困等诸多问题的精彩分析和讨论，均引发我极大的兴趣和关注。课程结束时，我向 Bahira Trask 教授表达了谢意，感谢"家庭研究"课程和她这本专著让我受益匪浅，也表示希望能有机会将这本书翻译出版介绍给国内的读者。她积极地响应并期待我能顺利完成译介工作。

　　本书的翻译出版，要感谢南京市属高校"十三五"科技创新团队"学前弱势儿童教育研究"的出版资助。在弱势儿童的研究过程中，无论是团队，还是我个人，都深刻感受到弱势儿童的研究不是单纯的教育学或心理学研究，而应该是社会学、心理学、教育学、生物学等多学科交叉的研究，因为导致"弱势"的因素往往是复杂的，可能既有微观层面的儿童个体因素（如身体残障），也有中观层面的家庭因素（如家庭社会经济地位低下、家庭破裂），还有宏观层面的社会因素（如社会流动、教育差异等）。如何从宏观的社会背景、中观的家庭背景以及微观的个体背景中找到弱势的成因并有针对性地制定干预对策或机制，往往需要多学科的视野和运用来自多学科的方法。本书的多学科视角，正是我们审视弱势儿童问题所必需的。为此，团队以部分研究经费资助了本书的翻译出版。在此，感谢南京市财政和学校所提供的团队研究经费！感谢团队所有成员——史爱华教授、袁宗金教授、丰华琴教授、董美英教授、杨冰副教授、刘亚鹏博士、吴彦博士、齐星亮博士、李艳玮博士、钟芳芳博士、汤艳梅博士，对于本书翻译出版的鼓励和支持！

  本书的翻译出版，特别要感谢中国社会科学出版社的副总编辑王茵女士的大力支持。从出版选题到本书的版权洽谈和译稿审定，出版社老师付出了大量的辛劳！最后想表达的是，因本人才疏学浅，翻译过程中难免会有疏漏，请广大读者批评指正！

周 红

2020 年 1 月于南京